이미지로 생각하는 습관

참쌤의
비주얼씽킹
끝판왕

이미지로 생각하는 습관

참쌤의 비주얼씽킹 끝판왕

초판 1쇄 발행 2018년 4월 30일
초판 6쇄 발행 2020년 11월 1일

지은이 ı 김차명

발행인 ı 김병주
출판부문대표 ı 임종훈
편집 ı 박현조
디자인 ı 디자인붐
마케팅 ı 박란희
펴낸 곳 ı (주)에듀니티(www.eduniety.net)
도서문의 ı 070-4342-6110
일원화 구입처 ı 031-407-6368 (주)태양서적
등록 ı 2009년 1월 6일 제300-2011-51호
주소 ı 서울특별시 종로구 인사동5길 29 태화빌딩 9층

ISBN 979-11-85992-77-8   (13370)
값은 뒤표지에 있습니다.

이미지로 생각하는 습관

참쌤의
비주얼씽킹
끝판왕

김차명 지음

Visual   Thinking

에듀니티

추천사

이미지에 익숙해진 학생들과 함께 호흡하는 교사들에게 이 책은 사고의 표현을 다양하게 이미지화하고 융합하여 학생들과 소통하고 공감할 수 있는 새로운 교육 방법을 제시합니다. 이에 이 책은 교수학습의 촉진 도구이며, 소통과 관계의 끈으로 학생들의 창의성과 사고력을 증진시키는 데 도움이 되리라 기대합니다.

_ 이재삼(경기도교육청 대변인)

우연한 기회에 김차명 선생님의 강의를 듣고 이미지의 매력에 푹 빠졌던 경험이 있다. 비주얼씽킹은 추상적인 내 생각을 직관적인 이미지로 표현하면서 고등사고력과 창의력을 기를 수 있는 가치 있는 활동이다. 나도 김차명 선생님처럼 머릿속의 생각을 이미지로 자유롭게 표현할 수 있다면 얼마나 신날까!

_ 황선준(경남교육연구정보원장)

대구의 한 초등학교에 강의를 가 자기소개 그림카드 활동을 하는데, 그림 못그린다는 불평 하나 없이 모두들 쓰윽쓰윽 쉽고도 열심히 그려 감탄했다. 알고 보니, 차명 쌤의 비주얼씽킹 강의를 들었다는 것이다. 초등학교 이후 평생 그림 한 장 그려보지 않은 선생님들이 그리기 시작하고, 아이들과 비주얼씽킹을 시작하고 있다. PPT나 영상만 보여주는 대신 올해는 칠판에 교과서 내용을 비주얼씽킹으로 표현해보리라! 다짐하게 만드는 정말 좋은 책이다!

_ 허승환(교육자료 공유사이트 예은이네 운영자, 서울 난우초등학교 교사)

태어나면서부터 이미지와 영상에 익숙해지는, 아니 익숙해야만 하는 시대. 딱딱하고 양 많은 글 밥이 주는 무게감에서 벗어나 재밌고 귀여운 이미지들로 사물과 현상을 만나보고 싶으신가요? 그렇다면 지금 이 책의 첫 장을 넘겨보시죠.

_ 최태성(큰별샘, 별별한국사 소장)

비주얼씽킹은 특별한 기술이 아닌 이미지로 생각하는 습관입니다. 인간은 누구나 그림을 좋아하지만 특별한 사람만이 멋지게 그린다고 오해를 합니다. 참쌤의 친절한 안내와 함께 비주얼씽킹을 여러분의 습관으로 만들어 보시기 바랍니다. 그림을 좋아하는 마음, 이미지를 활용하려는 생각만 있으면 됩니다. 그리고 주변 사람의 부러움을 한몸에 받는 즐거움을 느껴보세요.

_ 정진호(J비주얼스쿨 대표)

쓱싹쓱싹, 그림으로 수업하는 옆 반 선생님의 수업을 보고 비주얼씽킹이란 세계를 알게 되었습니다. 그 옆 반 선생님, 김차명 선생님 덕분에 이미지로 소통하는 교실을 만드는 나를 발견했습니다. 그림으로 소통하는 김차명 선생님의 깨알 노하우와 차곡차곡 쌓아온 재밌는 활동들이 녹아 있는 책입니다. 마지막 장을 넘겼을 때, 어느새 펜을 들고 있는 선생님의 모습을 발견할 겁니다.

_ 유명선(시흥 정왕초등학교 교사)

저는 탐스럽다는 표현을 좋아합니다. 좋아하는 이 표현을 자주 사용하는 것은 아닙니다. 이 표현을 사용할 수 있는 경우가 매우 드물기 때문입니다. 교육감의 직책상 선생님들을 만나는 기회가 많이 있습니다. 선생님들을 만나다가 저의 시선이 고정되는 순간들이 있습니다. 저의 눈앞에 탐스런 선생님을 만날 때입니다. 그 순간 저는 그 선생님의 이야기를 듣고 싶어 하고, 삶이 궁금해지고, 함께 시간을 나누게 됩니다.

작년 5월 어느 날 전북교육청에 외국인 손님 한 분이 오셨습니다. 주한 캐나다 대사관의 에릭 월쉬(Eric Walsh) 대사였습니다. 에릭 월쉬 대사의 방문을 앞두고 준비를 어떻게 해야 하는지 궁리하다가 그분의 캐릭터를 만들면 어떻겠느냐는 의견이 나왔고, 캐릭터를 그릴 만한 사람으로 떠오른 분이 현직 초등학교 선생님이었습니다.

그분은 경기도의 한 초등학교에서 아이들을 가르치고 있는 김차명 선생님. 저의 요구를 들은 김차명 선생님은 주저함 없이 캐릭터를 그리겠노라고 하셨습니다. 저의 캐릭터는 이미 있기 때문에, 가능하다면 저와 에릭 월쉬 대사의 캐릭터 분위기가 비슷하면 좋겠다는 주문도 덧붙였습니다.

저의 사무실에 도착한 에릭 월쉬 대사의 캐릭터를 보는 순간 저의 입에서는 감탄의 소리가 나왔습니다. 에릭 월쉬 대사의 표정도 마찬가지였습니다. 전혀 상상할 수 없었던 예우를 받았다는 반응이었습니다. 저는 에릭 월쉬 대사에게 캐릭터에 얽힌 사연을 설명했고, 대사는 저에게서 김차명 선생님의 연락처를 받아서 메모했습니다. 하나의 캐릭터가 갖는 힘은 대단한 것이었습니다. 우리나라의 이미지 가치를 높이고 있다는 생각까지 들었습니다.

며칠 전 저는 김차명 선생님이 책을 한 권 썼는데, 저의 추천사를 받고 싶다는 말을 전해 들었습니다. 저는 원고 전체를 보내달라고 해서 한 글자도 빼놓지 않고 읽기 시작했습니다. 책의 주제가 비주얼씽킹(Visual Thinking)이었습니다. 저로서는 처음 듣는 용어였습니다.

원고를 읽어 내려가면서 알 수 있게 되었습니다. 지은이 김차명 선생님이 말하는 비주얼씽킹은 이미 우리의 삶 속으로, 특히 교실 수업 속으로 상당히 들어와 있는 것이었습니다. 지은이의 설명에 따르면 비주얼씽킹이란 "글과 그림을 함께 이용해 정보나 생각을 빠르고 간단하게 떠올리고 표현하는 습관, 즉 이미지로 생각하는 습관"입니다.

비주얼씽킹은 텍스트로 생각하고 표현하는 것이 아니라 이미지로 생각하고 표현하는 것입니다. "사람들은 이미지를 더 쉽게 받아들인다."는 지은이의 인용구는 진실성이 매우 높다는 생각이 듭니다.

지은이의 경험에 따르면 수업시간을 지루하게 바라보던 아이들이 그림으로 수업 내용을 그려서 설명하면 수업에 집중하게 된다고 합니다. 그것은 지은이만의 경험이 아니라 지은이와 함께 참쌤스쿨 회원으로 활동하고 있는 선생님들의 경험이기도 합니다.

지은이는 선생님마다 학년 초에 대비하기 위해서 고통스러운 작업을 하고 있는 교육과정 작성도 텍스트 형식으로 할 것이 아니라 이미지로 할 것을 제안하고 있고, 그 스스로도 그렇게 하고 있습니다.

이 책을 읽으면서 뚜렷하게 느껴지는 것은 인간이 문자와 소리뿐만 아니라 이미지로도 생각하고, 표현할 수 있다는 것입니다. 이미지로 생각을 쉽고 빠르고 정확하게 전달할 수 있다는 지은이의 확신은 폭넓은 지지를 받아 마땅합니다.

지은이는 꿈을 꾸고 있습니다. 그것은 '책 한 권을 한 장의 비주얼씽킹으로 요약하기'입니다.

_ 김승환(전라북도 교육감)

저는 이미지에 참 민감합니다.

같은 뜻이라도 글보단 그림으로
표현하는 경우가 많습니다.

글로 쓰는 것보단
'짤'로 보내는 것이 더 편합니다.

이건 특별한 기술이라기보다는
그냥 어릴 때부터 해오던 습관입니다

이 책은 지난 2015년부터 4년간
비주얼씽킹을 현장에서 연구하고
적용해본 결과물입니다.

솔직히 이 책을 그림 연습장이나
학생들 결과물을 모은 사례집같이 만들었다면
지금보다 훨씬 빨리 내놓을 수 있었을 겁니다.

수많은 시도와 실패를 거쳐
4년 만에 세상에 내놓습니다.

너무나 떨리는 마음으로요.

무엇보다

부록만화를 그려주고
저와 함께 매일매일 성장하는,
이제는 가족 같은 참쌤스쿨 멤버들,
(특히 많은 도움을 준 참쌤스쿨_비주얼씽킹연구회)

이제는 가족 같은
철민 인지 부부

경기도교육청
GYEONGGIDO OFFICE OF EDUCATION

대한민국 혁신교육을 이끌어나가는
경기도교육청과 정말 멋진 대변인실 직원들

초등교사 커뮤니티
인디스쿨

오늘도 대한민국 초등교육을 위해 헌신하는
김무광 대표님과 초등교사커뮤니티 인디스쿨 대표운영진들

경기 교육의 정책과 대안을 현장 친화적으로
만들어가는 (사)경기교육연구소 운영위원들

그이0년 신일초 6학년 7반
그이11년 신일초 5학년 3반
그이그년 신일초 4학년 5반
그이13년 정왕초 5학년 5반
그이4년 정왕초 5학년 6반
그이5년 정왕초 6학년 그반
그이6년 정왕초 4학년 1반
그이7년 정왕초 4학년 1반

소중한 기억의 친구들

그리고

부족한 남편 끝까지 지지해주는
아내 배은해 선생님과

사랑하는 아들 결이, 딸 단이에게
이 책을 바칩니다.

차례

1부 _____

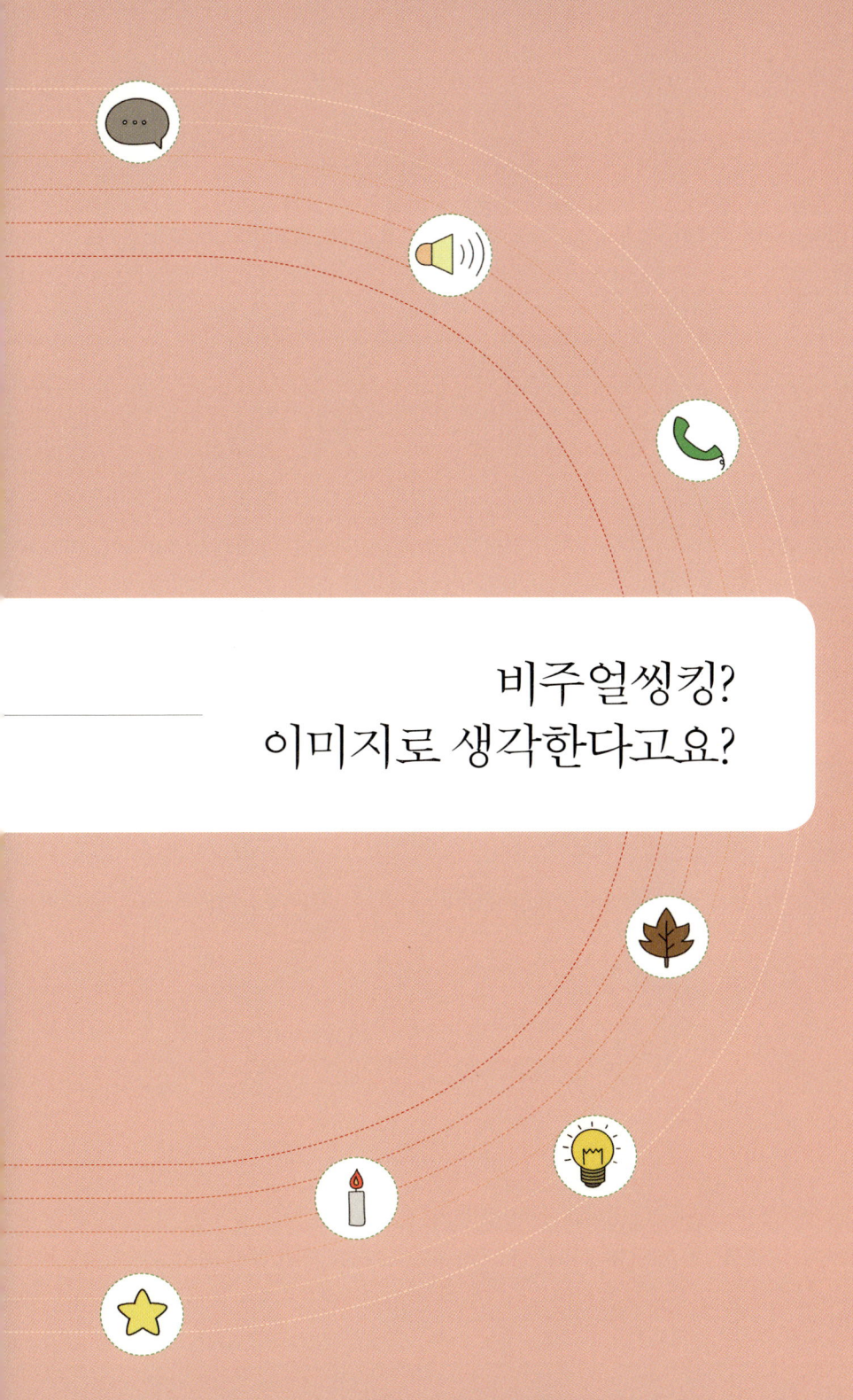

비주얼씽킹?
이미지로 생각한다고요?

1장

비주얼씽킹?

비주얼씽킹을 알아보기 전에

나는 비주얼씽커

비주얼씽킹, 들어보셨나요? 매우 생소하실 겁니다. 이 책을 쓰고 있는 저도 2015년에 처음 접해본 단어입니다. 그런데 최근에 안 사실이지만 저는 비주얼씽킹이라는 단어를 2015년에 접했을 뿐이지, 초등학생 때부터 지금까지 비주얼씽킹을 해왔습니다.

초등학교 5학년 미술 시간이었습니다. 선생님의 얼굴 그리기를 했는데 저는 하마를 그렸습니다. 사람의 모습이었지만 입과 코는 하마였습니다. 선생님을 놀리려는 의도는 절대로 아니었습니다. 5학년 때 담임 선생님은 웃는 모습이 하마를 많이 닮아서 그 이미지를 떠올리며 그린 것이었습니다. 물론 친구들은 키득거렸고 선생님은 꽤 불쾌해하셨던 것으로 기억합니다.

중·고등학교 때는 노트에 그림을 그렸습니다. 아직도 기억이 생생하네요. 세계사 시간이었고, 선생님께서는 칠판 가득히 콘스탄티누스의 밀라노 칙령에 관한 내용을 적어주셨습니다. 다른 친구들은 그 내

용을 한창 받아 적고 있었죠. 왕관, 성경책, 콘스탄틴, 감옥 밖 해방….
하지만 저는 그 내용을 그림으로 그렸습니다. 글씨 쓰기가 싫었기 때
문이죠. 하지만 선생님께서는 제가 낙서를 한다고 생각했는지, 저에게
낙서 그만두고 필기를 하라고 말씀하셨습니다. 저는 이미 열심히 필기
중이었는데 말이죠.

교사가 되기 위해 임용고시 공부를 할 때였습니다. 지금은 전형이 많
이 바뀌었지만, 제가 임용고시를 준비할 때는 암기가 특히 중요했습니
다. 하지만 공부해야 할 범위가 만만치 않았습니다. 국어, 수학, 사회,
과학, 도덕, 미술, 음악, 체육, 영어, 실과, 통합교과, 교육학(교육철학, 교
육사, 교육통계, 교육공학, 교육사회학, 교육심리 등등), 다 기억할 수 없을 만큼
방대했죠. 이것을 외워야 했던 저는 임용고시 강사의 요약 노트에 저
만의 방법으로 표시하기 시작했습니다. 반드시 외워야 할 내용은 빨간
색 밑줄 두 개와 별, 반드시 이해해야 할 핵심내용은 노란색 형광펜, 시
험에 한 번이라도 나온 내용은 파란색, 그 외 강사가 중요하다고 언급
한 내용은 초록색으로. 시간이 없을 때는 요약 노트를 꺼내 놓고 빨간
색 밑줄 두 개와 별만 찾아서 봤습니다.

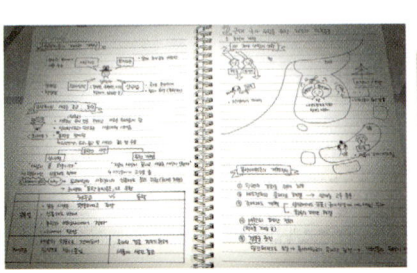

임용시험에 합격하고 교대를 졸업한 이후 곧바로 ROTC 장교로 군복무를 했습니다. 이때가 제 인생에서 가장 바쁜 시기였습니다. 특히, 아침마다 있었던 2시간 동안의 회의는 정말 지루하기 짝이 없어서, 열심히 회의 내용을 받아 적는 척하며 그림 연습을 했습니다. 정말 매일매일 그렸습니다. 그림 주제는 그날그날 달랐습니다. 전날 저녁에 본 드라마, 영화, 걸그룹, 회의 모습…. 그러다가 업무에 필요한 내용이 떠오르면 그것 역시 그렸습니다.

교사가 되고 나서 첫 학교에 발령을 받았습니다. 동학년 선생님들께서 제 특기를 물어보시더군요. 한참을 생각하다 '그림'이라고 말씀드렸더니, 저에게 '미술' 교과 연구회를 추천해주셨습니다.

그런데 솔직히 저는 미술은 잘하지 못합니다. 특히 학부 때부터 지금까지 붓으로 무엇인가를 그려본 적이 거의 없습니다. 붓으로 그림을 그리는 것은 저에게 정말 어려운 일입니다. 만들기에도 재능이 없습니다. 그때 동학년 선생님들의 말씀을 듣고 깨달은 점이 있습니다. 그것은 바로 상당히 많은 사람이 '미술'과 '그림'을 비슷한 개념으로 이해하

고 있다는 것이죠. 시각적인 무언가를 추구한다는 것을 제외하면 전혀 다른 영역인데 말이죠.

비주얼씽킹이라는 단어는 최근에 알았지만, 전 평생 비주얼씽킹을 하고 있었습니다. 초등학교 때 선생님의 이미지를 하마로 나타낸 것, 중·고등학교 때 학습내용을 압축해서 하나의 이미지로 나타낸 것, 대학교 때 내가 알아볼 수 있는 코드를 간단한 이미지로 나타낸 것, 군복무를 하면서 시간 날 때마다 그림을 그린 것까지, 모든 것이 비주얼씽킹이었습니다.

비주얼씽킹은 대단한 것이 아닙니다. 특별히 미술을 잘해야 하는 것도 아니고, 그림에 소질이 없어도 됩니다. 단지 그림을 좋아하는 마음과 생활 속에서 이미지를 활용하려는 생각만 있다면 누구나 할 수 있습니다. 하지만 누구나 할 수 있다고 해서 한두 시간의 연수로 금방 비주얼씽킹 전문가가 될 수 있는 것은 아닙니다. 무엇보다도 비주얼씽킹이 습관으로 자리 잡으려면 시간과 노력이 필요합니다. 비주얼씽킹을 처음으로 우리에게 알린 비주얼씽킹 전문가들은 대부분 그림 관련 분야의 전문가이거나 아주 오랫동안 그림을 꾸준히 그린 사람입니다.

3분 요리같이 적용한 '비주얼씽킹 수업'은 미술 시간 같은 국어 시간, 미술 시간 같은 사회 시간이 됩니다. 굳이 이미지로 표현하지 않아도 되는 내용인데도 비주얼씽킹 수업이라는 이름하에 학습내용과는 관계없는 그림을 알록달록 예쁘게 그립니다. 그림 산출물은 아이들의 역량에 따라 멋지게 나올지 모르지만, 이는 올바른 방향이 아니라는 것을 우리는 잘 알고 있습니다.

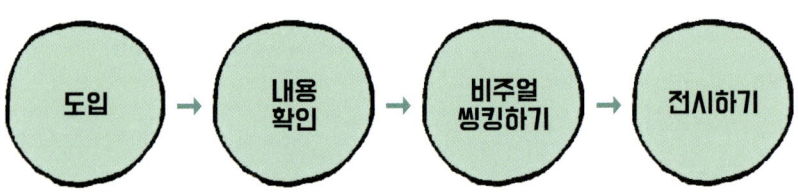

3분 요리 같은 비주얼씽킹 수업, 어떻게 생각하세요?

이제부터 저와 함께 비주얼씽킹에 대해서 차근차근 알아보겠습니다. 1부에서는 비주얼씽킹의 전체적인 개념을 살펴보겠습니다. 이미지의 시대에 비주얼씽킹이 주목을 받는 이유와 장점, 그리고 비주얼씽킹을 둘러싼 오해에 관해서 자세히 알아보겠습니다. 2부에서는 저를 비롯한 참쌤스쿨 선생님들과 함께 간단한 그림을 그려보겠습니다. 가장 중요한 상징 그림부터 일러스트 캐릭터, 교실에서 단골로 등장하는 그림들, 더 나아가 유용한 감정 그림과 동작 그림까지 그려보겠습니다. 3부에서는 아이들과 교실에서 할 수 있는 36가지의 20~40분 비주얼씽킹 프로그램과 그림 놀이를, 4부에서는 수업시간에 적용할 수 있는 다양한 비주얼씽킹 사례와 디지털콘텐츠에 대해서 알아보겠습니다.

비주얼씽킹의 시작

정보를 전달하는 방법은 시대에 따라 여러 모습으로 변해왔습니다. 선사시대부터 농경사회까지는 입에서 입으로 전달하는 말, 산업사회와 정보화시대 초기에는 텍스트를 주로 활용했습니다. 그러나 IT산업이 고도로 발달하면서 우리 사회는 정보화시대에서 정보 과잉의 시대로 진입하게 되었습니다. 텍스트로 된 정보는 분명 유용하지만, 그것을 하나하나 검토하기에는 그 양이 너무 많고 시간도 부족합니다. 특히 최근 스마트폰의 대중화로 개인이 처리해야 할 정보의 양은 더욱 넘쳐나게 되었습니다. 이러한 흐름 속에 현대사회는 텍스트의 시대에서 이미지의 시대로 변화를 꾀하고 있습니다. 사회 정보전달 수단이 영상을 포함한 '이미지'가 되어가고 있는 것입니다.

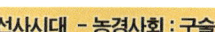
선사시대 - 농경사회 : 구술   산업시대 - 정보화초기 : 문자   현재 : 이미지

불과 몇 년 전만 해도 사람들 손에는 스마트폰 대신 2G폰이 들려있었습니다. 혹시 2G폰의 문자메시지 글자 수 제한이 몇이었는지 기억나시나요? 맞습니다. 40글자, 80바이트까지 보낼 수 있었습니다. 한 글자라도 넘으면 MMS로 전환되면서 건당 100원씩 추가요금이 부가되었죠. 그러나 스마트폰 혁명이 일어난 지금, 2G폰을 사용하던 시절과는 연락을 주고받는 모습이 많이 바뀌었습니다. 그중 가장 큰 변화를 하나 꼽는다면 바로 이모티콘과 스티커, 즉 이미지의 사용입니다.

이미지는 텍스트보다 짧은 시간에 더 많은 정보를 전달하기 때문에 활용도가 높습니다. 이 때문에 정보의 형태 중 이미지가 차지하는 비율 역시 점차 증가하고 있죠. 이런 흐름에 따라 비주얼씽킹, 인포그래픽(Infographic) 등의 새로운 정보 전달 도구가 생겨났습니다.

루돌프 아른하임(Rudolf Arnheim)은 『시각적 사고: 미술의 인지심리학

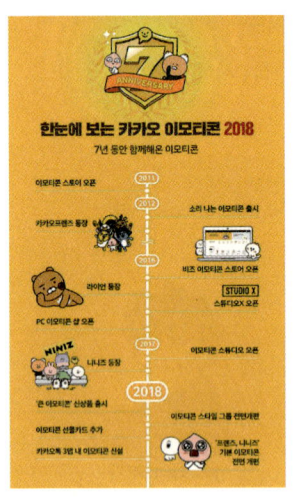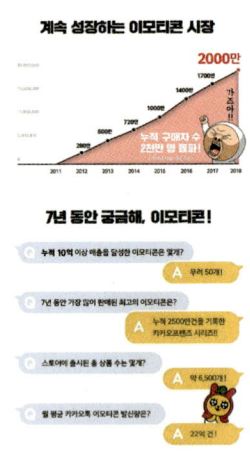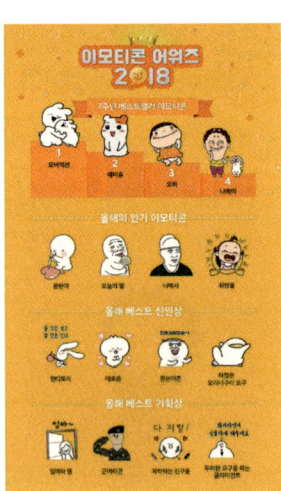

〈출처: 카카오〉

적 기초』(1979)에서 사람들은 생각을 하거나 무엇인가를 구상할 때 이미지의 형태로 떠올린다고 말했습니다. 대상을 직접 보고 만지고 이리저리 조작하면서, 또는 마음에 떠오르는 시각적 이미지를 조작하면서 구체적으로 표현하고 사고합니다. 책상 위를 정리하기 전에 잡동사니를 어디에 배치하고 정리할지 생각하거나 집에 가는 길을 떠올릴 때 자연스럽게 이미지로 떠올리는 것과 같은 현상입니다.

또한 정보를 전달하는 데 이미지를 사용하는 것은 인류가 시작될 때부터 사용한 가장 기본적이고 자연스러운 방식입니다. 아이들에게 처음 글자나 숫자를 가르칠 때 커다란 그림카드를 보여주는 것도 그런 이유입니다. 아무리 읽어도 이해할 수 없었던 어려운 개념도 그림을 보면 단번에 이해가 된 경험이 있을 것입니다. 이미지를 활용하면 정보전달뿐만 아니라 다른 사람과의 공감대 형성, 장기기억은 물론이고, 추상적인 아이디어나 복잡한 내용을 정리할 때도 용이합니다.

비주얼씽킹에 대한 본격적인 연구는 이런 이유로 시작되었습니다. 어떤 특별한 기술이 아닌 우리가 익히 알고 있는 사실, "사람들은 이미지를 더 쉽게 받아들인다."

이미지의 시대, 그리고 우리 아이들

이미지란 무엇일까요? 사진? 그림? 이 모든 것을 포함하는 개념일까요? 우리가 그때그때 맞는 의미로 사용하긴 하지만, 사실 이미지는 명확하고 객관적인 사실보다는 주관적인 느낌에 더 가깝습니다. 같은 사진과 그림을 보더라도 친구와 내가 느끼는 감정이 다른 경우가 있습니다. 그때 머릿속에 떠오르는 형태가 바로 '이미지'입니다.

흔히들 지금은 이미지의 시대라고 합니다. 이미지의 시대를 설명하기 전에 아래 사진을 먼저 보겠습니다. 저와 제 아들의 사진인데요, 지금부터 이 사진에 담겨있는 '정보'를 한 번 찾아보겠습니다. 천천히 꼼꼼하게 살펴보세요. 계절은 언제인지, 시간대는, 장소는 어디인지 말이죠.

잘 살펴보셨나요? 이 사진에서 알 수 있는 사실을 나열하면 다음과 같습니다. 이 정보를 글과 그림으로 간단하게 표현하면 이렇게 될 것입니다.

어느 초여름에 아들과 아버지가 카페에 있다. 둘의 외모를 살펴보니 눈코입이 똑같다. 굳이 아들과 아버지라고 하지 않더라도 아들과 아버지 사이가 확실하다. 아버지는 열이 많은지 반소매 차림이고 아들은 혹시라도 감기에 걸릴까 얇은 잠바를 입었다. 카페는 파란색 간판의 E 카페이다. 화환이 아직 남아있는 것으로 보아 신장개업한 지 아직 오래되지 않았다. 진동벨이 있는 걸 보니 아직 음료가 나오지 않은 것 같다. 창가 쪽 자리에 앉더니 아버지는 아들의 잠바를 벗겨주고 태블릿 PC를 꺼내 만화를 틀어 아들에게 보여준다. 아들이 집중해서 본다. 아버지는 스마트폰으로 야구경기를 본다. 엄마는 지갑을 내려놓고 사진을 찍었다.

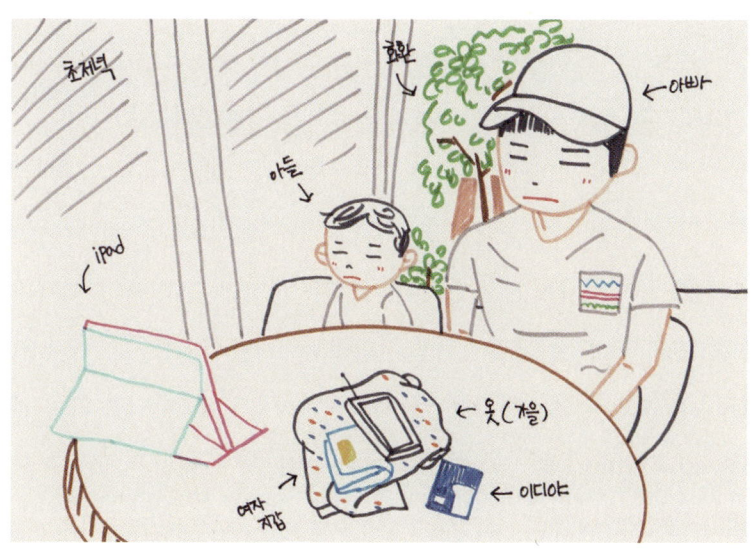

단 한 장의 사진인데도 정말 많은 정보가 담겨 있습니다. 이것이 바로 이미지의 장점입니다. 이미지는 텍스트가 가지고 있는 수많은 정보를 압축해서 담아낼 수 있습니다. 특히 스마트폰 혁명 이후 정보가 넘쳐나는 요즘 이미지의 활용도가 높아진 이유입니다.

비주얼씽킹이 단순한 그림 그리기와 다른 점은 수많은 정보를 이미지 한 장으로 담기 위해서 상당한 고등 사고력을 필요로 한다는 것입니다. 최소한 그 정보가 어떤 내용인지 이해하고 있어야 하며, 그 정보를 표현하기 위한 가장 적절한 방법은 무엇인지, 보는 사람들이 쉽게 이해하기 위해서는 어떻게 해야 하는지를 고민해야 합니다. 결코 쉽지 않은 작업입니다.

"We live in an age where information is more prolific and widely available than ever before, and to visualize it is to understand it."

_ Anna Johnson

"우리는 그 어느 때보다 정보가 풍부하고 널리 사용되는 시대에 살고 있으며 정보를 시각화한다는 것은 정보를 이해한다는 뜻입니다."

_ 안나 존슨

오른쪽은 우리나라 대표 포털사이트인 '네이버'의 1998년 초기화면과 2002년, 2007년, 2017년의 초기화면입니다. 어떤 점이 눈에 들어오세요? 1998년의 초기화면은 텍스트로 가득합니다. 하지만 2007년을 거쳐 2017년에 이르는 동안, 텍스트는 점점 줄어들고 그 자리를 이미지와 그림, 아이콘이 대신하고 있죠. 또한 가능한 한 많은 정보를 한 화

〈1998년〉

〈2002년〉

〈2007년〉

〈2017년〉

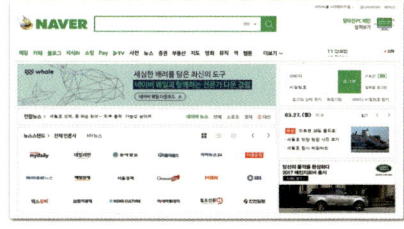

면에 담으려고 했던 1998년의 모습과는 달리, 2017년의 초기화면은 수많은 정보 가운데 집중할 내용을 선택하여 간결하게 구성했습니다. 많은 정보를 다루는 대형 포털사이트이다 보니, 가능한 한 사용자가 정보를 간편하게 검색할 수 있도록 노력한 흔적이 보입니다.

　하루는 제 생일날이었습니다. SNS상에서 많은 축하를 받았는데요, 그중 한 친구가 "형 축하해요"라고 메시지를 남겼고, 당시 경제적으로 매우 힘들었던 저는 "말로만 하지 말고 돈으로 줘"라고 답글을 남겼습니다. 그러자 친구는 특별한 대답 없이 사진 한 장만 남겼습니다. 어떻

게 남겼을까요?

　이 시절 저와 같은 드라마를 본 사람들은 한눈에 알 수 있을 것입니다. 그야말로 음성지원이 되는 듯해서 "얼마면 돼?! 얼마면 되겠니?!"라고 들리는 것 같지 않으세요? 일명 '짤방' 혹은 '짤'이라 불리는 이미지이죠. 언젠가 모 갤러리 사이트에서 이미지 파일 첨부가 없는 글을 강제로 삭제했고, '짤림을 방지하기 위해' 게시글에 아무 이미지 파일이나 첨부하기 시작했습니다. 그러다가 점점 게시글과 관련된 재미있는 이미지를 첨부하면서 지금의 '짤방'문화까지 이어졌습니다.

　이런 센스 넘치는 이미지와 그림은 글로 표현할 수 없는 의미와 재치를 보다 강력하고 효과적으로 전달할 수 있습니다. 십여 년 전 피처폰 80바이트(bite) 40글자 시절에만 해도 상상할 수 없었던 일이지만, 지금은 스마트폰 메신저에서 텍스트 없이 이모티콘만 보내는 것이 일상입니다. '감사합니다', '고마워요', '좋아요' 등의 간단한 감정표현은 텍스트보다 이모티콘을 사용하는 것이 훨씬 익숙하고 자연스럽습니다.

혹시 SNS 이용하시나요? 2019년 9월 와이즈앱에서 전국 40,000명의 안드로이드 스마트폰 사용자를 표본으로 조사한 '한국인이 가장 오래 사용하는 SNS 앱' 자료입니다.

자료를 살펴보면 페이스북은 SNS 사용 1위지만 2017년에 비하면 확실히 떨어진 수치입니다. 특이한 점은 한때 SNS의 대명사, '140자의 마법', '파랑새의 기적'이라고 불렸던 텍스트 중심의 트위터보다 20대 여성들의 압도적인 지지를 받으며 이미지 한 장으로 모든 것을 말하는 인스타그램의 성장세가 엄청나다는 점입니다.

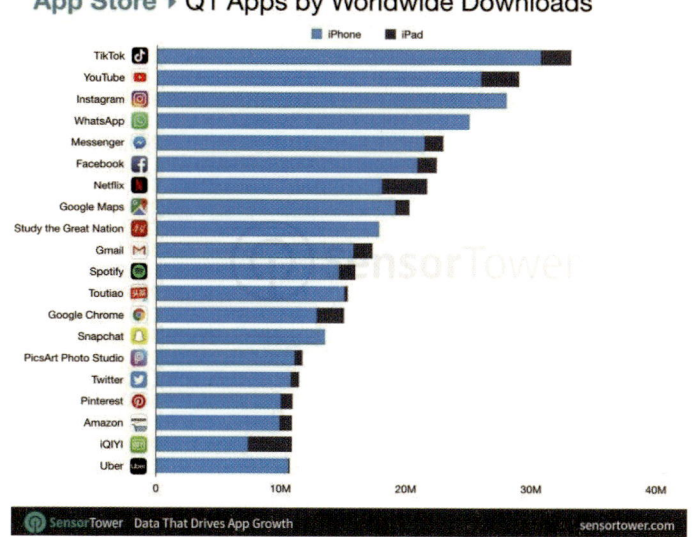

〈출처: https://sensortower.com/blog/top-apps-worldwide-q1-2019-downloads〉

또한 최근 10대들에게 엄청난 지지를 받으며 틱톡은 정식 서비스 2년 만에 전세계 앱 분야 다운로드 1위를 차지할 정도로 전 세계적으로 폭풍 성장을 하고 있습니다.

틱톡은 인스타그램과 유튜브의 장점을 잘 조화한 SNS로 음악 저작권, 고급 영상 제작 기술, 15초 짧은 영상을 앞세워 손쉬운 영상 제작/편집이 가능하게 했습니다. 제가 느끼는 우리나라의 SNS 흐름은 다음과 같습니다. 어떤 흐름이 느껴지지 않나요?

갈수록 읽는 콘텐츠에서 보는 콘텐츠로 변하고 있습니다. 우리 시대는 이미 텍스트 중심의 시대에서 이미지의 시대로 바뀌었습니다. 비단 학교에서뿐만 아니라 우리 주변의 서적, 가정과 사무실의 다양한 매체, 거리의 진열대와 광고에 이르기까지 그림이 빠져있는 곳은 없으며, 무엇을 배우고 익히는 데에도 그림이 하나의 학습 수단으로 활용됩니다. 이 변화의 이유는, 현대가 텍스트를 활용한 소통방식보다는 이미지를 통한 감각적이고 명료한 소통방식이 각광받는 시대이기 때문입니다. 위 사례에서도 살펴봤듯이 트위터보다 인스타그램 같은 이미지 중심의 SNS가 훨씬 많은 관심을 받고, 텍스트로 가득한 책보다는 웹툰, 이미지가 많이 들어간 책을 선호하는 것도 같은 맥락입니다.

우리는 대부분 텍스트의 시대에 태어났습니다. 또, 아날로그 시대에 태어났습니다. 텍스트의 시대와 아날로그 시대에서 살다가 이미지의 시대, 디지털 시대로 이동한 세대입니다. 그래서 사람에 따라 이미지의 시대에 잘 적응한 사람도 있고, 그렇지 못한 사람도 있습니다. 또 디지털 시대에 잘 적응한 사람도 있고, 아닌 사람도 있습니다.

지금 학교에 있는 우리 아이들을 '디지털 네이티브(Digital Native)'라고 합니다. 이는 태어날 때부터 디지털 환경에 익숙한 세대를 말하는 것으로, 경영전략가 돈 탭스콧(Don Tapscott)은 2008년 『디지털 네이티브』에서 이들을 두고 '역사상 가장 똑똑한 세대'이자 '최초의 글로벌 세대'라고 평했습니다. 아이들은 성장하면서 자연스럽게 디지털 기기와 자료를 접하고, 디지털 환경에 대한 거부감 없이 각종 디지털 기기를 자연스럽게 사용할 수 있습니다.

학교에서는 시간이 갈수록 '역사상 가장 똑똑한 세대'인 이들을 가르치기 어렵다고 합니다. 이들은 수업시간에 진득하게 앉아 공부하는 것

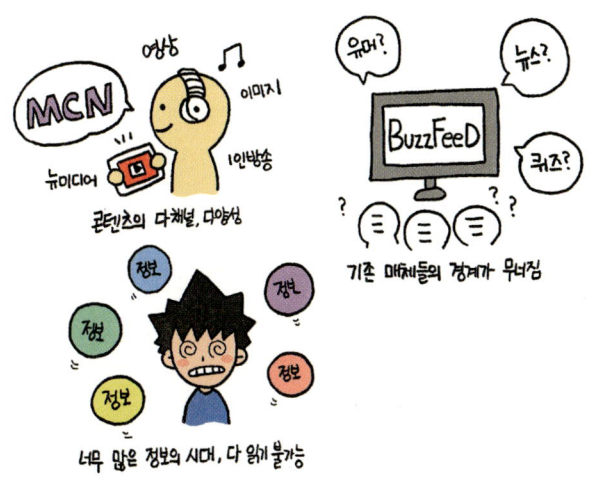

을 힘들어하고 글을 쓰거나 읽는 것을 매우 지겨워하며 전통적인 수업 방식에 집중하지 못합니다. 그러나 지금의 아이들은 오랫동안 사색하고 앉아서 무엇인가를 하기보다는 짧은 시간 집중하여 과업을 해내는 데 강합니다. 그리고 멀티태스킹 능력도 강합니다. 새로운 것에 개방적이고 자신이 '꽂힌' 과업에는 엄청난 집중력을 보여주기도 합니다.

이러한 시대 흐름에 맞춘 최근의 웹 드라마나 SNS에 공유되는 각종 동영상도 변화하고 있습니다. 2000년대 초반 UCC 시대만 하더라도 영상이 5~10분 정도의 길이로 하나의 클립마다 호흡이 길었습니다. 하지만 지금의 웹 드라마나 SNS용 동영상들은 1~3분 사이이고, 내레이션 속도나 각 영상 클립의 호흡이 매우 짧습니다. 영상 콘텐츠 소비자들의 성향에 맞추어 임팩트가 강한 이미지를 주로 사용하기 때문입니다.

사실 우리는 이미 알고 있습니다. 선생님들은 공개수업을 하거나 장학수업을 할 때 동기유발 자료로 어떤 것을 주로 쓰시나요? 맞습니다. 대부분 동영상 자료 혹은 우리 반 아이들 사진, 아이들에게 익숙한 이미지 자료를 사용합니다. 동기유발은 아이들이 수업에 집중하게 하는 매우 중요한 과정이기 때문에 아이들이 빠져들 수 있는 동영상이나 이

미지를 사용하는 것입니다. 이런 이유로, 우리가 비주얼씽킹을 해야 하는 이유는 간단합니다. 아이들이 이미지의 시대에 살고 있기 때문입니다. 그리고 아이들이 이미지를 부담 없이 받아들이기 때문입니다.

이미지를 활용하는 원리는 매우 간단합니다. 아래 사진은 영동고속도로 안산 분기점 도로 위입니다. 원주 방향과 인천 방향의 도로가 나뉘어있는데요, 저는 길을 잘 찾는 편이 아니어서 가끔 길을 반대로 타고생할 때가 종종 있습니다. 만약 다음과 같이 분기점에 다다르기 전 도로에 녹색과 분홍색으로 어떤 방향의 도로인지 알려준다면, 내가 원하는 방향의 차선을 미리 확인할 수 있기 때문에 길을 잘못 찾거나 무리한 끼어들기도 줄어들 것입니다.

위 사진의 발자국들은 무엇일까요? 용인 민속촌의 한 식당에 있는 발자국입니다. 음식을 주문하는 곳, 받으러 가는 곳, 퇴식구 등의 동선을 발자국만 따라가면 쉽게 알 수 있도록 고안한 아이디어입니다.

위 사례처럼 비주얼씽킹이라고 해서 무언가 특별한 전문적인 기술이 필요한 것이 아닙니다. 텍스트로 소통하던 기존 방식에서 벗어나 이미지를 활용하려는 습관만 있으면 충분합니다. 왜냐하면, 우리는 이미 비주얼씽킹을 하고 있기 때문입니다.

이미지로 생각하는 습관

비주얼씽킹에 대한 오해

비주얼씽킹에 대한 오해를 살펴보기 전에 우선 비주얼씽킹의 탄생 배경부터 알아볼까요? 비주얼씽킹은 교육 분야에서 탄생한 개념 같지만 사실 그렇지 않습니다. 비주얼씽킹의 시작과 발전은 바로 기업에서였습니다. 기업에서 회의를 하거나 아이디어를 모을 때, 일방적인 프레젠테이션보다는 비주얼씽킹 과정을 거치는 것이 훨씬 의사소통도 빠르고 효율적이었다고 합니다. 비주얼씽킹에는 특별한 준비물도, 특별한 기술도 필요하지 않습니다. 하지만 그에 비해 효과는 매우 강력하죠. 이것이 바로 높은 효율성과 생산성을 추구하는 기업에서 비주얼씽킹이 시작된 이유입니다.

그런데 효율성과 생산성에 초점을 맞춘 비주얼씽킹이 학교 현장에 그대로 적용되다 보니 오해가 생기기 시작했습니다. 물론 효율성과 생산성은 학교에서도 매우 중요합니다. 하지만 교실은 효율성과 생산성만으로 설명하기 어려운 부분이 많습니다. 만약 교실에서 효율성과 생

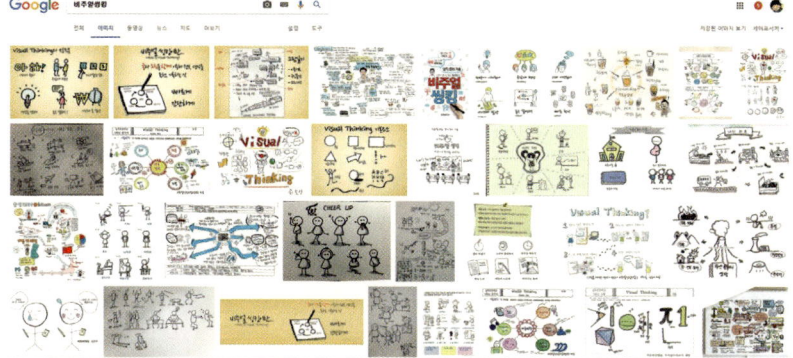

산성을 우선한다면, 암기와 평가, 그에 대한 학습훈련을 반복하는 전통적인 방법이 아마 최고의 교수법일 겁니다.

비주얼씽킹은 글자 그대로 해석하면 '시각적 사고력'이라고 할 수 있습니다. 사실 이것은 일상에서 흔하게 접할 수 있는 개념은 아닙니다. 처음 비주얼씽킹을 접는 사람은 뭔가 그림을 그려야 할 것 같은 압박감이나 부담감 등을 많이 느낍니다. 실제로 구글에서 '비주얼씽킹'을 검색해보면, 위의 사진처럼 그림으로 가득한 복잡한 마인드맵과 '졸라맨' 형태의 그림이 많이 나옵니다.

아래는 '비주얼씽킹' 하면 떠오르는 이미지를 선생님들에게 생각나는 대로 적어보라고 설문한 결과입니다. 응답 내용이 조금씩은 다르지만 대부분 '표현', '정리', '그림 그리기'로 압축할 수 있습니다. 그런데 이상하지 않으세요? '비주얼씽킹'이라는 단어에는 어디에도 드로잉(Drawing)을 뜻하는 말이 없습니다. 그런데 왜 사람들은 그림 그리기를 먼저 떠올릴까요? '비주얼씽킹'을 소개하는 연수나 책에 그림 그리기가 내용의 대부분을 차지하듯, 그림 그리기가 '비주얼씽킹'일까요?

Q. 비주얼씽킹이 무엇일까요?

- 생각한 것을 시작적인 효과로 보이기
- 대상의 본질을 단순화시킨 그림으로 직관적으로 이해하고 이해시킬 수 있는 도구
- 배운 것을 이미지로 정리하는 법
- 내가 배운 것, 생각한 것을 그림으로 나타내는 것
- 그림으로 내용 정리
- 생각을 그림으로 표현하는 것, 이미지로 단순화하는 것
- 그림으로 생각하기
- 그림으로 표현하는 것
- 생각하는 과정을 그림으로 기록하는 것
- 시각적인 표현을 통해 생각을 정리하는 것
- 모두가 알 수 있는 간략한 그림으로 나타낸 개념

비주얼씽킹을 설명할 때 자주 언급되는 사람이 바로 역사상 최고의 천재라 불리는 레오나르도 다빈치입니다. 그는 예술 분야에서 〈모나리자〉, 〈최후의 만찬〉과 같은 걸작을 남겼을 뿐 아니라, 수학, 물리학, 해부학, 건축학, 공학, 광학, 천문학, 지질학에 이르기까지 방대한 분야에서 두각을 나타낸 천재였습니다. 다빈치는 평소 복잡한 아이디어나 데이터, 생각을 그림이 잔뜩 들어간 낙서로 표현했는데, 지금까지 발견된 낙서만 13,000여 쪽에 달한다고 합니다. 아마 다빈치는 스케치노트를 곁에 두고 평생 낙서를 한 것이겠죠.

레오나르도 다빈치가 창의적인 사람이며, 낙서와 그림으로 생각을 정리한 비주얼씽커라는 것을 아무도 부정할 수 없을 것입니다. 그런데 우리가 그를 비주얼씽커라고 할 수 있는 이유는 꼭 그의 위대한 작품들과 노트, 스케치 때문만은 아닙니다. 정말 중요한 것은, '다빈치의 머릿속에서 작품들과 발명품들이 어떤 식으로 구상이 되고 떠올랐는지(Thinking)'입니다. '다빈치가 작품을 어떻게 표현했는지(Showing)', 즉,

표현은 그다음 문제입니다.

비주얼씽킹을 공부하기로 마음먹었다면, '무엇이 비주얼씽킹인가'를 정확히 이해하는 일이 무엇보다 중요합니다. 지금까지의 비주얼씽킹은 '산출물'에 초점이 맞춰져 있었고, 무엇인가 그려내야 한다는 점에서 비주얼씽킹보다는 '비주얼쇼잉(Visual Showing)'에 가까웠습니다. 교실에서 아이들에게 종이를 나눠주고 [1. 그림으로 자유롭게 표현해보세요. 색칠해보세요] 활동과 아이들에게 펜과 스케치북을 주고 [2. 못그려도 좋으니 창의적으로 그려보세요] 활동을 한다고 생각해볼까요? 1, 2번 활동은 비주얼씽킹 활동이라고 부를 수는 있습니다. 하지만 글로 써도 충분히 효과적인 활동을 굳이 그림으로 그린다는 점에서 '비주얼씽킹을 위한 비주얼씽킹 활동'이라는 느낌을 지울 수 없습니다.

정리하자면 제가 정의하는 비주얼씽킹은 '기술'이나, '활동', '산출물'이 아닌 '습관'입니다. 습관으로서의 비주얼씽킹을 '수업방법', 혹은 '수업활동'으로만 국한하면 그 의미가 퇴색됩니다. 비주얼씽킹은 수업

에서만이 아닌 일상생활에서도 이미지를 친숙하게 받아들이고 자연스럽게 표현하려는 습관을 뜻합니다. 억지로 비주얼씽킹을 '수업방법'이라는 틀에 가둔다면 위와 같은 '비주얼씽킹을 위한 비주얼씽킹' 활동으로 나타나기가 쉽습니다.

제 친구 A가 최근 어떤 어려운 일을 해결하기 위해 노력하고 있습니다. 제3자가 볼 때는 그 일이 객관적인 중요도가 높다기보다 A의 욕심일 뿐인데, A는 엄청난 스트레스를 받으며 끈질기게 매달리고 있습니다. 하지만 불행하게도 일이 해결될 기미는 보이지 않습니다. 저는 A에게 해주고 싶은 말이 아주 많았지만, 머릿속에 딱 하나의 장면만을 떠올렸습니다. 만화 〈슬램덩크〉의 명장면을 패러디한, "포기하면 편해, 하지 마"입니다.

여기서 저는 비주얼씽킹을 한 것일까요? 맞습니다. 비주얼씽킹을 한 것입니다. 비록 제가 그림으로 그려내진 않았더라도 분명히 저는 비주얼씽킹을 한 것입니다. 평소에 생각하던 이미지를 떠올렸을 뿐입니다.

그럼 아이들이 비주얼쇼잉이 아닌 비주얼씽킹을 하도록 어떻게 도와줄 수 있을까요? 이 책의 목적인 비주얼씽킹은 그때그때의 이벤트가 아니라, 아이들이 일상생활 속에서 그림을 친숙하게 느끼고 자신의 생각을 이미지로 표현하는 것에 자신감을 갖도록 하는 것입니다. 그리고 아이들이 자연스럽게 이미지로 생각하는 '습관'을 갖도록 도와주어야 진정한 의미의 비주얼씽킹이 이루어집니다.

이 점은 선생님도 마찬가지입니다. 비주얼씽킹 수업이라고 해서 아이들에게 그림을 그리라고 시키는 것이 아닙니다. 수업 중에 이미지를 적극적으로 활용하고 아이들과 함께 즐겁게 그림으로 생각을 정리하는 습관을 지닌다면, 선생님의 수업과 일상생활 역시 더욱 즐거워질 것입니다.

그림 그리는 즐거움

이미지의 중요성은 많은 사람이 이미 공감하고 있고, 계속해서 강조해도 이의가 없을 만큼 인정받고 있습니다. 그리고 대부분의 사람은 '그림'을 좋아하고 '만화'도 좋아합니다. 하지만 누군가에게 스케치북이나 종이를 들이밀면서 아무 그림이나 그려보라고 하면, 대부분은 긴장하거나 당황하는 표정을 지을 겁니다. 심지어 그림을 자주 그리는 저조차도 누군가 갑자기 아무 그림이나 그려보라고 하면 매우 당황스럽습니다. 누구나 그림을 잘 그리고 싶고 잘 활용하고 싶지만, 생각보다 쉽지 않습니다.

우리는 태어날 때부터 그림 그리기를 좋아했습니다. 동의하시나요? 자녀가 있는 분은 알 것 같습니다. 어린아이들에게 펜이나 그림 도구를 쥐여주면 매우 자연스럽게 그림을 그리기 시작합니다. 단순하게 선으로만 되어 있는 그림을 보며 자랑스러운 듯이 웃습니다. 그림을 잘 그리든, 그렇지 않든 정말로 즐겁게 그립니다.

하지만 그림 그리기를 매우 두려워하는 순간이 옵니다. 언제부터일까요? 바로 초등학교에 입학하고 나서부터입니다. 맞습니다. 바로 '평

가' 때문입니다. 평가의 본질과는 다르게 '잘 그린 그림'과 '못 그린 그림'으로 평가받게 됩니다. 우리 모두는 태어날 때부터 그림 그리기를 좋아하지만, 내 그림이 잘 그린 그림, 못 그린 그림으로 평가받으면서 그림에 흥미를 잃게 되는 것입니다.

비주얼씽킹에서의 그림은 미술이 아니라 그야말로 간단한 이미지입니다. 비주얼씽킹은 그림의 다양한 속성 중 '상징성'을 최대한 활용합니다. 간단한 그림으로 생각과 느낌을 표현하고 의사소통할 수 있습니다. 이러한 과정이 반복되면 그림에 대한 거부감이 줄어들고 일상생활에서 이미지로 생각하고 이미지를 활용하는 습관도 자연스럽게 생기게 됩니다. 비주얼씽킹의 '첫걸음'은 그림에 대한 부담감을 없애고 그림 그리기와 친해지는 것입니다.

영국 시인 존 딜런의 유명한 문구가 있습니다.

We first make our habits, and then our habits make us.
처음에는 사람이 습관을 만들지만,
나중에는 습관이 사람을 만들어나간다.

무엇인가에 관심을 갖고 좋아하게 되면 그것을 계속 생각하게 됩니다. 계속 생각하면 일상생활에 실천 또는 적용을 하게 되고 그것이 반복되며 습관이 됩니다. 그림을 좋아하게 되면 자연스럽게 이미지를 자주 떠올리게 됩니다. 또 이미지를 자주 떠올리게 되면 그림 그리기로 표현을 하게 됩니다. 비주얼씽킹의 시작은 그림을 좋아하는 것, 즉 관심을 갖는 것입니다. 그림에 관심을 갖게 되면 자연스럽게 이미지를

자주 활용하고 이미지로 소통하게 됩니다.

혹시 이 책을 보신 적 있나요? 2014년 무려 11주 연속 베스트셀러였던(교보문고 기준) 『비밀의 정원』이라는 컬러링 북입니다. 이 책 이후로 수많은 컬러링 북이 쏟아져 나왔는데요, 단순 색칠 공부에 지나지 않는 이 책이 왜 11주 연속으로 베스트셀러가 되었을까요?

이 책을 구매한 사람들에게 물어보니 대부분 두 가지 이유를 말합니다. 첫째, 색을 칠하는 것만으로도 멋진 그림을 완성할 수 있다는 점이고 둘째, 색을 칠하는 데 집중하면서 스트레스를 잠시 잊게 해주는(Anti-Stress), 이른바 힐링의 시간이 되기 때문이라고 대답했습니다.

저는 그림 그리기의 매력이 이 두 가지라고 생각합니다. 바로 완성의 즐거움과 몰입의 즐거움. 비주얼씽킹은 모든 사람이 그림 그리기를 좋아하고, 이미지를 쉽게 받아들인다는 생각에 기초를 두고 있습니다. 비주얼씽킹을 통해 잊고 있었던 그림 그리기의 즐거움을 다시 한번 느껴보시면 좋겠습니다.

인포그래픽

비주얼씽킹을 본격적으로 살펴보기 전에 인포그래픽(Infographic)에 대해 먼저 알아보겠습니다.

지금의 인터넷·스마트 시대가 열리기 전까지는 정보가 책과 신문, 라디오, TV 등과 함께 몇몇 사람의 지식으로만 존재했습니다. 일반인이 정보를 얻기 위해서는 신문을 스크랩하거나 그 몇몇 사람의 지식에 의존해야 했습니다. 그 사람들이 가지고 있는 정보는 매우 가치 있고 희귀했기 때문에, 정보를 가진 사람들의 영향력은 더욱 컸습니다.

하지만 지금은 다릅니다. 선생님의 손에 있는 스마트폰 하나면 이 세상의 수많은 정보를 몇 초 만에 검색할 수 있습니다. 이제는 정보를 많이 아는 사람이 영향력이 있는 것이 아니라 쏟아지는 정보의 홍수 속에서 정보를 잘 전달하는 사람과 정보를 잘 받아들여 자기 것으로 소화해내는 사람이 더 영향력이 있는 시대가 되었습니다.

인포그래픽은 'Information'과 'Graphic'의 합성어로 시각적인 이미지에 스토리텔링 방식의 정보를 담는 것을 뜻하며, 정보를 잘 전달하기 위해 또는 정보를 자기화하기 쉽게 도와주기 위해 태어났습니다.

글로 가득한 PPT보다는 일목요연하게 정리된 이미지 한 장, 그래프 하나가 훨씬 눈에 잘 들어오는 오는 것에 착안했습니다.

　다음 예시자료를 보겠습니다.

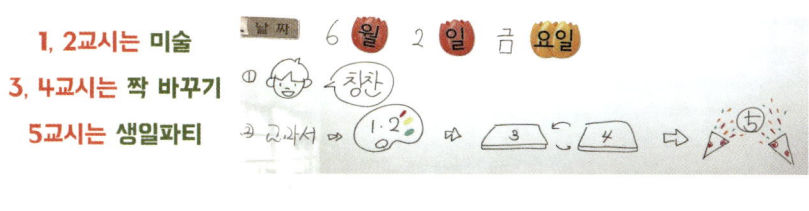

〈A〉　　　　　　　　　　　　〈B〉

　뇌가 글을 읽을 때는 먼저 기억 속에 저장된 형태와 맞추어 글자 → 단어 → 문장 → 문단 순으로 읽습니다. 그리고 우리나라의 경우 왼쪽 위부터 오른쪽 아래로 순서대로 읽습니다. 하지만 이미지는 보는 순간 굉장히 직관적으로 이해하게 됩니다. 사람에 따라 독해 능력에 차이가 있을 수는 있지만, 글을 해독하는 속도보다 이미지를 이해하는 속도가 훨씬 빠르기 때문에 사람들은 문자로 이루어진 정보보다 인포그래픽으로 이루어진 정보를 더 편안하게 받아들입니다.

　고속도로에서 교통상황을 알려주는 전광판을 보신 적 있으신가요?

앞의 경우에는 정체가 얼마나 심한지, 내가 지금 어디쯤인지 전체적인 교통상황은 어떤지 알아보기가 힘듭니다. 게다가 텍스트 중심이기 때문에 많은 정보를 한꺼번에 담을 수가 없습니다.

　반면, 다음의 교통상황 전광판은 특히 혼잡한 도심의 실시간 교통정보를 반영해주어 한눈에 교통상황을 파악할 수 있습니다.

　이처럼 인포그래픽은 사용자에게 더 효율적으로 정보를 전달하기 위해, 전문적인 그래픽 요소를 활용하여 단순한 데이터에 시각적인 의미를 부여하는 것을 말합니다.

　인포그래픽은 비주얼씽킹의 한 부분입니다. 수많은 정보를 압축하여 이미지로 표현한다는 점에서는 비슷하지만 비주얼씽킹은 인포그래픽을 포함하는 큰 개념이고, 인포그래픽은 좀 더 전문적으로 정보를 이미지로 압축시키는 작업입니다. 인포그래픽이 갖는 장점을 정리해보면 다음과 같습니다.

　첫째, 많은 정보를 직관적으로 이해할 수 있게 해줍니다. 다음에 나오는 표지판은 인천공항의 층별 시설 안내 표지판입니다. 외국인이 많이 왕래하는 공항이다 보니 문자보다는 직관적으로 알 수 있는 픽토그

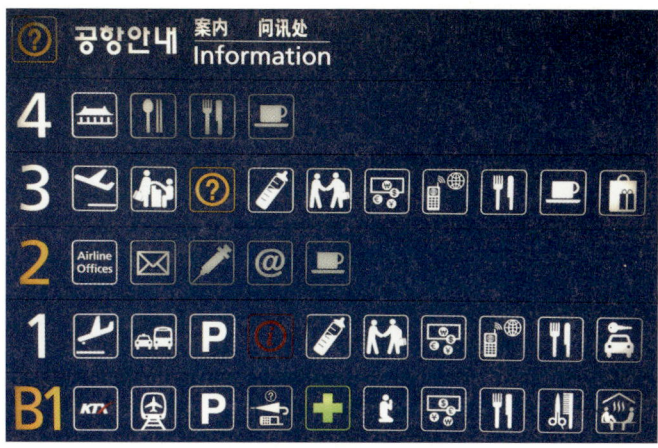

램이 훨씬 효과적입니다.

둘째, 인포그래픽은 텍스트 방식으로는 다루기 어려운 개념을 이해하기 쉽게 해줍니다. 눈에 보이지 않는 원자의 구조, 전자의 흐름 등 과학 원리를 다이어그램, 상징, 기호로 시각화한다면 이해하는 데 도움이 될 것입니다.

셋째, 인포그래픽은 정보에 감성을 부여하여 보는 이의 흥미를 유발하고 친근하게 정보를 전달할 수 있습니다. 특히 어린이를 포함한 더 넓은 계층의 사람들에게 쉽게 다가갈 수 있습니다.

일반적으로 많이 제작되는 인포그래픽의 종류는 다음과 같습니다.

1. 통계기반 인포그래픽

2. 플로우차트 기반 인포그래픽

3. 비교 형식 인포그래픽

4. 스토리텔링 기반 인포그래픽

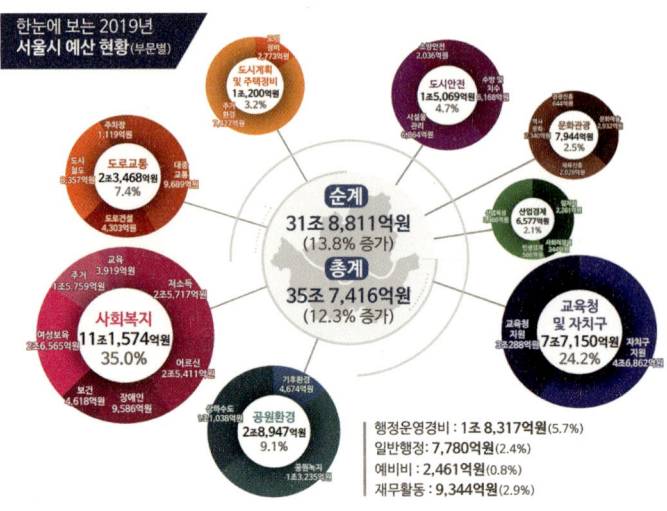

한눈에 보는 2019년
서울시 예산 현황 (부문별)

도시계획 및 주택정비
1조6,200억원
3.2%

도시안전
1조5,069억원
4.7%

문화관광
7,944억원
2.5%

순계
31조8,811억원
(13.8% 증가)

총계
35조7,416억원
(12.3% 증가)

도로교통
2조3,468억원
7.4%

산업경제
6,577억원
2.1%

교육청 및 자치구
7조7,150억원
24.2%

사회복지
11조1,574억원
35.0%

공원환경
2조8,947억원
9.1%

행정운영경비 : 1조 8,317억원(5.7%)
일반행정 : 7,780억원(2.4%)
예비비 : 2,461억원(0.8%)
재무활동 : 9,344억원(2.9%)

〈출처: finance.seoul.go.kr〉

첫번째로 볼 통계기반 인포그래픽은 가장 일반적인 유형으로, 숫자로 된 데이터를 기반으로 표나 그래프를 이용합니다. 많이 쓰이는 만큼 그 형태가 어느 정도 정형화되어 있어 표현하기도 쉬운 편입니다.

위 인포그래픽은 서울특별시의 2019년 서울시 예산을 나타내고 있습니다. 서울시에서 배정한 1년 예산이 한눈에 들어옵니다. 예산 항목

1 / 1800

2019년도 예 산 서

서울특별시

을 원형으로 표현했고, 예산액에 따라 원의 크기를 조절했습니다.

정식 예산서를 찾아봤습니다. A4 기준으로 무려 1,800장이나 됩니다. 물론 자세하고 세세한 내용을 파악하기 위해서는 이미지로 된 인포그래픽보다는 문서로 된 예산서를 찾아봐야 할 것입니다. 하지만 대부분의 서울시민에게 문서보다는 인포그래픽으로 된 자료가 훨씬 유용하고 직관적일 것입니다.

둘째, 플로우차트 기반 인포그래픽은 시간이나 사건의 과정을 순서대로 표현하는 인포그래픽입니다. 다음을 살펴볼게요.

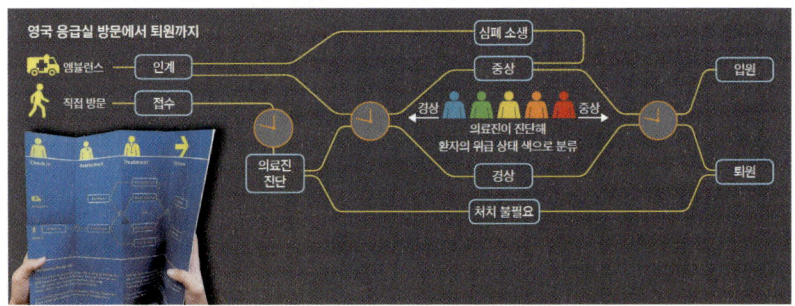

〈출처: Pearson Lloyd〉

영국 응급실은 인포그래픽을 적극적으로 활용한다고 합니다. 환자에게 응급실 프로세스를 알리고 누워서도 자신이 어느 단계에 있는지 알기 쉽도록 천장에도 안내판을 부착했습니다. 그 결과 응급실 폭력이 줄었다고 합니다.(중앙일보, 2015.08.15.)

셋째, 비교 형식 인포그래픽입니다. 이것은 상반되는 데이터를 대조 및 비교함으로써 강한 인상을 주는 인포그래픽입니다.

다음에 나오는 인포그래픽은 수달과 해달의 차이점을 비교하여 설명

〈출처: www.aquaplanetstory.com/319〉

하고 있습니다. 생김새, 먹이, 임신 기간, 꼬리, 물갈퀴 등을 비교해서 누구나 구분하기 쉽게 했습니다. 그림과 글씨 색을 통일하여 일관성을 준 것도 눈에 띕니다.

　네 번째 인포그래픽 사례인데요, 'The life of Julia'라는 인포그래픽입니다. 이것은 2012년 미국 대선 당시 '줄리아'라는 가상 인물이 오바마 정책 가운데 연령대별로 받을 수 있는 혜택을 표현한 것입니다.

　오바마에게 투표를 한다면 연령대별 여성의 삶이 어떻게 바뀌는지

〈출처: www.barackobama.com./life—of—julia〉

사용자가 직접 버튼을 눌러 보면서 살펴볼 수 있습니다. 'The life of Julia'는 데이터에 기반을 두고 스토리텔링 기법을 통해 정책을 설명하는 대표적인 인포그래픽으로, 이를 보는 사람들에게 매우 강력한 인상을 심어줬고, 전 세계의 인포그래픽에도 많은 영향을 주었습니다.

정치 분야에 활용된 대표적인 인포그래픽의 사례는 또 있습니다. 바로 우리나라 역대 대통령의 8·15 경축사를 분석한 인포그래픽입니다. 다음의 인포그래픽은 해당 대통령 경축사 때만 언급이 되었거나, 타 대통령보다 높은 빈도로 사용된 상위 10개 키워드를 중심으로 구성한 것입니다. 글씨가 클수록 많이 강조한 단어라고 보시면 됩니다. 이승만 대통령은 '공산당'을, 전두환 대통령은 '본인'을, 노태우 대통령은 '올림픽'을, 노무현 대통령은 '분열'과 '갈등'을, 이명박 대통령은 '녹색'을 강조했습니다.

〈출처: 연합뉴스(2015.8.11.) 자료를 다시 그림〉

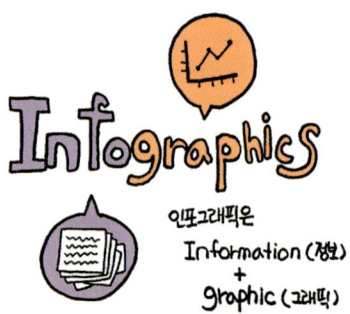

기존 방식대로라면 우리가 역대 대통령의 경축사 키워드를 알아보기 위해서는 원문을 찾아야 할 테고 그 원문을 읽고 내용을 다시 정리해야 하는데, 이미 그것만으로도 정보의 양은 어마어마합니다. 하지만 이렇게 사진과 단어로만 만든 인포그래픽 한 장이면 내가 실제로 경축사를 보거나 듣지 않았더라도 아주 자세한 내용은 알 수 없지만, 어떤 내용을 강조했는지 직관적으로 알 수 있습니다.

지금까지 다양한 인포그래픽에 대해서 알아봤습니다. 인포그래픽 제작자들은 한결같이 인포그래픽을 만들 때 중요한 것은 디자인 기술보다 데이터를 해석하고 기획하는 일이라고 합니다. 이를 교실에 적용하면 그리는 것보다 학습내용을 해석하고 정리하는 일이 더 중요하다고 할 수 있습니다.

나가타 도요시의 『그림으로 그리는 생각정리 기술』(2017)이라는 책에 따르면, 애초에 모든 사람은 모든 일을 영상과 이미지로 이해하는 버릇이 있다고 합니다. 예를 들어 소설을 읽을 때, 장면의 정보를 받아들이고 이해할 때 이미지를 떠올려 뇌에 저장하고, 이것이 기억으로 연결된다고 합니다. 따라서 이미지를 상상하며 인포그래픽을 기획하는 것은 어려운 일이 아니며, 다만 소설을 읽고 이미지를 떠올리는 것과 다른 점은 구조화한 정보를 스토리텔링하고 그것을 기반으로 시각화하여 명확한 메시지를 전달해야 한다는 점이라고 합니다. 정리하자면 이미지를 사용하여 정보, 즉 학습내용을 나타내는 것은 누구나 할 수 있지만, 정보를 유의미하게 조직하는 것은 꾸준한 관심과 연습으로 가능하다는 말입니다. 서울시 예산에 대한 인포그래픽을 예쁘게 꾸미는 것은 프로그램을 배우거나 기존에 있던 스타일을 참고하여 그리면 됩니다. 하지만 서울시 예산에 대해서 정확하게 이해하거나 정리하지 못하면 절대로 인포그래픽을 만들 수 없습니다.

인포그래픽은 뒤에 다룰 비주얼 마인드맵이나 상징 그림을 배치할 때, 아이들에게 그림 판서를 할 때 많은 도움과 영감을 줍니다. 수많은 정보를 한눈에 이해하기 쉽게 해주기 때문입니다. 우리는 디자이너가 아니기 때문에 위에서 살펴본 전문 인포그래픽을 제작할 필요도 이유도 없지만, 우리가 비주얼씽킹을 공부하면서 인포그래픽에 관심을 가져야 하는 이유는 바로 이 때문입니다.

강윤민(서울 청구초등학교 교사)

수업시간에 교과서 귀퉁이마다 낙서하던 아이가 자라서 선생님이 되었다. 아이들에게 낙서를 권장하고 일기장에 그림을 그려주며 아이들과 소통하기도 한다. 아기자기하게 교실 꾸미는 것을 좋아하고 여러 가지 식물을 키워서 주변에 초록색을 두어야 행복하다. 참쌤스쿨 2기로 활동하며 전국 각지의 훌륭한 여러 선생님과 함께 나누고 배우며 다양한 교육자료 제작에 참여하고 있다.

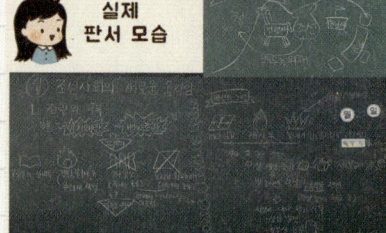

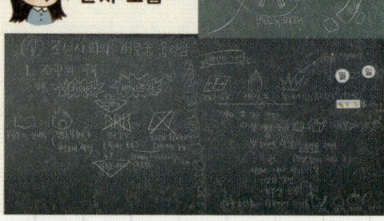

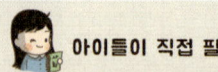

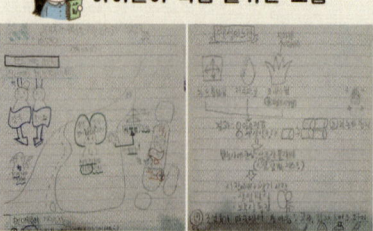

권수정(춘천교육대학교)

춘천교육대학교 실과교육과에 재학 중이다.
'좋았다면 추억, 나빴다면 경험'이라고 생각하며 이것저것 도전해보는 흔한 교대생이었는데, 참쌤스쿨을 통해 자신이 만든 자료가 현장의 선생님들께 도움이 되는 새로운 세상을 만났다. 2기의 막내로 과분한 사랑을 받으며 꾸준히 성장하고 있다.

첫 교생실습시절,
나는 아무것도 몰랐다.

흔한 캐릭터지만 선생님이 그려준거라고
공책 사이에 소중히 끼워가던 아이들의 모습이 선명하다.

 **권희정(경북 상주 모동초등학교)**
말 그대로 취미로만 하던 그림에 참샘스쿨이 날개를 달아주었다. 유명한 허당에 하고 싶은 것만 골라
하는 편식파지만, 이 모임에서만큼은 자칭 '성실파'이다. 2017년 임고생의 번데기 기간을 거쳐 하루빨
리 복귀하기를 손꼽아 기다리고 있다.

2장

비주얼씽킹,
정말로 좋아요!

내용을 전달하기 쉬워요

    비주얼씽킹의 가장 큰 장점은 정보를 쉽게 전달할 수 있다는 점으로, 이는 효율성을 중시하는 기업에서 비주얼씽킹이 발전한 이유라고 앞서 말씀드렸습니다. 백문이 불여일견(百聞不如一見), 이 익숙한 한자성어에서도 알 수 있듯, 무언가를 설명할 때는 여러 번의 말보다 한 번 보여주는 것이 훨씬 낫습니다. 말로는 이해하기 어려웠던 개념을 그림으로 한 번에 이해했던 경험은 누구에게나 있을 것입니다.

    아래는 우리나라 기후의 특징을 기온, 강수량, 바람으로 나누어 정리

우리나라 기후의 특징

기온 ┌ 남북 : 남과 북의 기온차이가 큼 (위도 차이)
     └ 동서 : 해안지역이 내륙보다 겨울에 따뜻, 여름에 시원
           (태백산맥이 북풍을 막아주고 동해안의 수심이 깊어서)

강수량 : 여름에 집중됨. 남쪽으로 갈수록, 해안지역일수록 많음.

바람 : 여름에는 태평양에서 불어오는 덥고 습한 바람이,
       겨울에는 시베리아에서 불어오는 차갑고 건조한 바람이 분다.

터돋움집 : 비가 많이 내리는 곳에   우데기 : 눈이 많이 내리는
       집터를 높게 돋움   울릉도

한 판서입니다. 일반적으로 판서를 할 때는 이런 식으로 많이 합니다. 이 판서를 그림으로 바꿔볼까요?

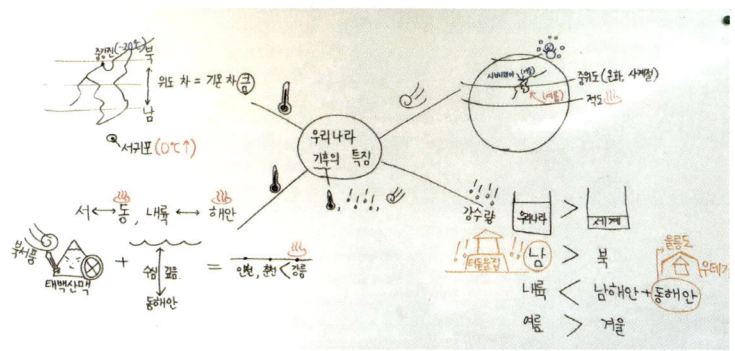

〈대전 와룡초등학교 이솔 선생님〉

확실히 글로 표현할 때와 느낌이 많이 다릅니다. '위도' 개념 역시 글로 설명하는 것보단 우리나라 지도 그림을 바탕으로 보여주고, 시베리아, 태평양, 인천, 춘천, 강릉 등 아이들에게 익숙하지 않은 지형의 위치도 쉽게 비교할 수 있도록 그렸습니다. 터돋움집과 우데기도 간단한 그림으로 표현할 수 있습니다.

내용을 전달하기 쉽다는 것은 같은 내용을 텍스트로 제시했을 때와 이미지로 제시했을 때 받아들이는 느낌 자체가 다르다는 것입니다. 예시를 한 번 살펴보겠습니다.

산지에서 널리 자란다. 높이 20m에 달하고 나무껍질이 옆으로 벗겨지며 검은 자갈색(紫褐色)이고 작은가지에 털이 없다. 잎은 어긋나고 달걀 모양 또는 달걀 모양의 바소꼴로 끝이 급하게 뾰족하며 밑은 둥글거나 넓은 예저(銳底)로 길이 6~12cm이다. 잎 가장자리에 침 같은 겹톱니가 있다. 털이 없고 처음에는 적갈색 또는 녹갈색이지만 완전히 자라면 앞면은 짙은 녹색, 뒷면은 다소 분백색(粉白色)이 도는 연한 녹색이 된다. 잎자루는 길이 2~3cm이며 2~4개의 꿀샘이 있다. 꽃은 4~5월에 분홍색 또는 흰색으로 피며 2~5개가 산방상(揀房狀) 또는 총상(總狀)으로 달린다. 꽃자루에 포(苞)가 있으며 작은꽃자루와 꽃받침통 및 암술대에는 털이 없다. 열매는 둥글고 6~7월에 적색에서 흑색으로 익으며 버찌라고 한다.

포털사이트에서 어떤 꽃을 검색한 결과입니다. 어떤 꽃인지 알 것 같나요? 아래 사진을 보면 확실히 알 것입니다. 네, 바로 벚꽃입니다. 오른쪽 사진의 아래에 그림 하나를 더 추가해 봤습니다. 익숙한 그림일 것입니다. 그렇습니다. '버스커버스커'의 1집 앨범 〈벚꽃엔딩〉 타이틀 그림입니다. 이미지를 보는 순간 익숙한 노랫말이 떠오르시나요?

이처럼 텍스트로 제시할 때와 이미지로 제시할 때의 느낌은 완전히

다릅니다. 바로 직관(直觀)입니다. 텍스트보다는 이미지로 제시했을 때가 훨씬 직관적이고 간결하게 다가옵니다. 이는 우리 교실에서 의미하는 바가 큽니다. 고등학교보다는 중학교에서, 중학교보다는 초등학교에서, 초등학교보다는 유치원에서 수업시간과 교실환경에 이미지를 많이 사용하는 이유가 바로 이 때문입니다.

저는 텍스트와 이미지의 우열을 말하는 것이 아닙니다. 텍스트는 상당히 논리적이고 체계적입니다. 이미지는 직관적입니다. 각각의 장점이 있습니다. 지금까지 우리는 정보를 전달할 때 텍스트를 주로 활용했습니다. 이미지의 시대에 이제는 이미지를 적극적으로 활용하는 방법을 연구해야 합니다.

혹시 다음에 나오는 책을 본 적 있나요? 1990년대, 2000년대 초반에 중·고등학교를 다닌 사람이라면 대부분 알만한 책입니다. 전통적인 단어장은 지금 보는 것처럼 단어 – 발음기호 – 뜻 – 숙어 등으로 이루어져 있습니다. 저도 학창시절에 손바닥 크기의 노트에 이런 영어 단어

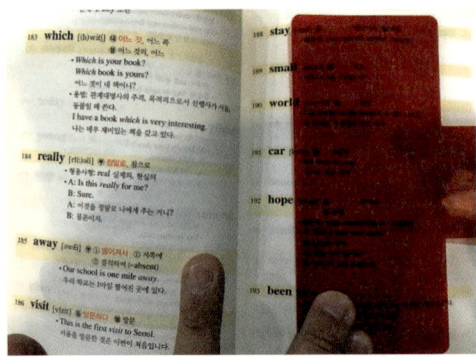

장을 만들어서 지하철과 버스에서 끊임없이 외웠던 기억이 납니다.

다음 이미지를 볼까요? 어느 영어 단어장의 전치사 부분만 따로 발췌한 것인데요, 앞의 단어장과 차이점이 느껴지시나요? 우리에게 익숙한 한글로 된 뜻, 발음기호, 숙어 등이 하나도 없지만, 자연스럽게 이

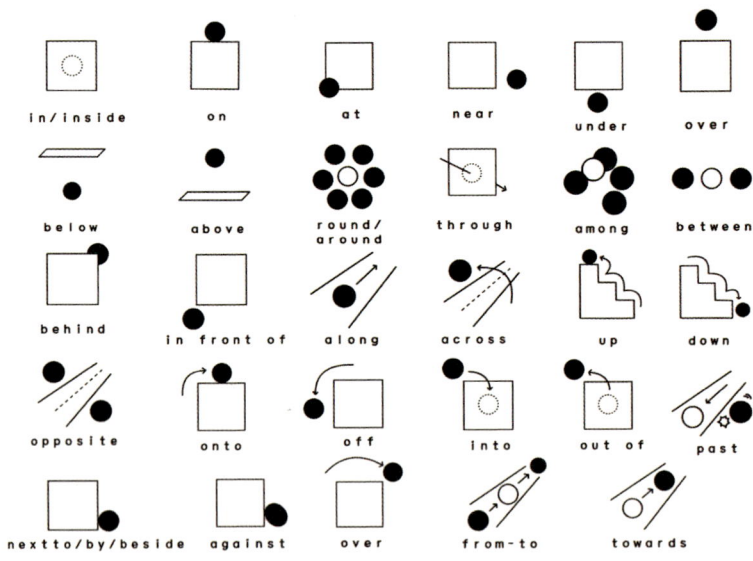

〈서울금호초등학교 김지원 선생님〉

단어가 뜻하는 바를 알게 해줍니다.

이처럼 비주얼씽킹은 기존 방식과는 다른 방법으로 정보를 전달합니다. 기존 방식이 텍스트와 표, 정확한 수치를 중심으로 정보를 전달했다면, 비주얼씽킹은 단순한 수치보다 정보가 갖는 전체적인 흐름의 직관적인 전달에 주목합니다.

수업에서도 마찬가지입니다. 비주얼씽킹은 아이들에게 내용을 전달할 때 세세한 내용보다는 전체적인 흐름과 구조에 주목합니다.

제 역사 수업 장면을 공개합니다. 2018년 현재 초등학교 역사교육은 5학년 2학기, 6학년 1학기로 나누어져 있습니다. 제가 이 수업을 할 때는 5학년 일 년 동안 우리나라 역사를 한 번에 배울 때였습니다.

1단계

3월에서 9월까지는 그림 판서로 설명했습니다. 아이들은 설명을 듣고 스케치북에 따라 그립니다. 프로젝트 학습이나 발표학습, 다른 수업방법을 활용한 경우를 제외하고는 일 년 내내 그림 판서를 이용했습니다. 미리 그려두면 효과가 크지 않습니다. 수업시간에 필기하듯이 천천히 그리면서 수업했습니다. 설명은 다음과 같이 했습니다.

선생님이 무엇을 그렸을까요?
맞아요. 왕관입니다.

아래에 '고려'라고 적었어요.

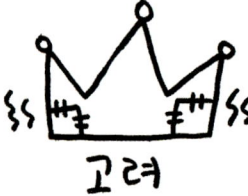

이렇게 그리니 어떤 느낌이 드나요?
맞아요. 거의 망해가고 있어요.

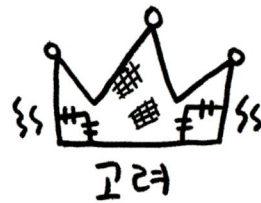

나라가 망할 때 언제나 나타나는 현상이
두 가지가 있어요. 첫째는 부정부패

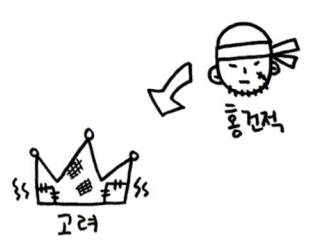

둘째는 외적이 쳐들어와요. 북쪽에서는 머리에
붉은 두건을 쓴 홍건적이 쳐들어 왔어요.

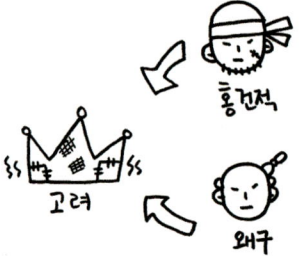

남쪽에서는 우리 단골손님,
왜적이 쳐들어 왔어요.

그런데 이를 물리친 장수가 있었어요.
맞아요. 이성계예요.

백성들은 당연히 이성계를 좋아했겠죠.

고려의 우왕은 이성계에게 명나라를 공격하라고 지시했지만,
이성계는 위화도에서 군대를 돌려 권력을 잡습니다.

이성계와 신진사대부들은 고려를 무너트리고
조선을 세웁니다.

그리고 도읍을 지금의 서울, 한양으로 옮깁니다.

한양으로 도읍을 옮긴 이유는 다음과 같이 4가지가 있습니다.

저는 역사 수업을 할 때 이렇게 2~3차시 분량을 통합해서 합니다. 수업의 도입에는 그림 판서로 전체적으로 흐름을 먼저 알려준 다음 세세하게 가르쳐줍니다. 교육과정상의 내용은 더 자세하지만, 그림 판서의 내용은 성취기준과 핵심성취기준을 바탕으로 구성합니다.

교육과정 내용	성취기준	핵심성취 기준	성취수준	
① 조선의 건국 과정을 이성계, 정몽주, 정도전 등을 중심으로 이해한다.	역6031. 조선의 건국 과정을 인물의 활동을 중심으로 설명할 수 있다.	✔	상	조선의 건국 과정과 의의를 주요 인물의 활동을 중심으로 설명할 수 있다.
			중	조선의 건국 과정을 주요 인물의 활동을 중심으로 설명할 수 있다.
			하	조선의 건국과 관련한 인물의 예를 들 수 있다.

2단계

9월에서 11월까지도 전과 마찬가지로 그림을 그려가며 설명했습니다. 3월에서 9월까지와 차이가 있다면, 그림을 그리며 설명하는 것이 끝나면 곧바로 지웠다는 점입니다. 지우고 나서 아이들에게 기억나는 대로 그려보라고 합니다. 물론 책을 참고해도 괜찮습니다. 불가능할 것 같다고요? 선생님들도 방금 제가 설명한 내용을 바탕으로 한번 그려볼까요?

성공하셨나요? 아이들은 오른쪽과 같이 기억하여 그렸습니다. 잘 그렸죠? 아마 선생님 반 아이가 이렇게 그렸다면 많이 칭찬해주셨을 겁니다. 그런데 혹시 미술시간에 이렇게 그렸다면? 느낌이 다를 겁니다. 아이들 그림에는 제가 그린 것 같은 정교함이 없습니다. 전부 '졸라맨'

과 기본 도형으로만 그렸습니다. 하지만 역사적 흐름 자체는 매우 정확하게 그렸습니다. 사실 이성계, 왜구, 한양을 '어떻게' 그리느냐는 이 수업과는 전혀 관계없습니다. 저는 그림을 잘 그리기 때문에 이렇게 표현한 것입니다.

비주얼씽킹에서는 이성계, 왜구, 한양을 어떻게 그렸냐가 중요한 것이 아니라 성취기준처럼, 조선의 건국 과정을 인물을 중심으로 그 흐름을 알 수 있는지가 중요합니다. 어떻게 '잘' 그릴지는 미술의 영역입니다. 하지만 조선이 어떻게 건국되었는지 선생님이 알려준 역사적 흐름을 머릿속에 떠올려 졸라맨으로 그리든, 스티커를 붙이든, 도형으로 그리든, 어쨌든 그 흐름을 산출하여 그리는 것은 비주얼씽킹입니다.

3단계

1단계에서는 따라 그리기 중심, 2단계에서는 기억해서 그리기, 11~2월까지 3단계에서는 제가 학생들에게 정리된 텍스트만 제공하고 학생들이 직접 구성해보도록 했습니다. 교과서와 영상 등의 자료를 보고 개인별, 짝꿍과 모둠별로 다양하게 비주얼마인드맵 형식으로 내용

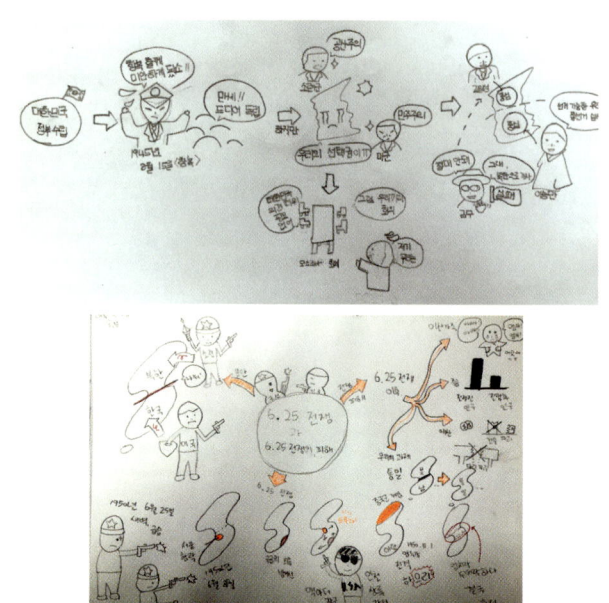

을 정리했습니다.

여기까지 오는 데 거의 일 년이 걸렸습니다. 학생들에게 반구조화된 학습지를 나눠주고 채워넣는 방식으로 했다면, 쉽고 빠르게 적용할 수 있었겠지만, 저는 학생들이 차근차근 많은 양의 역사 내용을 이미지화할 수 있도록 도와주고 싶었습니다. 역사 공부의 목적이 암기가 아닌 역사적 사고력 신장, 전체적인 역사적 흐름을 아는 것이기 때문입니다. 5학년 때 저에게 역사를 배운 학생들이 중학교에 진학해 5학년 역사노트를 꺼내 공부했다는 소식을 듣고 매우 감동받았습니다.

이미지와 스토리텔링

다음 표의 내용을 간단한 그림과 글로 이루어진 만화로 그려봤습니다.

	○○초 반 번 이름:	
구분	구석기	신석기
도구	• 뼈도구, 뗀석기 • 주먹도끼, 슴베찌르개	• 간석기, 갈판, 갈돌, 가락바퀴, 뼈바늘
토기	X	• 빗살무늬 토기(우리나라 대표적), 덧무늬 토기, 이른 민무늬 토기
생활	• 이동 생활(사냥, 채집생활) • 동굴이나 강가의 막집 • 평등한 공동체 생활	• 정착 생활 시작 (농경, 조·피 등 목축 시작) • 강가나 해안가의 움집 • 평등사회(족외혼)
문화	석회암이나 뼈, 뿔 등으로 조각품 ➡ 사냥감의 번성을 비는 주술적 의미	• 애니미즘, 샤머니즘, 토테미즘 등장 • 영혼, 조상 숭배
유적지	• 충북 청원 두루봉 동굴: 홍수아이, 조리용 뗀석기 • 경기 연천 전곡리: 양면 핵석기 • 평양 상원 검은모루, 충남 공주 석장리 등	• 부산 동삼동 패총: 조개껍데기 가면 (원시신앙) • 서울 상암동

〈인천 간재울초등학교 윤예림 선생님〉

이것은 스토리텔링, 즉 이야기를 통해서 자연스럽게 아이들에게 개념을 알 수 있도록 해주는 수업 방식입니다. 위 만화를 천천히 보다 보면 구석기의 의, 식, 주, 도구의 사용, 장례 풍습과 불의 이용까지 구석기 시대에 대해 배우며 알아야 할 내용을 자연스럽게 알 수 있습니다. 그림을 사용하면 스토리텔링에도 매우 유용합니다.

이미지를 활용하면 내용을 전달하기 좋습니다. 왜냐하면 이미지는 '직관적'이기 때문입니다. 예를 하나 들어볼까요? 빨강, 노랑, 검정을 국기로 쓰는 나라 중 독일이 있습니다. 혹시 다음 중 독일 국기가 어떤 것인지 아시나요?

　네 헷갈립니다. 이럴 때는 '짱구'를 떠올리면 됩니다. "애들아, 독일 국기 순서는 검은색, 빨간색, 노랑색이야!"라고 말해주는 것보다는 짱구 그림을 보여주는 게 훨씬 직관적입니다.

〈출처: Twitter @udaqueness〉

　텍스트는 읽는 순서가 정해져있습니다. 우리나라 같은 경우는 왼쪽 위부터 오른쪽 아래로 읽습니다. 하지만 이미지는 읽는 순서가 정해져 있지 않습니다. 그야말로 눈 가는 대로 읽습니다. 그만큼 이미지는 직관적이고 주관적입니다. 그래서 비주얼씽킹은 논리적이고 체계적인 텍스트와, 직관적인 이미지를 함께 사용합니다. 그래서 비주얼씽킹은 내용을 전달하기 쉽습니다.

정리하기 좋아요

비주얼씽킹의 두 번째 장점은 내용을 정리하기 좋다는 점입니다. 정보를 효과적으로 압축할 수 있는 이미지의 장점을 적극적으로 활용하는 것입니다.

노출, 조리개, ISO 감도, 셔터스피드…. 들어본 적 있으신가요? 맞습니다. 카메라에 대한 설명입니다. 요즘은 카메라의 기능이 워낙 발전해서 자동으로 설정해도 좋은 사진을 찍을 수 있지만, 아무래도 더 멋진 사진을 찍기 위해서는 위 요소를 잘 이해하고 있어야 합니다.

제가 카메라를 처음 샀을 때만 하더라도 노출, 조리개, 셔터스피드에 대해 검색해보면 다음과 같은 정보가 대부분이었습니다.

노출, 조리개, 셔터 속도, ISO값과 피사계심도에 대해 알아봅니다. 사진 촬영에서 가장 기본적인 것들이라 이미 알고 있는 내용이 많겠지만 다른 글에서 자주 언급되는 내용이고 수중 촬영과 관계된 몇 가지도 설명합니다.

노출 (Exposure)

노출은 간단하게 카메라 센서로 들어오는 빛의 양을 의미한다고 할 수 있습니다. 너무 어두운 사진은 노출 부족, 너무 밝은 사진은 노출 과다라고 하며 이러한 빛의 양은 정형화된 EV(Exposure value)값으로 표현하기도 합니다. 노출은 조리개, 셔터 속도, ISO 값에 따라 결정되며 카메라를 자동 노출로 설정하여 촬영할 경우 카메라가 적정 노출을 판단하여 이러한 값이 바뀌게 됩니다. 그럼 적당한 노출이란 어떤 것일까요?

조리개 (Aperture)

조리개는 일반적으로 카메라 렌즈에 달려 있으며 사람 눈의 동공에 해당한다고 할 수 있습니다. 조리개를 얼마만큼의 구경으로 여는가에 따라 센서로 들어가는 빛의 양이 달라집니다. 이러한 조리개의 구경값을 f값으로 표기합니다. f값이 클수록 조리개 구경이 작아집니다. 즉 f2.8은 최대로 개방된 상태이고 차례대로 f32는 가장 작은 구경을 의미합니다. f값이 커질수록 센서로 들어가는 빛의 양은 적어집니다. 조리개값에 의해 피사계심도(DOF = Depth of Field)가 바뀌게 됩니다. 피사계심도는 초점이 맞아 선명하게 보이는 영역을 말하는데 조리개값 이외에도 카메라 센서의 크기, 렌즈의 초점 거리에 따라서도 바뀌게 됩니다(위키 링크 참고).

셔터 속도 (Shutter speed)

셔터 속도는 카메라의 셔터가 열리는 시간의 길이를 말하며 보통 다음과 같이 표기합니다. 예를 들어 1/60sec는 약 0.017s, 17ms 동안 셔터가 열리게 됩니다(1/15초(sec)를 1/15th로 표기하기도 함). 셔터 속도에 따라서 자연광(지속광)이 센서로 유입되는 양은 달라집니다. 느린 셔터 속도에서 센서가 받아들이는 빛의 양이 많아지고 빠를수록 적어집니다. 스트로브 빛에 의한 노출과 셔터 속도는 관계가 없습니다. 예를 들어 자연광(지속광)이 전혀 없는 공간에서 스트로브만을 사용하여 촬영할 때 셔터 스피드를 바꿔도 노출에는 변화가 없습니다. 카메라에 따라 스트로브와 동조 가능한 가장 빠른 셔터 스피드(일반적으로 1/200, 1/250sec)가 정해져 있습니다. 빠른 셔터 속도를 사용하여 움직이는 것의 정지 화상을 촬영하거나 카메라 흔들림이 사진에 나타나는 것을 방지하고 반대로 느린 셔터 속도로 모션 블러 효과를 촬영하기도 합니다.

ISO

ISO는 필름 시대에서는 감광 속도, 필름 감도 등을 의미했지만 디지털 카메라에서는 센서의 감도를 의미합니다. 스트로브를 사용하는 수중 촬영에서는 가능한 한 기본 ISO(100~200)을 사용하고 Auto ISO를 사용하지 않도록 합니다. 하지만 셔터 스피드,

조리개 값만으로는 노출이 부족할 때 ISO값을 높여 적정 노출을 얻을 수 있습니다. 기본 ISO(Base ISO) 사용을 권장하는 이유는 높은 ISO값일 수록 센서의 디지털 노이즈가 사진에 나타나게 되고 Dynamic range와 Tonal range(계조)가 떨어지게 됩니다. Dynamic range와 Tonal range를 자세하게 설명하려면 수 페이지가 필요하지만 간단하게 Dynamic range는 센서가 구분할 수 있는 밝기의 범위 그리고 Tonal range는 밝기의 단계를 얼마나 많이 구분할 수 있는가로 이해하면 됩니다.

자세히 공부하지 않으면 무슨 말인지 전혀 모르겠습니다. 그래서 이런 정보를 검색하기보다는 무조건 나가서 찍으면서 몸으로 직접 터득하곤 했습니다.

다음은 이 많은 정보를 한 장의 인포그래픽으로 정리한 자료입니다. 조리개, 셔터스피드, ISO 감도 같은 복잡한 카메라의 원리를 한눈에 알아볼 수 있습니다. 예를 들어 F1.4의 렌즈를 활용하면 아웃포커싱 사진을 촬영할 수 있고, 1/1000초의 셔터스피드를 활용하면 달리는 학생

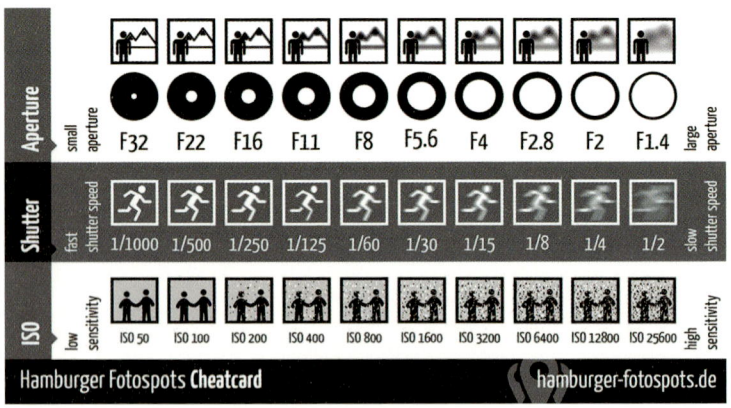

출처: http://blog.hamburger-fotospots.de/

도 정지화면처럼 촬영할 수 있습니다. 방금 예시처럼 이해하기 어려운 내용을 그림과 이미지로 표현하면 훨씬 쉽게 이해할 수 있습니다.

제가 대표운영진으로 봉사하고 있는 초등교사 커뮤니티 인디스쿨 이야기를 잠깐 해보겠습니다. 인디스쿨은 전국 초등교사들의 자발적 후원금으로 유지되는 그야말로 초등교사들의 힘으로 만든 커뮤니티입니다. 현재 13만 명이 넘는 초등학교 교사가 가입하여 활동하고 있으며 회원들이 자발적으로 만들어 업로드하는 수십만 개의 각종 교육콘텐츠, 교사 모임, 교육 상담실 등이 활성화되어 있습니다.

2014년 전국 지방선거 후에 '전국 교육감 당선자에게 바란다'라는 코너를 신설하여, 당선된 교육감 당선자들에게 보낼 전국 초등학교 선생님들의 의견을 모았습니다. 약 한 달 동안 수백 명의 선생님께서 글을 올려주셨는데, 지니쌤(정유진 선생님)과 운영진 몇 명이 이를 텍스트로 정리해주었습니다. 내용을 보면 다음과 같습니다.

이번에 서울시 교육감 당선인 인수위원회 TF 팀 회의를 DB4차로서 글을 안디스쿨 '전국 교육감 당선안에게 바랍, DB' 메뉴에 전국의 선생님들께서 쓰신 글들을 종합해서 정리하였습니다. 우선 오늘까지 나온 의견을 정리하였습니다. 아래처럼 마인드맵 프로그램으로 선생님들의 의견을 모아 기록하고 5가지 범주로 분류하였습니다. 1. 학교를 기쁨2개 2. 교사를 신나게 3. 학생의 행복하게 4. 학교를 민주적으로 5. 기관 교육감에게 제안합니다. 초등교사 커뮤니티 인디스쿨은 지금 당장 무언가를 해하 하지 마십시오, 학교 현장은 이미 심하게 넘치고 있습니다. 더하기보다 빼달라 합니다. 2014년 하반기 교사들과의 만남을 많이 가지셔야 합니다. 교사가 혁신의 대상이 아니라 주체가 될 수 있게 해주십시오. 1. 학교를 기쁨2개 - 학교가 기쁘다시런 교사들의 열정이 살아납니다...

어떤가요? 수백 명의 선생님이 다양하게 쓴 글을 내용에 따라 범주화하여 이만큼 요약했습니다. 많은 시간과 노력을 들였지만, 생각만큼 눈에 잘 들어오지는 않네요. 그래서 더 요약하기로 했습니다. 어떻게? 그림 하나, 글 하나로 요약하기로 했습니다. 그런 다음에 이 그림들을 조금 더 정성을 들여 컴퓨터로 디지털화했습니다.

 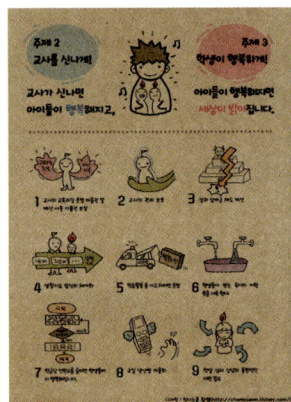 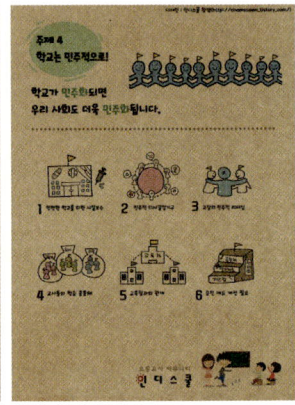

어떤가요? 정말 단순하지만 예쁘고 한눈에 들어오죠? 앞에서 본 텍스트보다는 훨씬 이해가 잘되고 '볼만한' 내용이 됐습니다. 제 개인의 의견 아니냐구요? 아닙니다. 이 선호도 차이를 살펴볼 수 있는 자료가 있습니다. 바로 제가 이 글과 그림을 똑같이 페이스북에 올렸을 때의 반응 차이입니다.

글을 올렸을 땐 좋아요가 40여 개, 댓글이 7개, 공유 35개였는데, 그림을 올렸을 때는 좋아요와 댓글, 공유 수가 10배가 훌쩍 넘었습니다. 이미지를 활용하여 전달하면 같은 내용을 텍스트로만 전달했을 때보다 사람들의 반응을 잘 이끌어낼 수 있습니다. 대부분의 기업에서 SNS

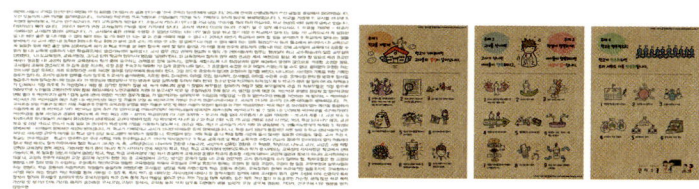

나 홍보자료에 카드뉴스나 웹툰 방식으로 스토리를 담아 홍보하는 이유가 이 때문입니다. 같은 내용의 스토리라도 글로 올리는 것보다 웹툰으로 만들어 올리는 것이 훨씬 반응이 좋고 많이 읽히며 많은 사람이 쉽게 접근을 할 수 있습니다.

공감대를 형성하기 쉬워요

비주얼씽킹의 마지막 장점은 공감대를 형성하기 쉽다는 것입니다. 다음 사진을 볼까요? 아마 보신 분도 있을 것입니다. 이 사진은 음란 사이트나 도박 사이트 등, 일반적인 인터넷 서핑으로는 들어가기 어려운 불법 사이트에 접속했을 때 사이트 접속을 차단할 목적으로 나오는 화면입니다. 그런데 자세히 보면 조금 이상합니다. 경고의 'WARNING'이 아니라 'WARNANG', '유해정보' 사이트가 아니라 '합법·무해' 사이트라고 나옵니다.

이것은 2014년 만우절에 인디스쿨 접속화면을 인디스쿨 기술지원팀

INDI Warnang
합법 · 무해 정보(사이트)에 대한 접속 안내
귀하가 접속하려고 하는 정보(사이트)에서 합법 · 무해내용이 제공되고 있어 해당
정보(사이트)에 대한 접속은 원활함을 알려드립니다.
해당 정보(사이트)는 인디스쿨대표운영진의 심의를 거쳐 전국 초등학교
선생님들의 아낌없는 후원으로 무럭무럭 자라고 있으니 이에 관한 문의사항이
있으시면 위 로그인 버튼을 눌러 주시기 바랍니다.

사이트 분야	담당기관	연락처
이 곳이 처음일 때	관할신고 회원가입	회원가입
심심하면	인디스쿨	로그인
망아지 학생	인디스쿨	로그인
과격한 학부모님	인디스쿨	로그인
너무 터프한 관리자	인디스쿨	로그인
수업자료 구할때	인디스쿨	로그인
돈이 쓰고 싶을때	인디스쿨 후원	후원 안내 보기
인디 서버가 힘들어 할 때	인디스쿨 후원	후원 안내 보기
술 마실 사람 찾을때	맥노턴	mcnorton@indischool.com

이 장난으로 바꿔놓은 것입니다. 저렇게 대놓고 글씨를 무해정보 사이트라고 바꾸고, '로그인'을 강조했으니 처음은 당황할지 몰라도 이내 장난인 걸 깨닫고 인디스쿨에 자연스럽게 접속할 것이라고 생각했습니다.

그런데 예상과는 다르게, 정말로 많은 사람이 저에게 '인디스쿨이 이상해요', '인디스쿨 접속이 안 돼요', '인디스쿨이 해킹당했나 봐요' 등의 메시지를 보내기 시작했습니다. 사람들은 안에 있는 내용보다는 전체적인 이미지를 먼저 봅니다. 과거에 한 번이라도 차단사이트를 경험했던 사람이라면 더욱 그러했을 것입니다. 여기서 살펴볼 수 있는 것이 바로 이미지가 갖는 강력한 '공감'의 힘입니다.

아래 '짤방' 이미지를 볼까요? 현장 교사면 누구나 공감할 것입니다.

〈교사 짤방〉

정말 재치 있고 기발하죠? 이런 짤방을 평소에 안 쓰는 사람이라도 선생님들은 이와 매우 유사한 이미지를 일상에서 사용하고 있습니다. 바로 스마트폰 메신저를 통해 주고받는 '이모티콘'입니다. 피처폰을 쓸 때만 하더라도 40글자(80바이트)의 문자메시지만 보낼 수 있었습니다. 그래서 보통 이모티콘은커녕 띄어쓰기도 없이 글자만 꾹꾹 눌러 담아서 보냈죠. 40글자라는 제한된 분량에 담고 싶은 내용을 모두 담으려다 보니 어쩔 수 없이 생겨난 현상입니다. 한 글자라도 초과하면 MMS로 전환되면서, 건당 100원씩 부과되던 그런 시절이었습니다.

하지만 지금은 '감사해요', '미안해요', '힘들어요', '안녕' 같은 간단한 메시지는 글보다는 이모티콘을 자연스럽게 활용합니다. 게다가 메신저 회사에서는 이러한 이모티콘을 유료로 판매하고 있고, 2016년 기준 카카오톡 이모티콘 다운로드 건수가 1,400만 건에 달할 만큼 인기가 많습니다. 하나의 이모티콘으로 사용자끼리의 공감대를 형성할 수

〈'쿼카'를 소재로 한 카카오톡 이모티콘, 충북 증안초등학교 최성권 선생님 작품〉

있고 문자보다 편리하다는 장점 때문입니다.

교직에 있다 보면 스트레스 받는 상황이 많습니다. 아래 사진을 볼까요?

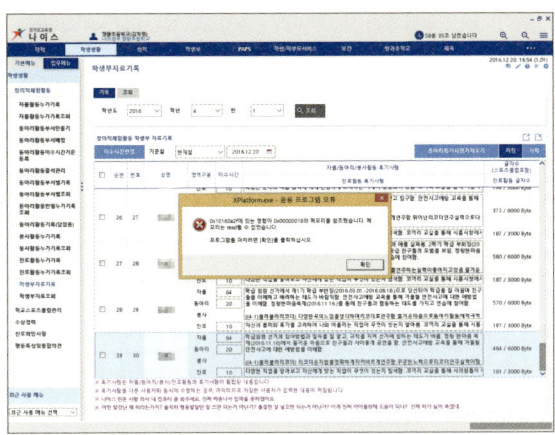

초등교사라면 누구나 한 번쯤은 봤을 법한 나이스 에러화면입니다. 특히 성적처리로 바쁜 학기 말에 많이 뜨는데요, 수시로 저장하지 않았다면, 오류창의 '확인' 버튼을 누르는 순간 입력한 모든 자료가 사라져 버립니다.(한 가지 팁을 드리자면, 오류창이 나왔을 때 '확인'을 누르지 말고 오류창을 아래로 드래그하여 치워놓은 다음 이어서 작업하면 문제가 없습니다. 저장도 가능합니다.)

이 사진을 선생님들에게 보여주면 대부분 '아…!' 탄식을 내뱉습니다. 왜 그럴까요? 맞습니다. 선생님들은 나이스 에러화면 '사진'을 본 것이지만, 실제로는 당시 불편했던 상황을 떠올리며 그때의 감정을 느끼기 때문입니다. 저는 개인적으로 비주얼씽킹과 이미지가 갖는 가장 강력한 장점은 바로 '공감대 형성'이라고 생각합니다. 글과 말로는 할 수 없는 이미지만이 줄 수 있는 즐거움! 바로 현대사회에서 이미지를 사용하는 가장 큰 목적이 아닐까요.

　다음은 '수업의 완성과정'이라는 만화입니다. '논문의 완성과정'이라는 만화를 패러디하여 만들었습니다. 글과 그림의 조합은 글만으로는

〈서울 청담초등학교 김근재 선생님〉

줄 수 없는 공감대와 재미를 줍니다.

지금까지 비주얼씽킹에 대해서 알아봤습니다. 이미지의 시대에 태어난 비주얼씽킹은 특별한 기술이 아니라 자연스러운 습관입니다. 우리는 어떤 개념이나 사물을 떠올릴 때 텍스트가 아니라 이미지로 떠올립니다. 집으로 가는 길을 떠올릴 때나 우리 반 아이들을 떠올릴 때, 텍스트로 떠오르지 않고 지도 그림으로, 아이들 얼굴로 떠올리게 됩니다. 비주얼씽킹은 이처럼 우리에게 아주 자연스러운 사고방식입니다. 비주얼씽킹을 하면 정보를 쉽게 전달할 수 있으며 정보의 압축성을 이용해 내용을 쉽게 정리할 수도 있고, 공감대도 쉽게 형성할 수 있습니다.

'몸이 천 냥이면 눈은 구백 냥'이라는 속담이 있습니다. 우리의 오감 중에서 시각은 감각처리의 75%를 차지할 정도로 비중이 큽니다. 교육의 기본은 보여주는 것이기 때문에 시각자료의 중요성은 몇 번을 강조해도 지나치지 않습니다. 시각자료는 그림을 그려서 활용할 수 있지만, 그리는 것 이전에 '보여주는 것' 그리고 '생각하는 것'이 핵심입니다. 이

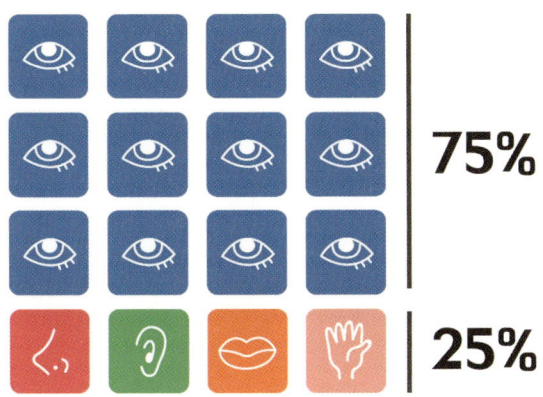

〈출처: 비주얼씽킹, 정진호, 한빛미디어〉

비주얼씽킹이란…!

**글과 그림을 함께
이용해 정보, 생각을
빠르고 간단하게
표현, 기록하는 습관**

보여주기와 생각하기는 평소 습관처럼 교실에서 이루어져야 합니다.

그래서 저는 비주얼씽킹을 이렇게 정의합니다. 비주얼씽킹이란 '글과 그림을 함께 이용해 정보나 생각을 빠르고 간단하게 떠올리고 표현하고 기록하는 습관', 즉 '이미지로 생각하는 습관'입니다.

김보미(경남 곤양초등학교 교사)

진주교육대학교 졸업. 부모님 몰래 방문 잠그고 만화 그리던 꼬마가 선생님이 되어서도 혼자 그림을 그리다가 SNS를 통해 참쌤을 알게 되어 운좋게 '참쌤스쿨' 2기 멤버로 영입! 상담 연구회인 '초등상담 나무' 7기 활동과 함께 정신없이 전국을 돌아다니며 배우는 중. 귀엽고 간단한 캐릭터 그리기와 비주얼씽킹, 상담에 관해 꾸준히 공부하고 있으며, 비주얼씽킹 원격연수 및 강의 진행중! '고미' 캐릭터를 활용해 캐릭터로 즐겁게 학급운영 하는 중!

김아령(경기 신영초등학교 교사)

부산교육대학교 미술교육과 졸업. 색연필 수채화로 그리는 일러스트에 관심이 많아 취미로 혼자 작업하다 좋은 기회로 참쌤스쿨 2기에서 활동 중. 멋진 선생님들과 다양한 교육적 컨텐츠 제작을 하며 새로운 교사로서의 삶을 살고 있다. 인물 캐리커쳐와 색연필의 교육적 활용에 관심이 많으며, 현재 2017 초등 교육과정 성장중심 평가 삽화 담당으로도 활동 중이다.

김우용(강릉 주문진초등학교 교사)

랩과 그림을 좋아하는 고집 센 눈웃음 선생님. 특유의 명랑하고 옛스러운 그림체로 참쌤스쿨의 '냉동 인간'이라 불리고 있다. 아날로그에 머물러 있다가 디지털 그림으로 폭풍 성장 중이며 웹툰, 일러스트, 애니메이션 등 다방면에 걸쳐 교육 콘텐츠를 생산하고 있다. 특히 캐리커쳐에 관심이 많아 주변 인물들을 지속적으로 그려내고 있으며, 교육적 활용 방안도 고안하고 있다. 참쌤스쿨에서의 배움을 토대로 자기만의 콘텐츠를 만들기 위해 준비 중이다.

2부

그림을 그려봐요

· 3장 ·

저는 그림을 못 그려요

그림을 잘 그린다는 것과 못 그린다는 것

비주얼씽킹 강의를 하면서 가장 많이 듣는 말 중 하나가 "저는 그림을 못 그려요", "선생님은 그림 잘 그리니 그렇게 쉽게 말하죠"입니다. 앞서 이야기한 것처럼 우리의 그림 실력은 대부분 초등학교 시절에 결정됩니다. 선생님의 학급을 살펴보세요. 초등학생인데도 선생님보다 그림 잘 그리는 아이가 꼭 한두 명씩 있습니다. 대부분의 아이는 초등학교 1학년이나 6학년이나 큰 차이 없이 그림 실력이 비슷비슷합니다.

"3살 버릇 여든까지 간다." 어렸을 때 버릇이 평생 간다는 뜻인데요, 저는 이 말을 조금 바꿔봤습니다.

"3살 졸라맨 여든까지 간다."

도대체 그림을 잘 그린다는 것은 어떤 것일까요? 비주얼씽킹을 할 때 꼭 그림을 잘 그려야 할까요? 어느 정도까지 그려야 충분할까요? 저는 강의를 자주 다니며 많은 선생님을 만납니다. 강의 때마다 "그림에 자신 있으신 분?"이라고 물어보며 손을 들게 하면 약속이라도 한 것처럼 단 한 분도 손을 들지 않습니다. 이분들이 정말로 그림을 못 그려서일까요? 재미있는 사실은 전국 교사 중에서 그림으로 손꼽히는 선생님들이 모인 '참쌤스쿨' 멤버들에게 같은 질문을 던졌을 때 역시 비슷한 반응을 보였다는 점입니다.

그림을 잘 그린다는 것은 상당히 주관적입니다. 누가 봐도 못 그린 그림을 스스로 잘 그렸다고 만족할 수 있는 반면, 누가 봐도 잘 그린 그림을 다른 사람에게 보여주기 창피한 수준이라고 생각할 수 있습니다. 비주얼씽킹에서는 사실 '잘 그리고', '못 그리는' 문제가 굉장히 중요합니다. 하지만 여기서 '잘 그리고'와 '못 그리고'는 일반적인 의미와 다릅니다.

문제 하나를 내보겠습니다. 아래 제시한 두 단어를 자유롭게 그려보세요.

집회(rally)

축하(congratulation)

그려보셨나요? 아마 대부분 그리기 힘드셨을 겁니다. 왜냐하면, 우리가 일반적으로 생각하는 집회 축하는 이런 모습이기 때문입니다.

집회(rally) 　　　　　　　　　축하(congratulation)

저에게 집회와 축하를 그려보라고 하면 다음과 같이 촛불 하나만 그릴 것입니다. 그리고 조금만 응용해서 다음과 같이 그릴 것입니다.

집회(rally) 　　　　　　　　　축하(congratulation)

집회 　　　　　　　　　**축하**

앞서 비주얼씽킹은 Visual(표현)보다 Thinking(생각)이 핵심이라고 했습니다. 집회 장면과 축하 장면은 쉽게 그릴 수 없지만, 촛불은 누구나 그릴 수 있습니다. 촛불 그림 하나로 집회와 축하를 모두 표현할 수 있는 이유는 바로 그림의 '상징성' 때문입니다.

그림의 상징성은 비주얼씽킹의 핵심이라고 할 수 있을 만큼 중요합니다. 이 상징성 덕분에 우리는 비주얼씽킹을 활용해 쉽게 내용을 전달하고, 내용을 쉽게 정리하며, 다른 사람과 공감대도 쉽게 형성할 수 있습니다. 그리고 그림에 자신이 있든, 자신이 없든 그림을 그릴 수 있게 해주고, 그림 실력이 부족하더라도 내가 의도한 대로 의미를 전달할 수 있게 해줍니다.

그림을 그릴 때 얼마나 정밀하게 묘사했는지, 창의적으로 독특하게 표현했는지는 미술의 영역입니다. 비주얼씽킹에서 사용되는 그림은 '문자' 혹은 '글씨'와 같다고 생각하면 됩니다. 글씨를 쓰는 것은 '정보 전달'이 주목적이지 글씨를 예쁘게 쓰고 독창적으로 쓰는 것은 중요하지만 본질은 아니기 때문입니다. 마찬가지로 비주얼씽킹은 누구나 그릴 수 있는 상징적인 그림으로 정보를 직관적으로 전달하는 것이 핵심입니다. 그래서 가능하면 색을 칠하거나 그림에 기교를 부리는 것을 최대한 자제하도록 하는 것입니다.

아래 그림은 '임진왜란 전과 후'를 초등학교 5학년이 스마트폰으로 그린 것입니다. 그리는 데 30초도 걸리지 않았습니다. 이 친구는 두 개

의 상징을 활용했습니다. '한반도'와 '누더기'. 두 그림만으로도 임진왜란으로 조선이 얼마나 큰 타격을 받았는지 한눈에 알 수 있습니다.

혹시 부엉이와 올빼미의 차이를 아시나요? 다음은 '초등학교 1학년이 그린 부엉이와 올빼미의 차이'라는 이름으로 인터넷 커뮤니티에 올라온 그림입니다.

우리의 기존 시각으로 봤을 때 둘 다 잘 그린 그림은 아닙니다. 하지만 우리는 저 그림을 그린 학생들을 보통 칭찬합니다. 왜일까요? 여기서 중요한 건 Thinking이지, Visual이 아니기 때문입니다. 우리가 칭찬하는 점은 한반도 그림과 누더기 그림을 활용하여 임진왜란 전과 후를 그린 점, 그리고 부엉이의 'ㅂ'과 올빼미의 'ㅇ'을 부엉이와 올빼미의 외관과 연관 지어 그렸다는 점입니다.

비주얼씽킹은 이미지로 생각하는 '습관'이라고 했습니다. 이를 교실에서의 그림 그리는 습관과 연결해 생각해볼까요? 아이들에게 그림 그리는 습관을 들이기 위해서는 자주 그려보게 해야 합니다. 자주 그려보기 위해서는 꾸준히 그리는 것, 즉 지속성이 중요한데 보통 이 지속성은 재미와 흥미에 기반을 두고 있습니다. 그리고 아이들은 기본적으로 자기가 잘하는 것에 재미를 느낍니다. 한마디로 그림을 잘 그릴수록 그림 그리는 습관을 기르기 쉽습니다.

여기서 이야기하는 잘 그린 그림이란 주제를 얼마나 자신 있게, 정확하게 표현했느냐를 뜻합니다. 나머지 기법은 다 겉치레일 뿐입니다. 기본 도형이나 '졸라맨' 그림을 이용해도 충분하다고 하는 이유가 여기 있습니다.

하지만 그림을 잘 그리기 위해서는 어느 정도 기본 훈련이 필요합니다. 선생님이나 학생이나 처음부터 잘할 수는 없기 때문입니다.

한 가지 예시를 살펴보겠습니다. 다음은 앞에서 살펴봤던 칠판 그림입니다. 굉장히 깔끔하죠? 12월쯤에 그린 것인데요. 미리 그린 것도 아니고 수업시간에 즉석으로 그렸는데도 선도 깔끔하고 군더더기가 없습니다. 저는 그림을 잘 그리니 이렇게 그릴 수 있습니다.

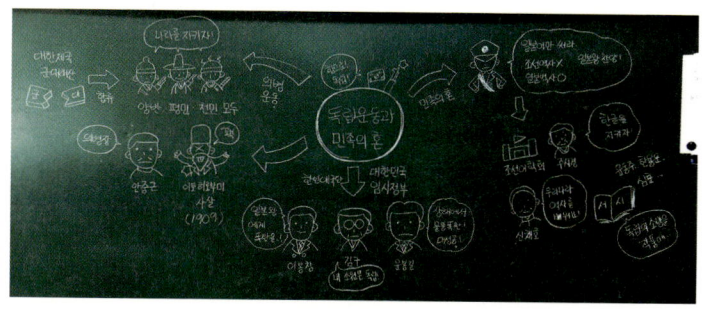

〈12월에 그린 그림 판서〉

이번엔 학기 초 3월에 그린 것을 볼까요? 물론 이것도 잘 그린 것이지만 12월에 그린 것과는 상당히 다릅니다. 그림을 잘 그리는 저도 마찬가지입니다. 같은 해에 그렸더라도 얼마나 연습을 했느냐에 따라 달라집니다. 저는 칠판 그림에 도전하면서 3월부터 12월까지 약 60여 개의 칠판 그림을 그렸고, 그 과정에서 조금씩 나아지는 것을 느낄 수 있었습니다. '나는 그림을 못 그려'라고 말하기 전에 먼저 연습하는 습

〈3월에 그린 그림 판서〉

관! 잊지 마세요.

저는 무엇보다 선생님이 먼저 비주얼씽커가 되었으면 합니다. 연극을 수업에 활용하시는 선생님은 연극을 좋아합니다. 마술을 수업에 활용하시는 선생님은 마술을 직접 하는 것을 즐깁니다. 토의·토론 수업을 자주 하시는 선생님은 선생님의 삶이 토의·토론인 경우가 많습니다.

비주얼씽킹도 마찬가지입니다. 선생님이 비주얼씽커가 되지 않으면 평소에 그림을 그리는 것도, 이미지로 생각하는 것도 수업시간에 활용하기 어렵습니다. 선생님이 연극을 하지 않으면서 아이들에게 역할극을 지도하기 어렵습니다. 선생님이 단소를 불지 못하면서 아이들에게 단소를 불라고 할 수 있을까요? 선생님은 칭찬과 격려만 하면 되는 걸까요?

다음 장부터는 실제로 그림을 그려보겠습니다. 정말로 누구나 할 수 있는 그림입니다. 단순한 낙서에서 국정교과서 삽화까지, 저와 참쌤스쿨 선생님들의 오랜 시간 축적해온 노하우를 바탕으로 가능한 한 쉽게 안내하겠습니다.

그림을 그리는 방법

이번에는 그림을 그리는 방법을 알아보겠습니다. 솔직히 말해서 그림을 그리는 방법은 사람마다 다르고 특별히 '잘 그리는' 방법이 있는 것도 아닙니다. 한마디로 왕도가 없습니다. 모든 기능이 마찬가지이듯이 그림도 수많은 모방과 반복, 새로운 시도와 실패의 경험이 쌓여 조금씩 발전하는 것입니다. 그렇기 때문에 시간이 필요합니다.

학급에서 그림을 잘 그리는 아이들을 보면 교과서에 빼곡하게 낙서 비슷한 그림들을 채워 넣는 친구들이 있을 것입니다. 그 친구들의 교과서를 보면 모든 쪽마다 비슷비슷한 그림들로 반복해 채워져 있습니다. 새로운 그림체나 새로운 시도는 별로 하지 않습니다. 아이들과 우리는 전문적으로 그림을 그리는 사람이 아니니, 교실에서 쓸 수 있을 정도의 그림 실력만 있으면 됩니다. 그러므로 이번 장에서 다룰 그림은 미술 시간에 배우는 회화와는 전혀 다른 영역의 '그림'입니다.

이 그림에는 일정한 규칙이 있습니다. 특별한 것이 아닙니다. 앞에서 본 촛불 그림처럼, 우리가 이미 알고 있고 그릴 수 있는 그림들을 응용하여 그리는 것입니다. 여기서 소개하는 그림은 대부분 초등학교 4

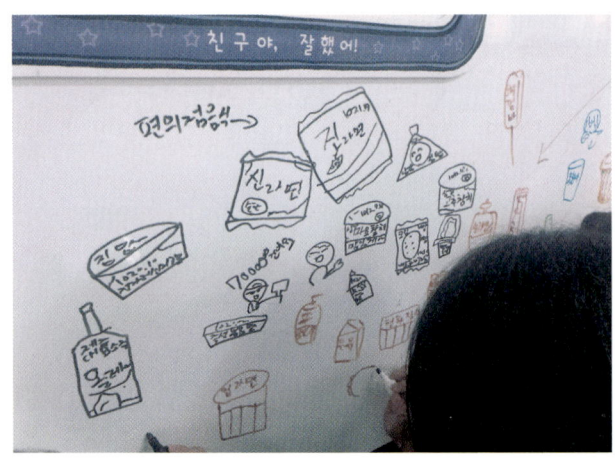

학년에게 적용해봤던 것입니다. 2년 정도 적용해 본 결과, 개인 편차는 있지만 4학년 정도면 충분히 그릴 수 있는 그림만 모았습니다.

본격적으로 그리기 전에 꼭 알고 있어야 할 3가지를 소개합니다.

첫째는 선을 여러 번 겹쳐 긋지 않는 것입니다. 이것은 그림에 대한 자신감이 없을 때 나타나는 버릇입니다. 스케치를 제외하고, 선을 여러 번 겹쳤을 때 깔끔한 그림을 얻어내기는 힘듭니다.

둘째는 반드시 그림을 닫아야 합니다. 이것이 무슨 말이냐면 선의 시작과 끝이 깔끔하게 연결되어야 그림이 성의 있고 깔끔해 보인다는 의미입니다. 특히 나중에 디지털 작업을 할 때는 이 습관이 그림의 수준에 큰 영향을 미칩니다.

셋째는 수단과 방법을 가리지 말고 천천히 그립니다. 그림은 웬만큼 숙달되지 않고서는 빠르게 그리기 힘듭니다. 크로키 스타일로 쓱싹쓱싹 그릴 수 있는 사람들은 정말로 그림을 잘 그리는 사람들입니다. 하지만 그런 수준이 아니라면 가능하면 천천히 정성 들여 그립니다.

첫째, 겹쳐 그리지 마세요

X

둘째, 반드시 닫으세요

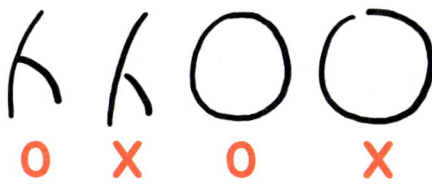

O X O X

셋째, 천천히 그리세요

관찰

그림을 그릴 때 가장 중요한 것은 '관찰'입니다. 여기서 말하는 관찰은, 대상의 세세한 부분까지 살펴보는 것이 아닙니다. 처음 그림을 그리는 사람들이 자주 빠지는 오류 중 하나가 바로 너무 자세하게 그리려는 것입니다. 내가 보고 있는 것을 최대한 비슷하게 그리고 싶은 마음에 설계도면 그리듯 그림을 분절해서 그리면, 결국 전체적인 조화가 무너지고 그림이 어색해집니다. 예를 들어 나무를 그린다고 했을 때 커다란 줄기부터 그려야지, 세세한 나뭇잎부터 그려나간다면 제대로 된 나무를 표현하기 어려울 것입니다.

전체에서 부분으로

사람이든 사물이든 그림을 그릴 때의 핵심은 '부분'이 아닌 '전체'입니다. 사람의 얼굴을 그릴 때 동그라미를 먼저 그린 후에 이목구비의 기준선을 그려주는 이유가 바로, 전체적인 면을 먼저 그려 기준을 잡은 다음 세세한 부분을 채워나가는 것이 훨씬 쉽기 때문입니다. 세세한 부분을 먼저 그리기 시작한다면 균형 잡힌 그림을 그리기 어렵습니다.

저와 같이 '전체'를 중심으로 그려볼게요!

강아지를 따라 그린다고 했을 때, 대부분의 사람은 얼굴형, 코, 눈을

먼저 그리고 전체를 그리는 형태로 그림을 그립니다. 하지만 전체적인 면부터 그리고 부분을 채워 넣으니 그림 그리기가 쉬워졌습니다. 그리고 핵심적인 부위를 제외하고 대부분 과감하게 생략해버리는 것이 중요합니다.

단순화하기

아래와 같이 복잡한 배경을 그리려고 합니다. 그런데 아기자기한 소품들이 잔뜩 늘어져 있어 선뜻 그릴 엄두가 안 납니다. 이럴 때는 앞의 강아지 그림처럼 단순화가 필요합니다. 단순화란 사물의 형태를 최대한 단순하게 그리는 방법으로, 핵심적인 요소만 제외하고 모두 생략해버리는 것입니다. 이를 적용하려면 먼저 '관찰'을 잘해야 합니다. 전체부터 그리기와 비슷한 맥락이라고 보시면 됩니다. 그림을 너무 자세하게 그리려다 실패한 경험이 많은 선생님들께 권하는 방법입니다. 지금부터 저와 사진을 보면서 사물을 단순화해 보겠습니다.

사물을 손쉽게 단순화할 수 있다면, 이미 그림을 잘 그릴 수 있는 역

량을 갖추고 있는 것입니다. 그리고 그만큼 관찰 능력이 뛰어나다는 이야기입니다. 때로는 단순화가 너무 많이 이루어져 그림이 밋밋할 수도 있습니다. 그럴 때는 단순화된 그림의 주제를 한껏 부각시키면 됩니다. 단순화와 더불어 그림의 주제를 부각시키는 것은 그림을 매력적으로 만들어 줍니다. 마치 깔끔하게 차려입은 정장에 타이 혹은 행커치프 같은 간단한 액세서리로 포인트를 주듯이요.

그림 도구를 소개합니다

저는 '그림은 도구만 사둬도 절반은 성공'이라고 말합니다. 야구를 배우고 싶은 사람은 야구 장비를, 마술을 배우고 싶은 사람은 마술 도구를, 기타를 배우고 싶은 사람은 기타를 먼저 구입하는 게 첫걸음인 것과 같습니다. 그림 도구를 소개하겠습니다.(사실 저는 볼펜과 종이만 가지고 그리는 것을 가장 선호하고 그 외에는 주로 태블릿을 이용하여 디지털 작업을 하기 때문에 도구가 많은 편은 아닙니다)

첫 번째로 소개할 것은 스케치북입니다. 스케치북은 크기가 작을수록 좋습니다. 왜냐하면 조금만 그려도 어느 정도 종이가 채워진 느낌이 나기 때문입니다. A4 크기 이상의 스케치북은 들고 다니기도 거추장스럽고, 빈 곳이 있으면 꽉 채워야 한다는 생각에 선뜻 손이 가지 않습니다. 그리고 가능하면 $200g/m^2$ 이상의 두꺼운 종이가 좋습니다.

두 번째는 4색 볼펜과 샤프입니다. 저는 4색 볼펜과 샤프가 함께 있는 제품을 선호합니다. 볼펜 하나만 챙겨도 4가지 이상 색을 쓸 수 있기 때문이죠. 이 도구는 틈틈이 낙서를 할 때 정말 편리합니다.

세 번째는 색연필입니다. 색연필은 그림을 잘 그리지 못해도 색 배열만 잘해주면 그림을 멋지게 만들어주기 때문에, 많은 사람이 선호하는 그림 도구입니다. 특유의 은은한 색감과 혼색이 가능하다는 점, 그리고 무엇보다 지우개로 어느 정도 수정할 수 있다는 점이 매우 매력적이죠. 색연필의 종류는 유성과 수성으로 나눌 수 있는데, 개인적으로는 유성 색연필을 선호합니다. 색감이 조금 더 선명하기 때문이죠. 그에 반해 수성 색연필은 물을 묻혔을 때 수채화 느낌이 난다는 장점이 있습니다.

네 번째는 피그먼트펜입니다. 선을 아주 깔끔하게 나타낼 수 있고, 얇은 선부터 두꺼운 선까지 종류도 다양합니다. 일러스트를 그릴 때

특히 많이 사용하는데요, 특히 연필로 간단하게 스케치를 한 후 천천히 선을 딸 때 유용합니다. 이 펜은 나중에 자세히 살펴보겠습니다.

다섯 번째는 아티스트펜입니다. 모양은 붓펜과 비슷하지만, 은은한 색을 표현할 수 있습니다. 작은 그림을 채색할 때나 라인으로만 이루어진 그림을 그릴 때 매우 유용합니다. 종류에 따라 여러 가지 색 조합을 구현할 수도 있습니다. 또한 붓펜의 특성을 살려 캘리그라피를 쓸 수도 있습니다.

마지막 도구는 마커입니다. 디지털 작업이 자리 잡기 전, 만화를 그릴 때 많이 사용했던 도구로 아티스트펜과 비슷한 색감과 느낌을 줍니다. 마커는 일반적으로 펜의 양쪽에 서로 다른 펜촉이 있으며, 얇은 쪽과 두꺼운 쪽을 적절하게 사용할 수 있습니다. 아티스트펜보다는 잘 번지며 수정이 어렵고, 색을 섞기가 어려워 처음 사용하는 사람에게는 조금 어려운 도구입니다.

　그림 도구마다 독특한 성격이 있고 상황에 따라 쓰임새가 다르기 때문에 다양하게 구비해두는 것이 좋습니다. 저는 보통 가방에 그림 도구를 종류별로 한두 개씩 들고 다니며 지하철이나 버스 안, 카페 등에서 여유가 있을 때마다 낙서를 합니다. 그 낙서가 하나둘 모여 지금은 양이 제법 많아졌습니다.

김화인(충북 명지초등학교 교사)

청주교육대학교 미술교육학과 졸업. 대학원은 졸업 논문 제출을 앞두고 있음. 1~2학년 국정교과서 <안전한 생활>, EBS <방학생활>의 삽화를 그림. 특징은 집요함과 세밀한 표현력, 선화 중심의 그림 그리기, 가장 좋아하는 화가는 알폰스 무하. 참쌤스쿨 덕분에 여러 종류의 캐주얼한 그림을 그리다 보니 자신의 원래 그림체가 무엇이었는지 본인조차 혼란스러움. 참쌤스쿨 2기이며 그림에 넣는 서명은 fine.

나주희(인천 관교초등학교 교사)

공주교육대학교 졸업. 글쓰기와 그림 그리기를 좋아하는 교사로 무엇보다 신나게 수업시간을 보내고
자 하는 욕구가 크다. 평소에도 수업을 위해 많이 고민하고, 재미있고 효과적인 수업 아이디어를 창출
하여 다양한 수업자료를 개발하고 있으며 참쌤의 콘텐츠스쿨을 통해 더욱 더 좋은 자료를 만들 수 있
는 기반을 다져가기 위해 노력하고 있다.

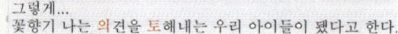

· 4장 ·

참쌤과 그려봐요

사람 그리기, 우리 반 학생 그리기

처음 도전할 주제는 바로 사람 그리기입니다. 아이들에게 아무 그림이나 그려보라고 하면, 보통 사람 형태의 그림을 많이 그립니다. 비주얼씽킹에서 중요한 감정 그림, 동작 그림 역시 대부분 사람의 모습으로 표현합니다. 때문에 비주얼씽킹을 익히는 데 사람만 잘 그려도 거의 80%는 성공이라 봐도 무방합니다.

100명이 사람을 그리면 100개의 서로 다른 방법이 나올 만큼 그리는 방법은 다양하지만, 제가 소개할 그림체는 '참쌤체'입니다. 이름은 제법 거창하지만, 그 본질은 단순하게 제 그림 스타일입니다. 이 스타일은 신체 비율만 잘 맞추면 누구나 쉽게 귀여운 그림을 그릴 수 있습니다. 캐릭터의 얼굴 모양이 대부분 동일하고 머리 스타일로만 캐릭터를 구분하기 때문입니다. 그리고 나아가 학생 캐릭터 그리기에 응용하기 쉽도록 고안했습니다. 한번 천천히 따라 해볼까요?

남자 그리기

남자 캐릭터를 먼저 그려보겠습니다. 남자 캐릭터는 여자 캐릭터에 비해 머리 스타일이 단순하고 정형화되어 있기 때문에 상대적으로 그리기 쉽습니다.

앞머리부터 그려줍니다. 저는 포물선을 5개를 그렸는데요, 그리고 싶은 얼굴 지름만큼 그리면 됩니다. 전체적으로 수평을 이루는 것을 눈여겨보세요.

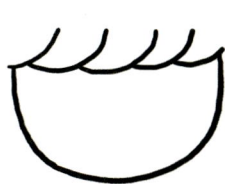 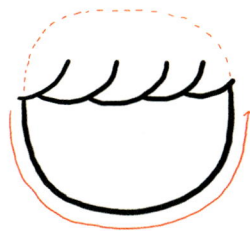

이제 가장 중요한 얼굴형을 그리겠습니다. 이 작업이 그림의 성패를 좌우하는 갈림길입니다. 거의 정확한 반원이 되도록 그립니다. 생각만큼 쉽지는 않을 것입니다.

 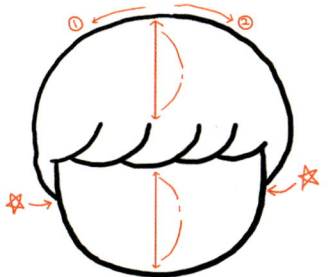

다음은 머리카락을 그립니다. 앞머리를 기준으로 얼굴 길이와 1:1이 되게 그리는 것이 중요합니다. 정수리부터 시작해 전체적으로 원형을 그리면서 앞머리보다 조금 아래로 옆머리를 내려 그려보세요.

 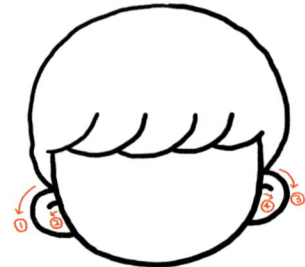

귀를 그립니다.

 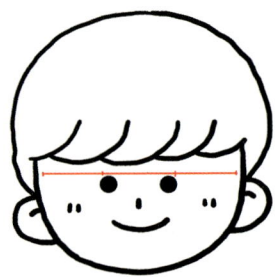

눈코입을 그립니다. 사람마다 눈코입을 그리는 위치가 다르겠지만,
저는 얼굴 가운데로 눈코입을 모아줍니다.

마지막으로 목과 얼굴을 그리면 완성입니다.

스캔을 하고 디지털로 채색하여 예쁜 캐릭터가 완성되었습니다. 디지털로 채색하는 방법은 뒤에서 자세히 소개하겠습니다.

익숙해지면 다양한 머리 스타일을 연습해보세요!

여자 그리기

이번에는 여자 캐릭터를 그려보겠습니다. 여자 캐릭터는 남자 캐릭터보다 머리스타일도 다양하고, 예쁘게 그려야 한다는 부담이 있기 때문에 상대적으로 조금 어렵습니다.

앞머리는 6학년 학생들의 트레이드마크! 1자 머리로 그려보겠습니다.
마찬가지로 머리의 지름 정도만 앞머리를 그립니다.

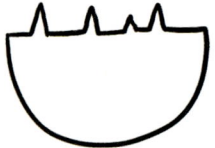 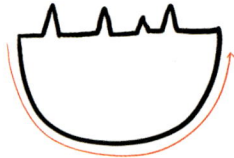

역시 가장 중요한 단계! 얼굴을 반원으로 그립니다.

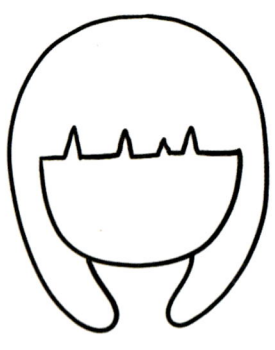 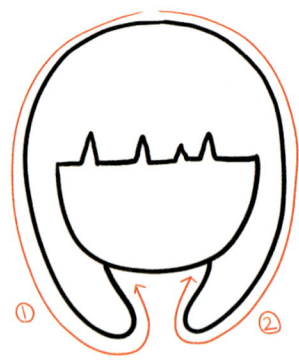

가장 어려운 부분입니다. 머리를 그리는데, 옆머리가 얼굴에 가능한 한 붙어 있어야
머리가 커 보이지 않습니다.

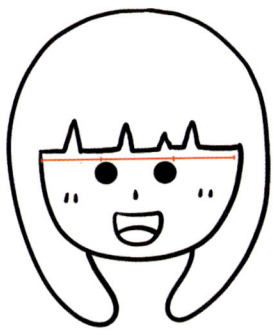

남자아이와 동일하게 눈코입을 그립니다. 눈은 남자아이보다 조금 크게 그립니다.

옷과 몸을 그리면 완성입니다!

마찬가지로 스캔하여 포토샵으로 채색하니 예쁜 캐릭터가 됐습니다.

여러 가지 머리 스타일에 도전해 보세요!

손 그리기

　인체 중에서 가장 그리기 어려운 부분이 바로 손과 발입니다. 발은 신발로 가릴 수라도 있지만, 손은 그렇지 않죠. 하지만 손 역시 어려워 할 필요 없습니다. 대표적인 몇 개의 동작만 그릴 수 있으면 됩니다. 저는 손 그리기를 학생들에게 가르쳐줄 땐 수준에 맞춰 다음과 같이 지도합니다.

1단계

일본 만화캐릭터인 '도라에몽' 손과 비슷하게 그리면 됩니다. 손가락을 따로 그리지 않기 때문에 저학년도 쉽게 따라 할 수 있습니다.

2단계

손가락을 그립니다. 비주얼씽킹용 손 그림은 많이 쓰이는 몇 가지 손동작만 알면 되니 종류가 많지 않습니다. 동작의 종류는 대략 5가지로 압축할 수 있습니다.

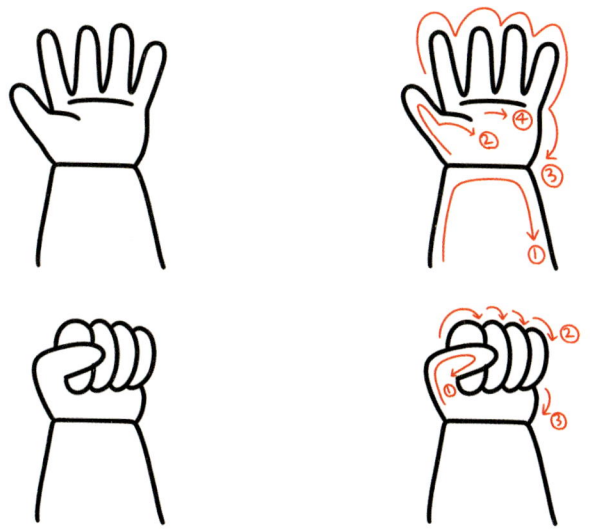

몸과 옷 그리기

어떤 그림이든 예뻐 보이려면 '비율'이 가장 중요합니다. 실제로 그림을 잘 그리는 사람들은 수많은 반복 연습을 통해 일정한 비율을 유지하려 노력합니다. 그 덕에 여러 가지 동작을 표현해도 비율이 흔들리지 않는 것이죠. 몸과 옷 그리기도 마찬가지입니다. 하지만 비율에 맞춰 몸과 옷을 그리기는 꽤 어렵습니다. 남녀의 대표적인 옷 스타일을 예시로 함께 그려봅시다.

우리 반 캐릭터 그리는 기초

인물 그리기에 익숙해졌다면 이제 우리 반 학생들의 캐릭터를 그려 보겠습니다. 그림을 잘 그리는 방법에는 솔직히 꾸준한 연습 말고는 왕도가 없지만, 굳이 속성 코스를 찾는다면 '우리 반 아이들을 그려보세요'를 추천합니다.

저는 아침에 출근하면 하루에 한 명씩 칠판 구석에 우리 반 학생들을 그립니다. 아침에 등교한 학생들은 그 그림을 보면서 누구인지 맞추는 것으로 하루를 시작합니다. 저도 항상 똑같이 그릴 수는 없기 때문에, 누구인지 잘 맞추는 경우도 있고 못 맞추는 경우도 있습니다. 정답은 종례시간 즈음에 알려주고, 다음 날 다른 학생으로 이것을 반복하며 연습합니다.

이 활동의 장점은 다음과 같습니다. 첫째, 일단 시작하면 공평성을 위해 반 아이들 모두를 그려줘야 하니, 매일매일 그림 연습을 하는 데 어느 정도 강제성이 생깁니다. 둘째, 빠르게 캐릭터 그리는 방법을 익히게 됩니다. 물론 칠판에 그리기 전날 학생들의 사진을 보면서 연습하는 것은 필수입니다. 셋째, 학생들과 마음의 거리가 가까워집니다. 잘 그려주어야만 좋아하는 성인과는 달리, 아이들은 자기 얼굴을 칠판에 그려줬다는 사실만으로도 아주 좋아합니다.

자, 그럼 지금부터 저희 반 아이들 사진을 보며, 실제로 캐릭터를 그려보겠습니다.

첫 번째 그려볼 친구는 아주 귀여운 얼굴의 남자아이입니다.

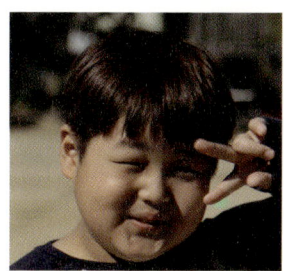

앞머리를 일자로 그립니다.

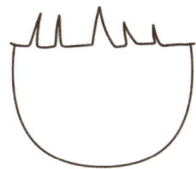

얼굴이 동그란 편이니 동그랗게 얼굴을 그립니다.

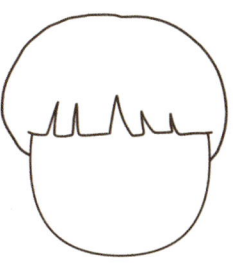

머리를 덮어줍니다.

 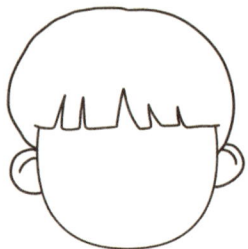

귀를 그립니다.

눈이 조금 쳐진 편이기 때문에 조금 처지게 눈을 그립니다.

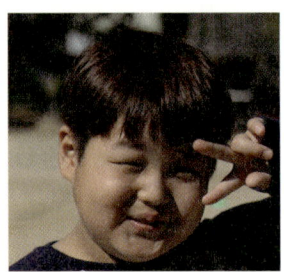 

입 모양을 그립니다. 입술이 도톰한 친구들은 다음같이 그려주면 좋습니다.

몸도 그립니다.

디지털로 색칠해봤습니다.

이번에는 예쁜 여자 아이입니다.

앞머리가 없는 경우는 그리기가 조금 어려운데요, 같이 그려보겠습니다.

얼굴이 계란형이기 때문에 계란형으로 그립니다.

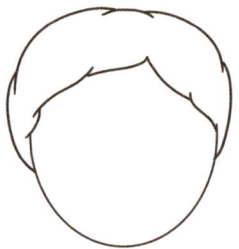

머리도 그립니다.

귀와 옆머리도 그립니다.

눈이 특징이기 때문에 눈꼬리가 살짝 올라가게 그립니다.

입은 주로 성격을 나타냅니다. 밝은 성격의 친구일수록 입을 크게 그립니다.

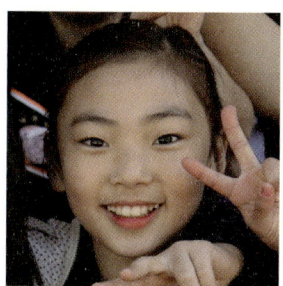 

옷을 그립니다.

디지털로 색칠해봤습니다.

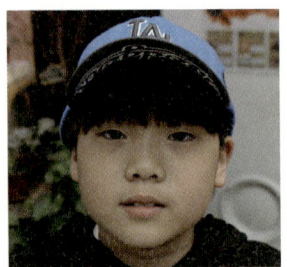

다음은 모자를 쓴 잘 생긴 남자 친구입니다.

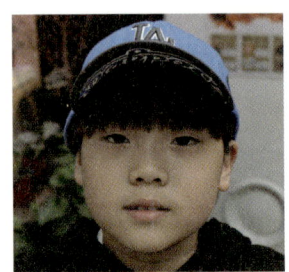 

모자의 챙 부분을 먼저 그립니다.

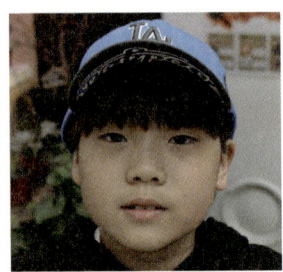 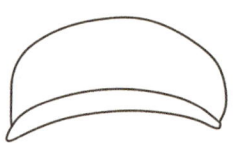

모자를 그립니다.

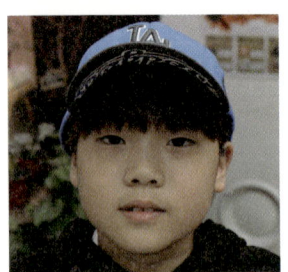 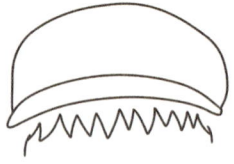

앞머리를 그립니다.

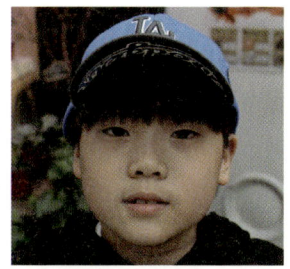 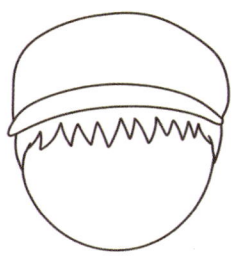

얼굴을 계란형으로 그립니다. 모자보다 폭이 넓지 않도록 합니다.

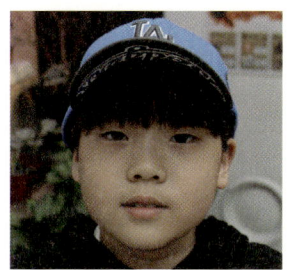 

귀를 그립니다.

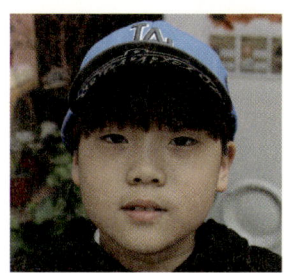 

눈을 그렸습니다.

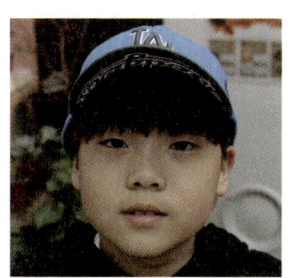 

코, 입과 옷을 그렸습니다.

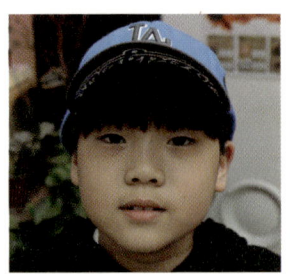 

디지털로 색칠해봤습니다.

다음은 예쁜 여자 친구입니다.

앞머리를 먼저 그립니다.

얼굴을 계란형으로 그립니다.

 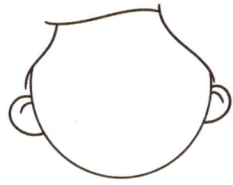

귀를 그립니다.

머리를 마저 그립니다.

약간 처진 눈도 그렸습니다.

입을 그립니다.

몸도 그립니다.

디지털로 채색했습니다.

저는 학기 초에 시간을 내어 꼭 학생들과 상담을 합니다. 초등학생들은 상담에 익숙하지 않아서 선생님과 함께 있는 것이 어색할 때가 많습니다. 저는 그 어색함을 날리기(?) 위해 상담시간을 이용하여 아이들의 얼굴을 그려줍니다.

먼저 칠판에 달력을 그려놓고 아이들 2~3명씩 짝을 지어 날짜를 선택하게 하여 상담 약속을 잡습니다. 그리고 약속한 날이 되기 전, 미리 찍어둔 사진을 보며 얼굴 그리는 연습을 합니다.

그렇게 연습한 것을 바탕으로, 아이들과 상담하면서 얼굴 그림을 그려줍니다. 이 시간은 아이와 편안하게 눈을 맞추며 대화할 기회가 됩니다. 비슷하게 그려주면 물론 좋겠지만 닮지 않더라도 아이들은 매우 좋아합니다. 선생님과의 마음속 장벽도 이때 많이 무너집니다. 그리고 상담의 마지막엔 '버튼(배지)'을 만드는 도구를 이용하여 즉석에서 얼굴 그림이 담긴 배지를 만들어줍니다.

사실 사람의 특성을 잡아 캐릭터를 그리는 것이 쉬운 일은 아닙니다. 그리고 비주얼씽킹과도 직접적으로 관련이 없을 수도 있습니다. 하지만 비주얼씽킹은 습관이라고 했습니다. 비주얼씽킹은 그림을 잘 그리지 않아도 할 수 있지만, 사람은 잘하는 것을 꾸준하게 한다고도 했습니다. 반 아이들의 얼굴을 한 번씩만 연습해서 그려보면 선생님의 실력도 금방 성장하게 됩니다. 이 과정이 하나씩 쌓이면 자신만의 노하

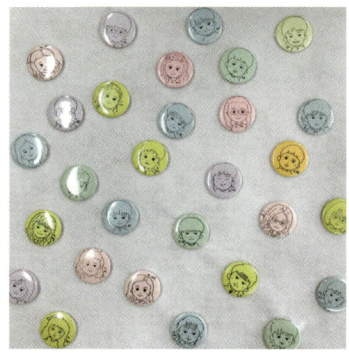

〈아이들 그리기〉

우가 생기게 되고, 그림 그리기는 더 쉬워집니다.

비주얼씽킹과는 크게 관계는 없지만 아이들 캐릭터 그려주는 연습을 많이 하면 단체 그림에도 도전합니다. 저는 매년 아이들을 그려주고 있습니다. 제가 아이들에게 줄 수 있는 가장 큰 선물이라고 생각합니다.

경남 사천 곤양초등학교 김보미 선생님 그림(2015)

경남 사천 곤양초등학교 김보미 선생님 그림(2016)

경남 사천 곤양초등학교 김보미 선생님 그림(2017)

※ 김보미 선생님처럼 그림을 꾸준히 연습하면 실력이 많이 늘게 됩니다.

교과별 상징물과 사물 그리기

앞에서 우리가 그림으로 소통할 수 있는 이유는 바로 그림의 상징성 덕분이라고 했던 것 기억나나요? 그림이 갖고 있는 이 상징성 덕분에 그림 실력이 조금 부족하더라도 자신이 의도한 대로 의미를 전달할 수 있는 것입니다.

본격적으로 상징 그림을 그리기 전에 재미있는 기사를 하나 소개하겠습니다.

해외여행에서 외국어를 못해도 살아남는 방법이 소개됐다. 아이콘이 빼곡히 들어있는 티셔츠가 나왔다. 의류업체 아이콘스피크(IconSpeak)가 내놓은 티셔츠에는 전 세계적으로 통용되는 아이콘 40개가 그려졌다. 자전거, 오토바이, 버스, 승용차 등 교통수단과 음식, 숙소, 물 등 생존에 꼭 필요한 그림이 들어있다. 해외여행 중 말이 통하지 않을 때면 손가락을 피고 아이콘을 가리켜 의사를 표현하면 된다.(「위키트리」, 권수연, 2016.04.15.)

"배를 타고 싶어요."

〈출처: https://iconspeak.world/blog〉

"오토바이가 고장 났어요."

스위스인 창업자 3명이 베트남 여행을 하다가 떠올린 기발한 아이디어입니다. 아이콘 40개만 있으면 외국어를 못해도 살아남을 수 있다고 하니, 그림 40개만 그릴 줄 알면 해외여행이 충분히 가능할 것 같습니다. 일반적으로 픽토그램이라고 부르는 상징 그림의 힘입니다.

아이들과 교실에서 사용하는 그림을 모아봤습니다. 대부분 간단하지만, 여러 가지 의미를 담고 있는 상징적인 그림들이며, 조금만 연습을 하면 누구나 그릴 수 있도록 했습니다. 교과별로 정리했으니 함께 그려보겠습니다. 중급 이상의 그림도 넣었으니 시간이 날 때마다 연습장이나 종이에 끄적거리면서 그려보세요. 그림은 참쌤스쿨 선생님들께서 도와주셨습니다.(그림 도움: 충남 청양 운곡초등학교 배준호, 대전 와동초등학교 이솔, 서울 금호초등학교 김지원, 경남 사천 곤양초등학교 김보미, 경남 함양 가야초등학교 송가람, 충남 당진초등학교 서휘경 선생님)

촛불 :
희망, 집회, 축하,
빛, 힘, 마음

하트 :
사랑, 기쁨, 행복,
느낌 등 긍정적인
감정

새싹 :
희망, 시작, 어림,
약함

구름(비):
날씨 표현(비), 흐림,
우울(기분)

해:
날씨 표현(맑음), 해,
더움, 기쁨, 여름,
밝음, 강렬함, 힘,
꾸준함

꽃:
봄, 꽃, 생기,
아름다움

낙엽:
낙엽, 가을, 잎,
쓸쓸함

눈사람:
눈사람, 겨울, 겨울
놀이, 추움

번개:
날씨 표현(번개), 화
남(기분)

전구:
전구, 깨달음, 아이
디어, 발명

스피커:
대화 소음 정도, 스
피커, 볼륨, 알림,
공지, 중요, 필수

십자밴드:
구조, 치료, 위로,
병원

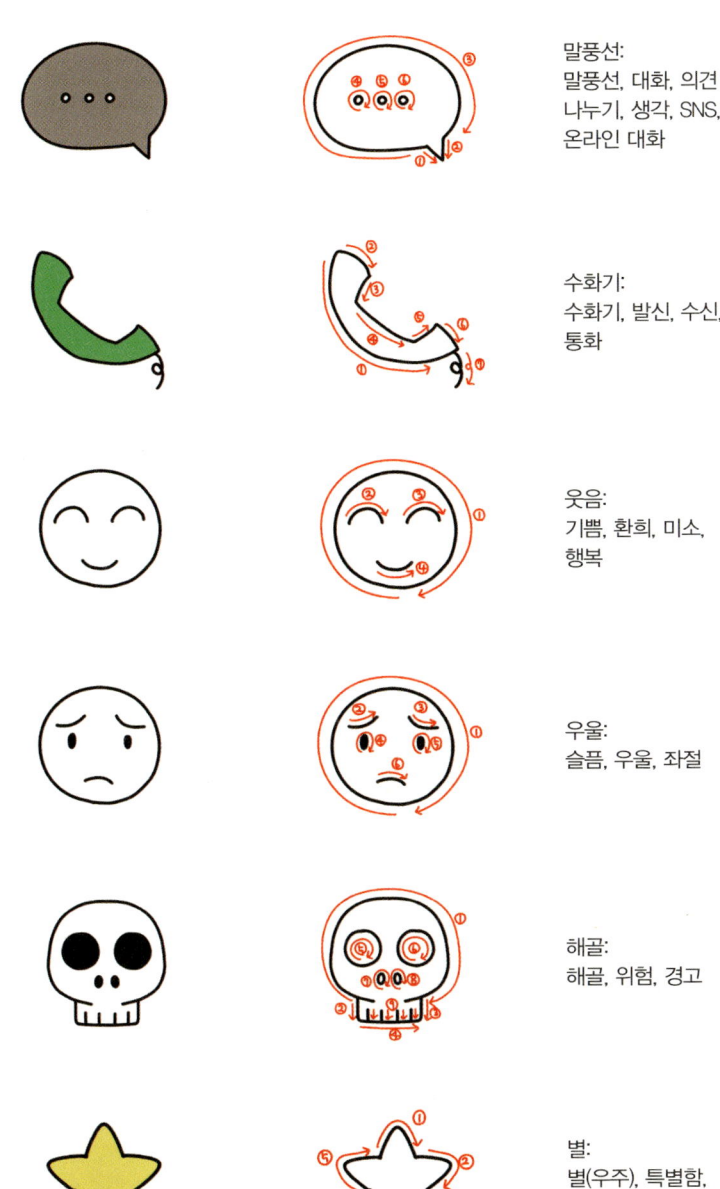

공통

말풍선:
말풍선, 대화, 의견
나누기, 생각, SNS,
온라인 대화

수화기:
수화기, 발신, 수신,
통화

웃음:
기쁨, 환희, 미소,
행복

우울:
슬픔, 우울, 좌절

해골:
해골, 위험, 경고

별:
별(우주), 특별함,
강조

위치:
위치 표현

엄지(손가락):
최고, 잘함, 칭찬

검지:
하나(1), 지시

브이(손가락):
둘(2), 브이, 승리

커피(차):
커피, 차(tea), 휴식,
카페, 안정, 아침

색연필:
학용품, 그리기,
미술 도구, 채색

공통

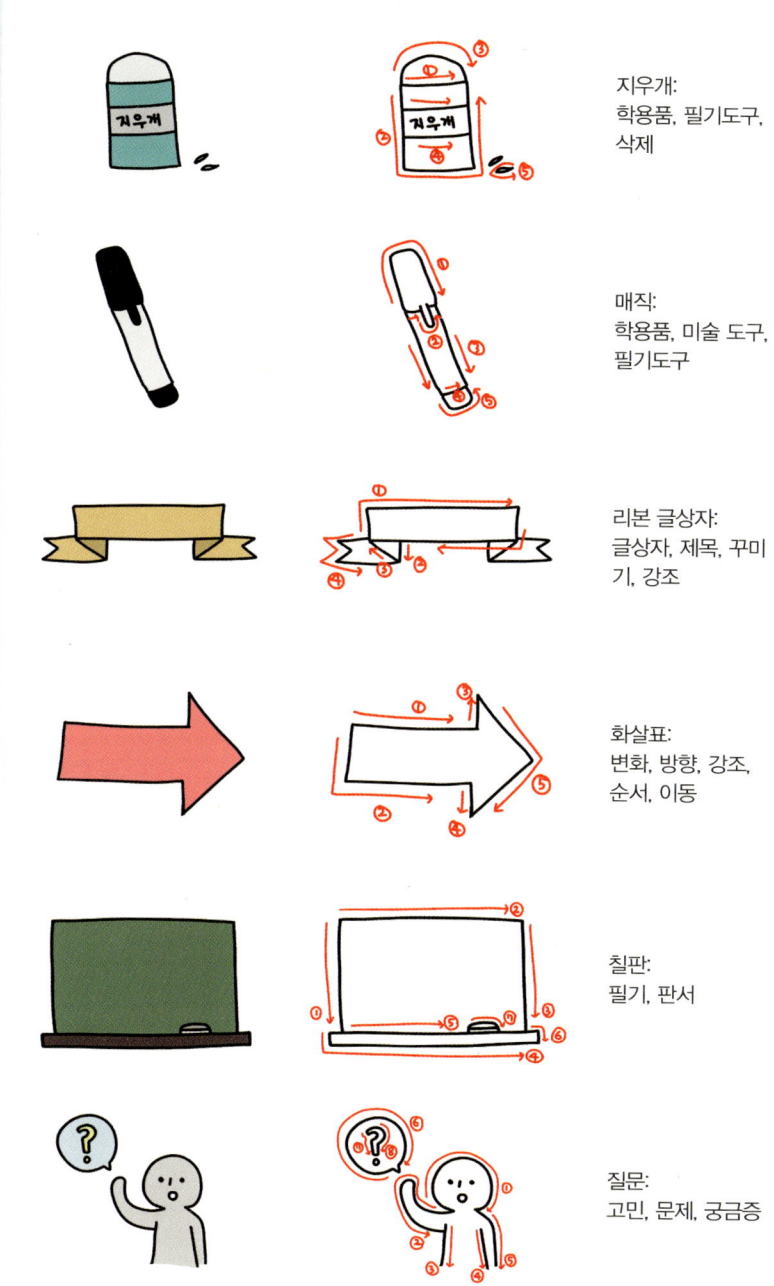

지우개:
학용품, 필기도구,
삭제

매직:
학용품, 미술 도구,
필기도구

리본 글상자:
글상자, 제목, 꾸미
기, 강조

화살표:
변화, 방향, 강조,
순서, 이동

칠판:
필기, 판서

질문:
고민, 문제, 궁금증

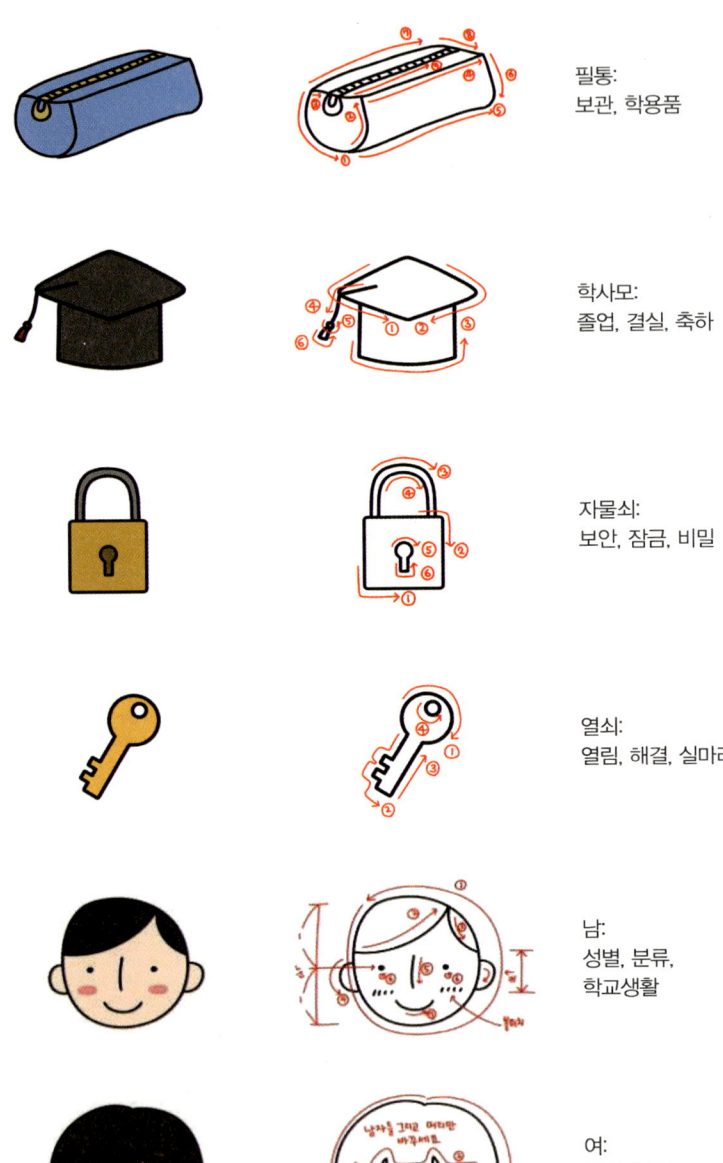

필통:
보관, 학용품

학사모:
졸업, 결실, 축하

자물쇠:
보안, 잠금, 비밀

열쇠:
열림, 해결, 실마리

남:
성별, 분류,
학교생활

여:
성별, 분류,
학교생활

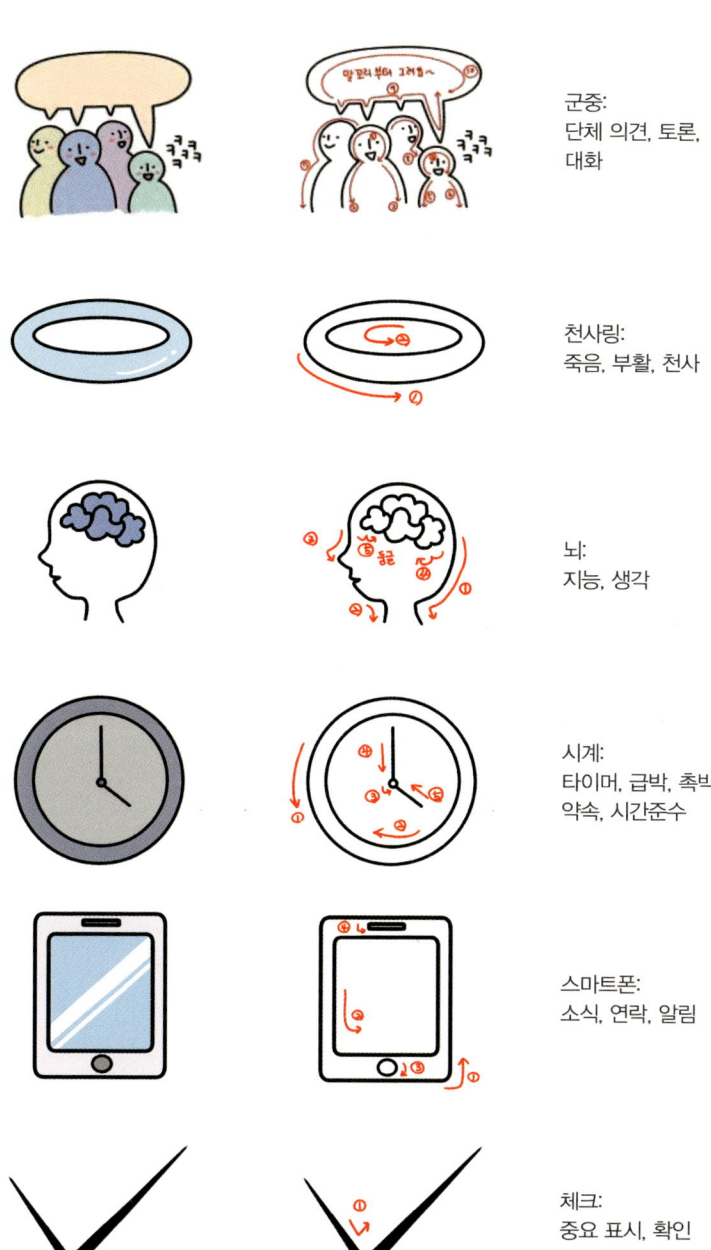

군중:
단체 의견, 토론,
대화

천사링:
죽음, 부활, 천사

뇌:
지능, 생각

시계:
타이머, 급박, 촉박,
약속, 시간준수

스마트폰:
소식, 연락, 알림

체크:
중요 표시, 확인

학교:
상징, 교육

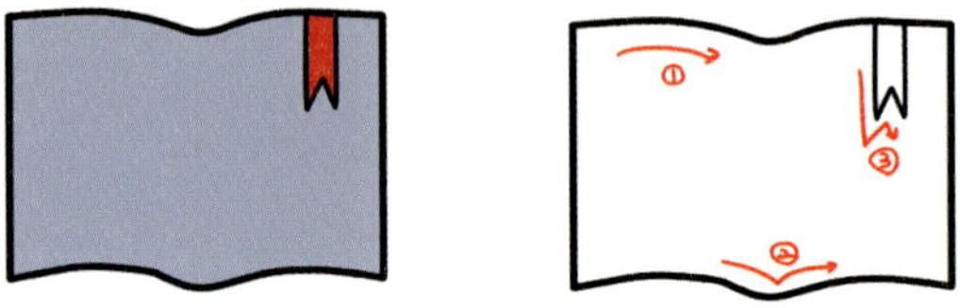

책:
독서, 표시, 체크

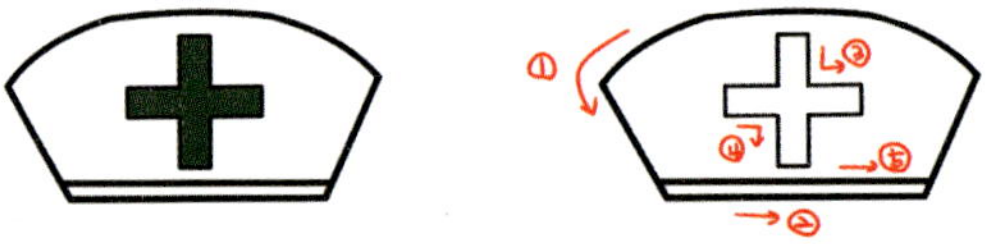

간호모자:
치료, 구급, 힐링

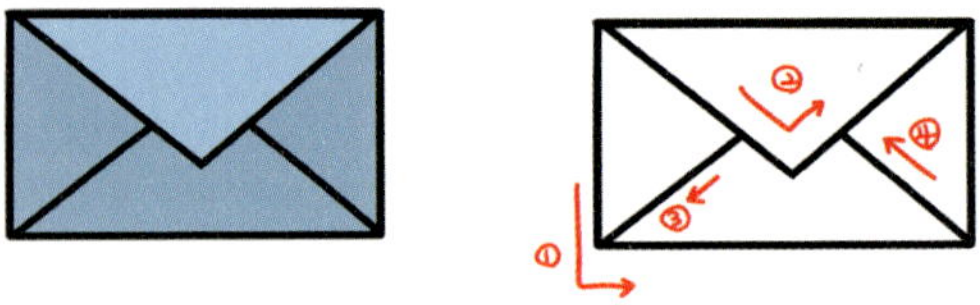

편지:
메일주소, 편지,
전달, 메시지

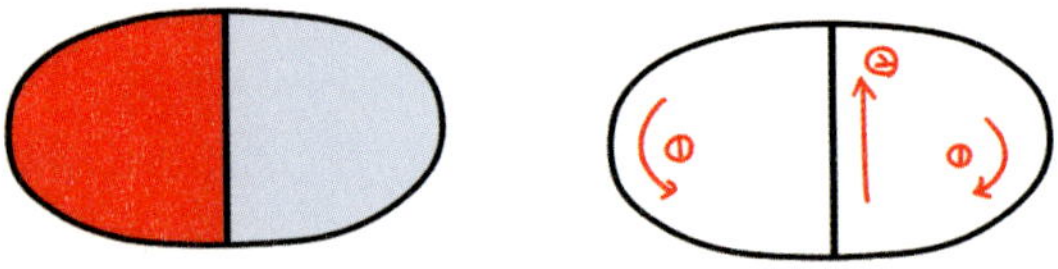

알약:
바이러스 퇴치, 치료

물방울:
눈, 눈물, 생명, 노력

공통

사과:
열매, 결실

파라솔:
휴식, 휴양, 멈춤

새:
소식, 전달, 알림,
축하

왕관:
대장, 승리, 중요,
왕조

악수:
협력, 인사, 화해

달력:
스케줄, 기념일

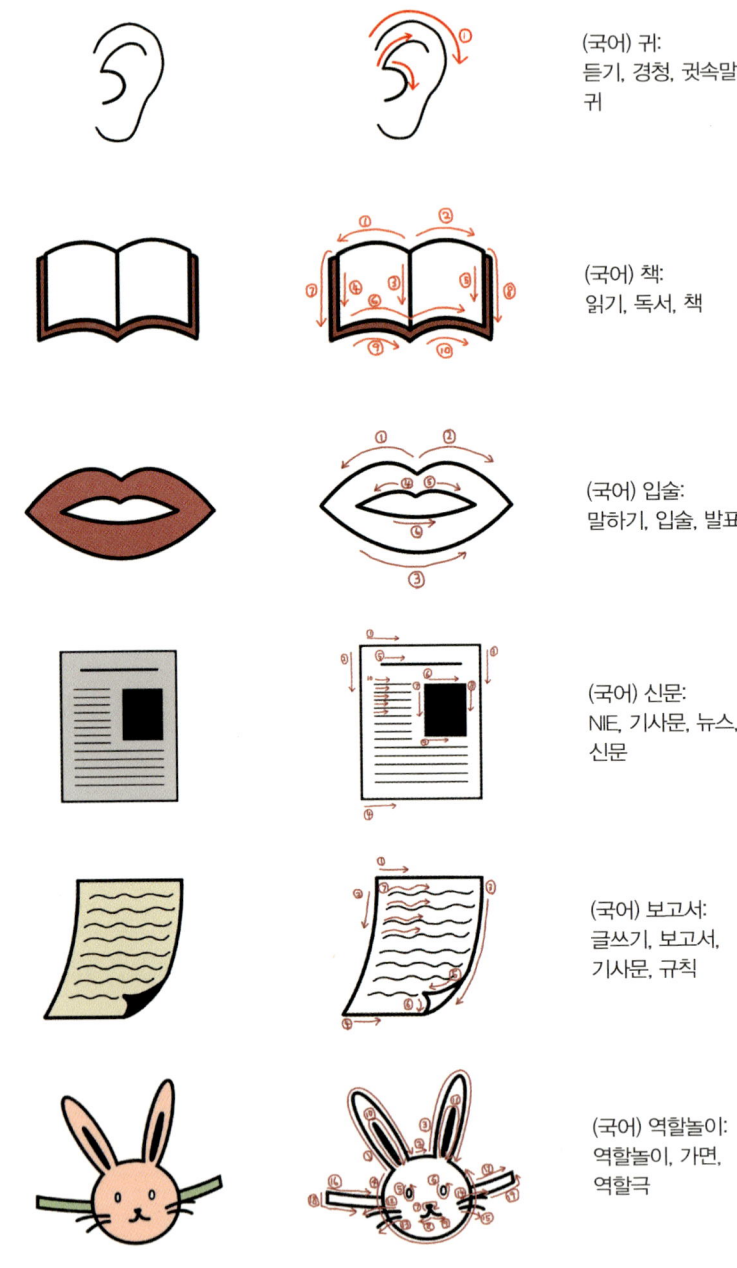

(국어) 귀:
듣기, 경청, 귓속말,
귀

(국어) 책:
읽기, 독서, 책

(국어) 입술:
말하기, 입술, 발표

(국어) 신문:
NIE, 기사문, 뉴스,
신문

(국어) 보고서:
글쓰기, 보고서,
기사문, 규칙

(국어) 역할놀이:
역할놀이, 가면,
역할극

국 어 · 도 덕

(국어) 연필:
연필, 쓰기, 보고서
작성

(국어) 교환:
의견교환, 역할 바꾸
기, 짝토론

(도덕) 목표:
과녁, 삶의 목표, 지
향점, 꿈, 도달, 성취

(도덕) 우정:
친구, 우정, 사이 좋
음, 함께

(도덕) 봉사:
봉사, 나눔, 따뜻한
마음

(도덕) 반성:
자아반성, 거울,
반사

국어 · 도덕

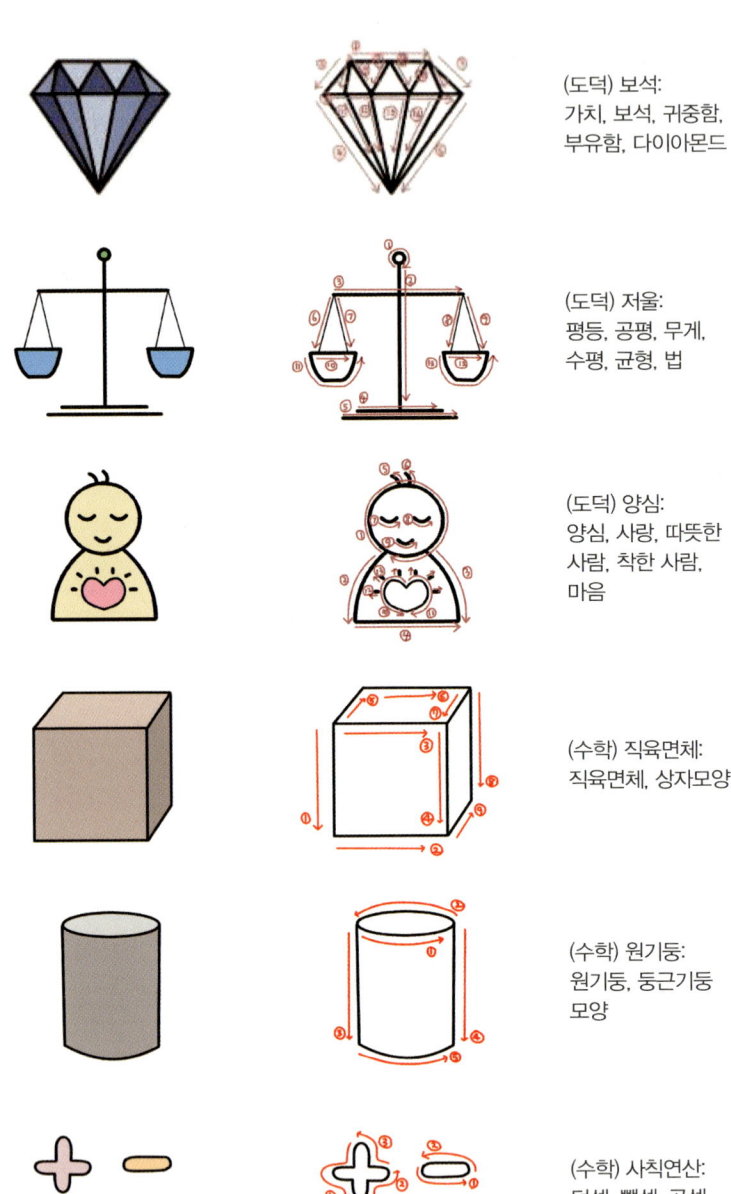

국 어 · 도 덕

(도덕) 보석:
가치, 보석, 귀중함,
부유함, 다이아몬드

(도덕) 저울:
평등, 공평, 무게,
수평, 균형, 법

(도덕) 양심:
양심, 사랑, 따뜻한
사람, 착한 사람,
마음

(수학) 직육면체:
직육면체, 상자모양

수 학

(수학) 원기둥:
원기둥, 둥근기둥
모양

(수학) 사칙연산:
덧셈, 뺄셈, 곱셈,
나눗셈

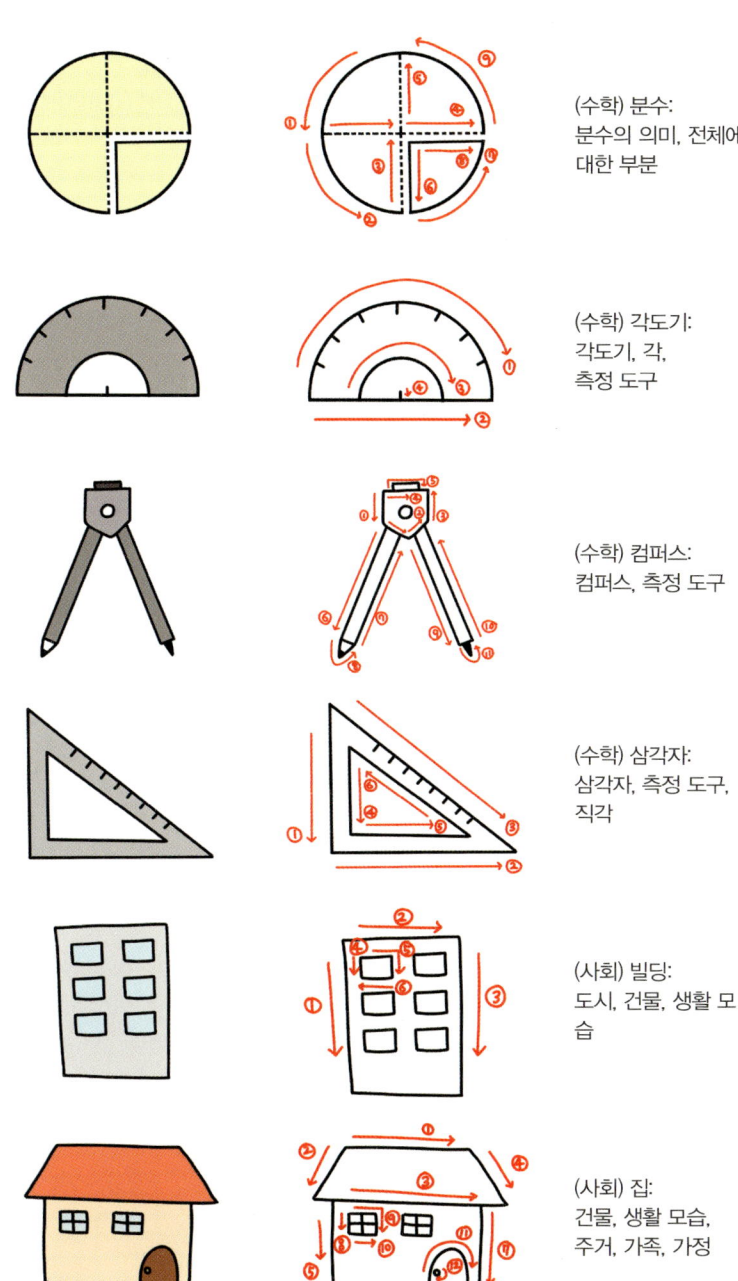

(수학) 분수:
분수의 의미, 전체에
대한 부분

(수학) 각도기:
각도기, 각,
측정 도구

(수학) 컴퍼스:
컴퍼스, 측정 도구

(수학) 삼각자:
삼각자, 측정 도구,
직각

(사회) 빌딩:
도시, 건물, 생활 모
습

(사회) 집:
건물, 생활 모습,
주거, 가족, 가정

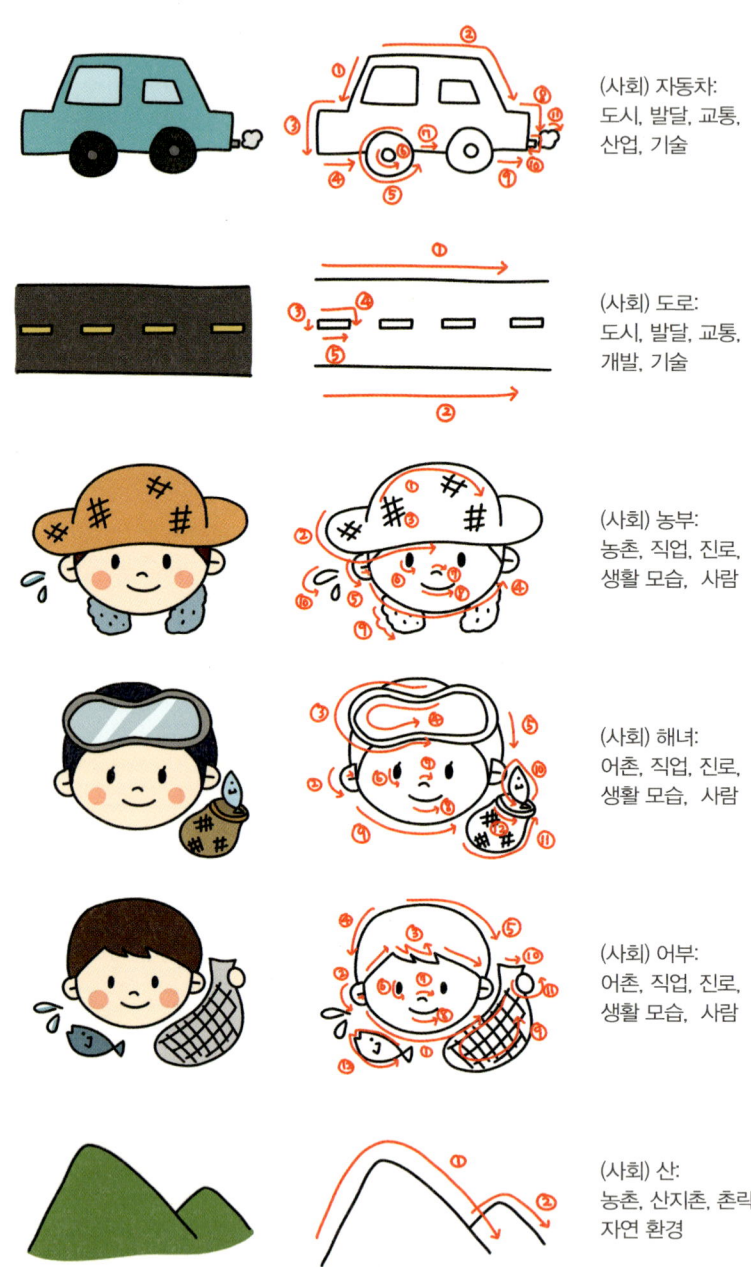

(사회) 자동차:
도시, 발달, 교통,
산업, 기술

(사회) 도로:
도시, 발달, 교통,
개발, 기술

(사회) 농부:
농촌, 직업, 진로,
생활 모습, 사람

(사회) 해녀:
어촌, 직업, 진로,
생활 모습, 사람

(사회) 어부:
어촌, 직업, 진로,
생활 모습, 사람

(사회) 산:
농촌, 산지촌, 촌락,
자연 환경

(사회) 쓰레기:
도시 문제, 생활
모습

(사회) 한반도:
지리, 국토,
우리나라

(사회) 비닐하우스:
농촌, 진로, 생활 모
습, 농업

(사회) 과수원:
농촌, 진로, 생활 모
습, 농업

(사회) 낫:
농촌, 진로, 생활 모
습, 농업

(사회) 바다:
어촌, 촌락,
자연환경

사
회

(사회) 국회의사당:
일반 사회, 정치, 정부, 지방자치단체

(사회) 수첩:
조사, 기록, 자료, 탐구

 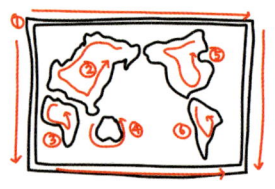

(사회) 세계지도:
지리, 영토, 세계, 자료, 탐구, 조사

(역사) 궁녀:
고려, 조선, 신분

(역사) 백성 남자:
조선, 신분

(역사) 성:
삼국시대, 고려, 조선

역사

(역사) 신하:
조선(이름을 써서
모든 신하 가능)

(역사) 양반:
조선, 신분

(역사) 왕비:
조선(이름을 써서 모
든 왕비 가능), 신분

(역사) 왕:
조선(이름을 써서 모
든 왕 가능), 신분

(역사) 우리나라:
고려, 조선

(역사) 움집:
신석기 시대

(역사) 일본인:
임진왜란, 에도시대

(역사) 백성 여자:
조선

(역사) 중국인:
청나라, 여진, 조선
후기

(역사) 초가집:
옛날이야기, 삼국시
대, 고려, 조선

(역사) 기와집:
옛날이야기, 삼국시
대, 고려, 조선

(과학) 비커:
비커, 과학도구,
부피

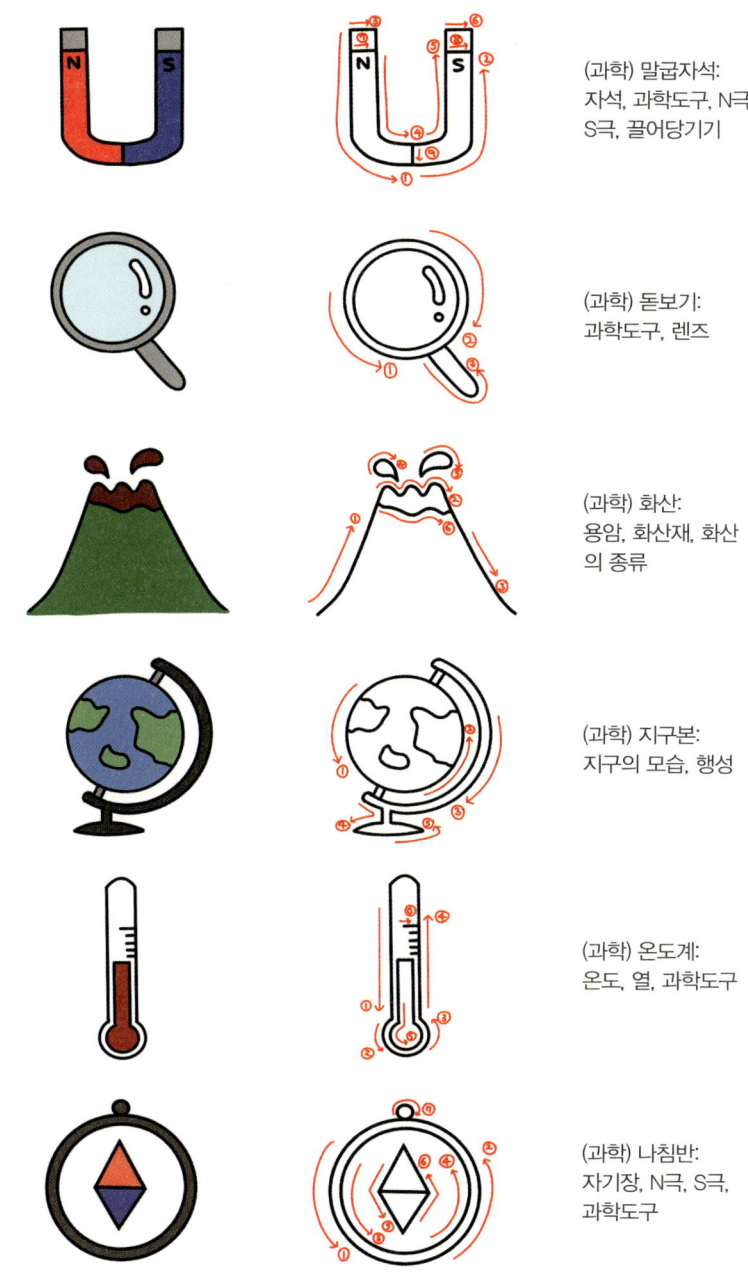

과학

(과학) 말굽자석:
자석, 과학도구, N극,
S극, 끌어당기기

(과학) 돋보기:
과학도구, 렌즈

(과학) 화산:
용암, 화산재, 화산
의 종류

(과학) 지구본:
지구의 모습, 행성

(과학) 온도계:
온도, 열, 과학도구

(과학) 나침반:
자기장, N극, S극,
과학도구

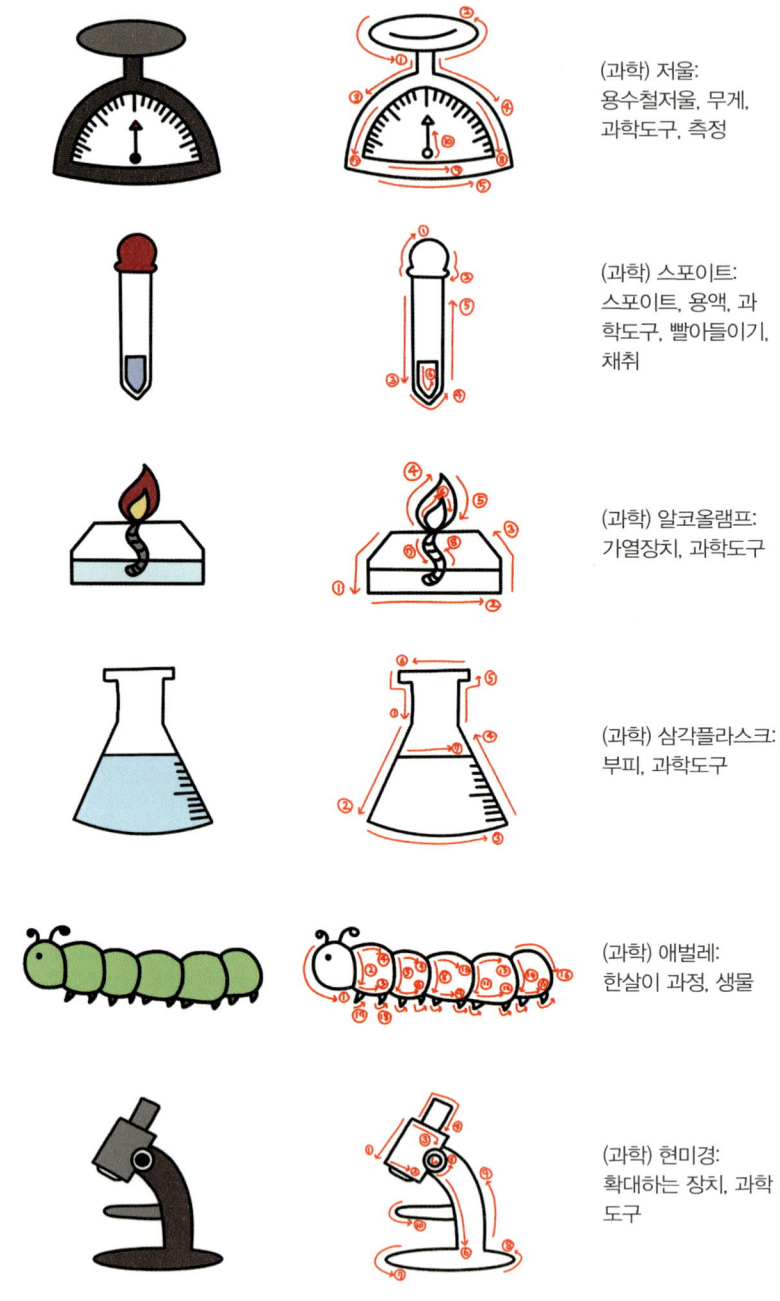

(과학) 저울:
용수철저울, 무게,
과학도구, 측정

(과학) 스포이트:
스포이트, 용액, 과
학도구, 빨아들이기,
채취

(과학) 알코올램프:
가열장치, 과학도구

(과학) 삼각플라스크:
부피, 과학도구

(과학) 애벌레:
한살이 과정, 생물

(과학) 현미경:
확대하는 장치, 과학
도구

과
학

(과학) 보안경:
과학실 안전, 실험
유의사항

(미술) 붓:
그리기, 미술 도구

(미술) 팔레트:
그리기, 미술 도구

(미술) 물감:
그리기, 미술 재료

(미술) 가위:
만들기, 오리기

(미술) 풀:
만들기, 붙이기

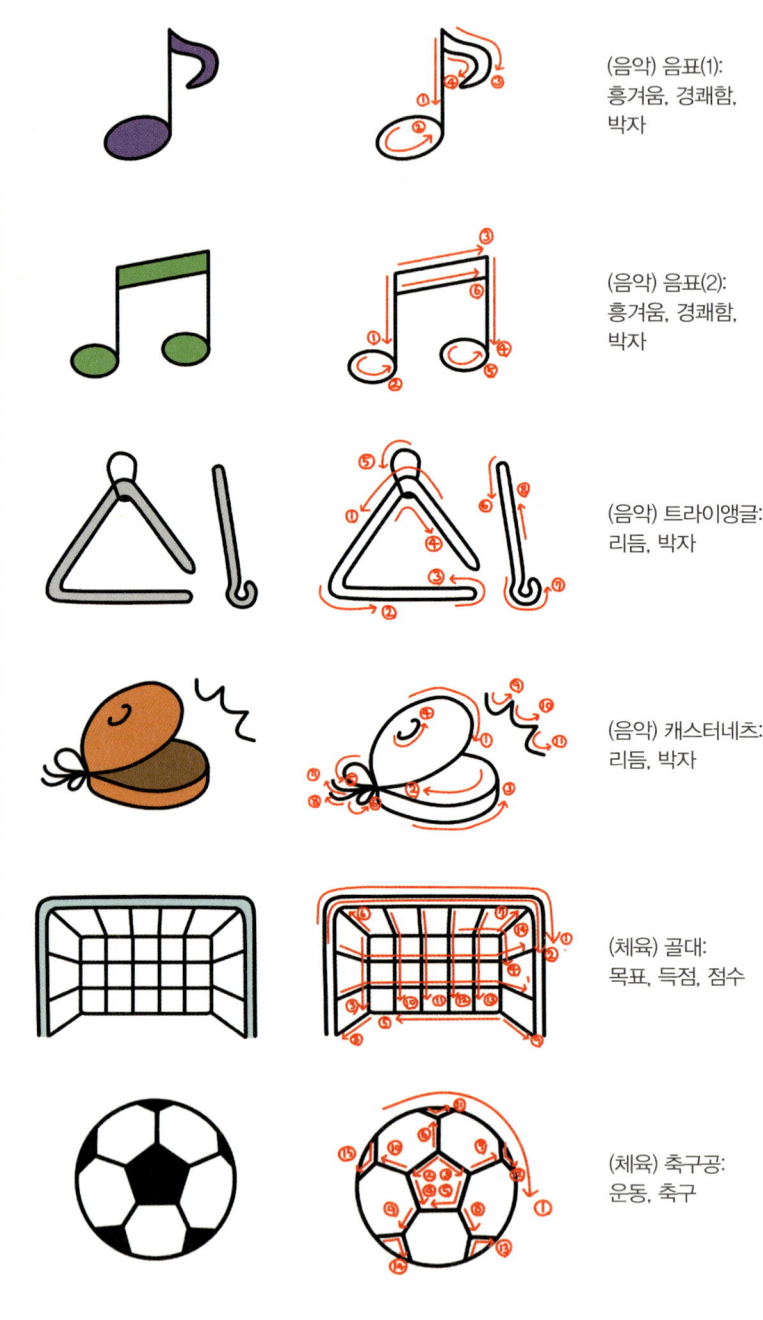

(음악) 음표(1):
흥겨움, 경쾌함,
박자

(음악) 음표(2):
흥겨움, 경쾌함,
박자

(음악) 트라이앵글:
리듬, 박자

(음악) 캐스터네츠:
리듬, 박자

(체육) 골대:
목표, 득점, 점수

(체육) 축구공:
운동, 축구

미술 · 음악 · 체육

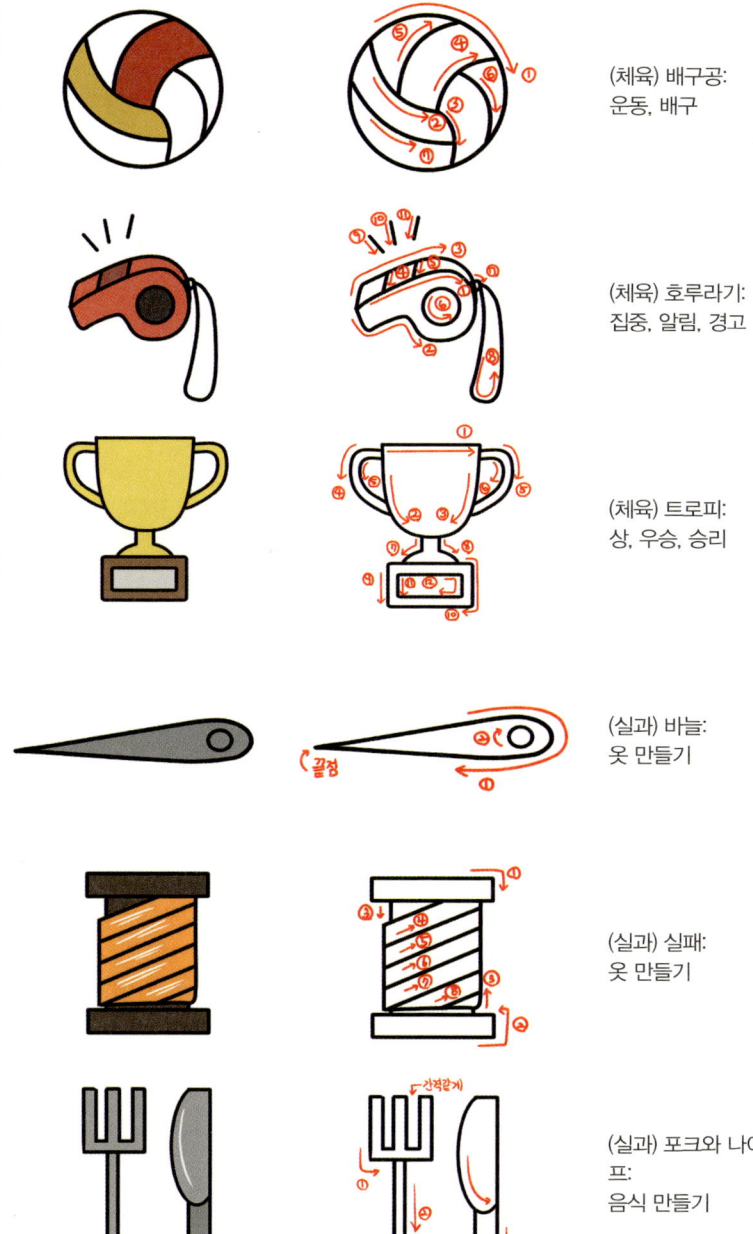

미술·음악·체육

(체육) 배구공:
운동, 배구

(체육) 호루라기:
집중, 알림, 경고

(체육) 트로피:
상, 우승, 승리

실과·창체

(실과) 바늘:
옷 만들기

(실과) 실패:
옷 만들기

(실과) 포크와 나이
프:
음식 만들기

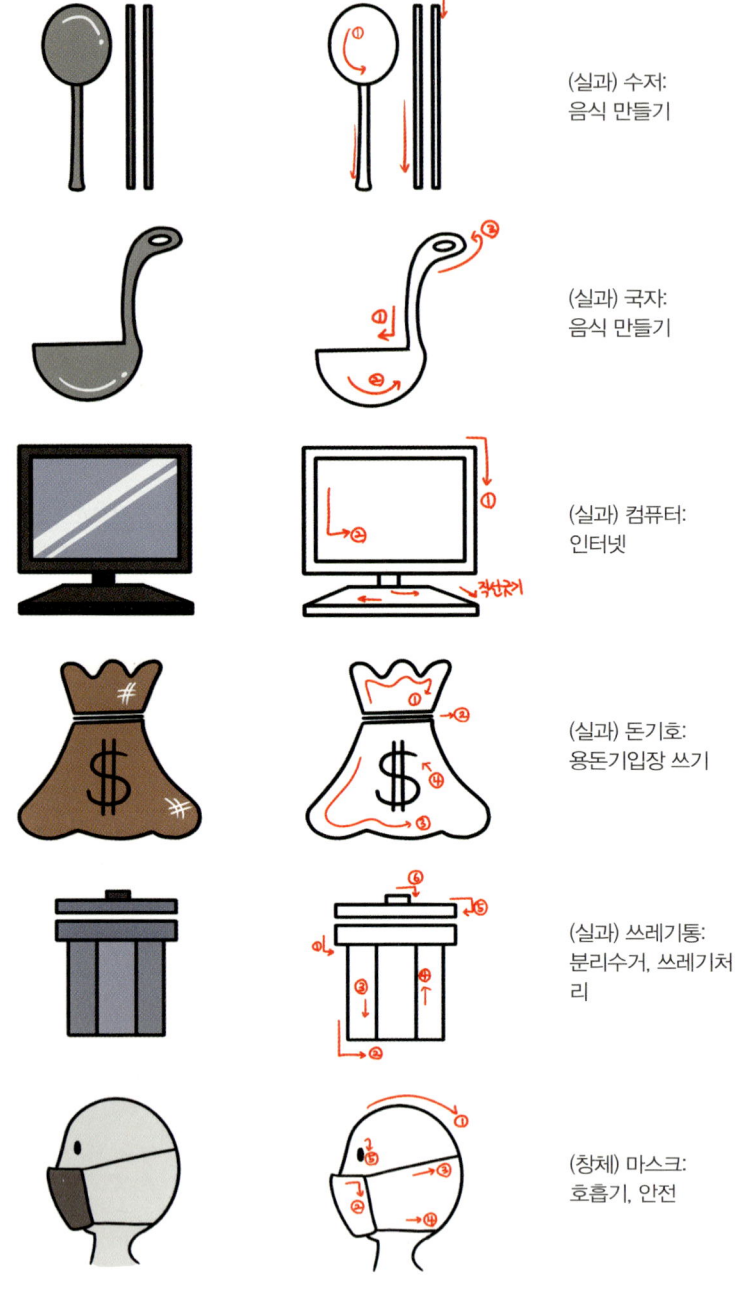

실
과
·
창
체

(실과) 수저:
음식 만들기

(실과) 국자:
음식 만들기

(실과) 컴퓨터:
인터넷

(실과) 돈기호:
용돈기입장 쓰기

(실과) 쓰레기통:
분리수거, 쓰레기처
리

(창체) 마스크:
호흡기, 안전

실
과
·
창
체

(실과) 햄버거와
콜라:
음식 만들기

(창체) 청진기:
의사, 직업

(실과) 고양이:
동물 키우기

(실과) 강아지:
동물 키우기

(실과) 물고기:
동물 키우기

집게:
쓰레기 줍기, 선택

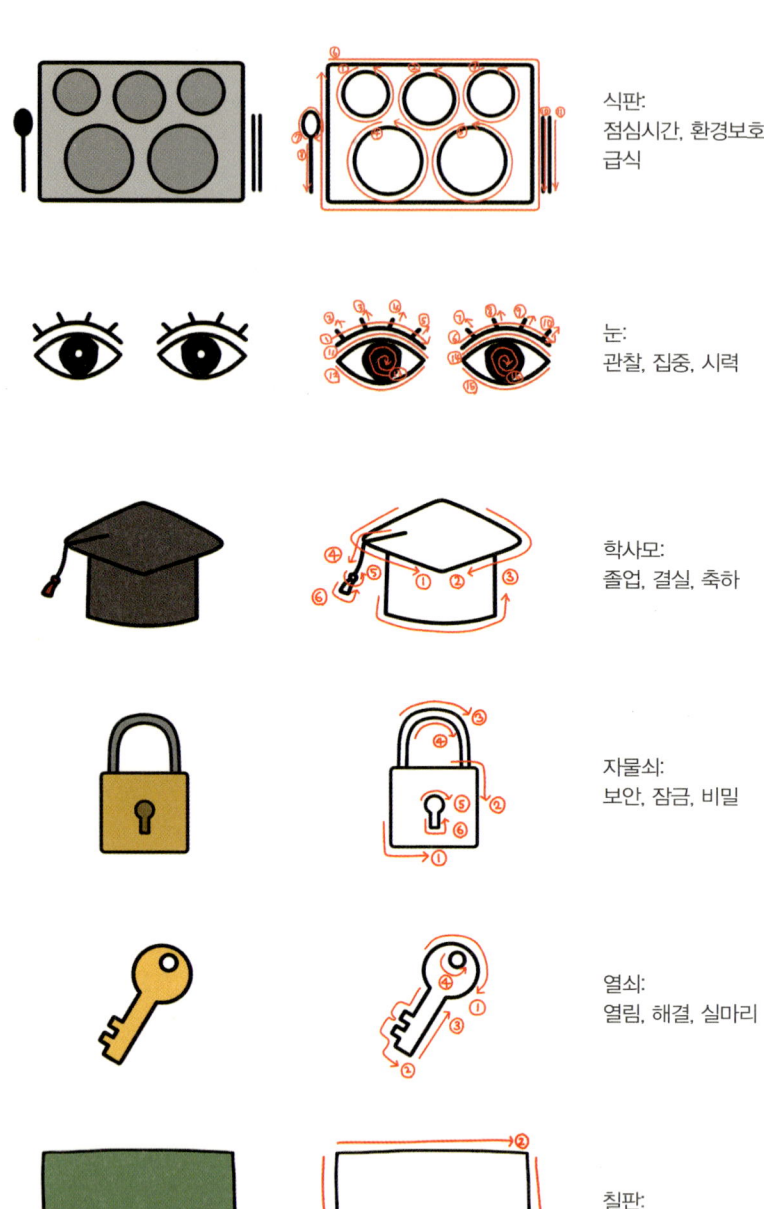

식판:
점심시간, 환경보호, 급식

눈:
관찰, 집중, 시력

학사모:
졸업, 결실, 축하

자물쇠:
보안, 잠금, 비밀

열쇠:
열림, 해결, 실마리

칠판:
필기, 판서

실
과
·
창
체

감정 그리기, 동작 그리기

비주얼씽킹을 할 때 감정과 동작을 적절하게 그리는 것은 매우 중요하지만, 중요도만큼 난이도 역시 높습니다. 만화적 요소가 많이 들어가기도 하고, 감정과 동작을 그림으로 나타내기 위해서는 수많은 관찰 경험이 필요합니다.

비주얼씽킹카드(2017, 시공미디어)에 제시된 100개 카드(감정 50개, 동작 50개)중 일부를 소개합니다.

① 감정 그리기

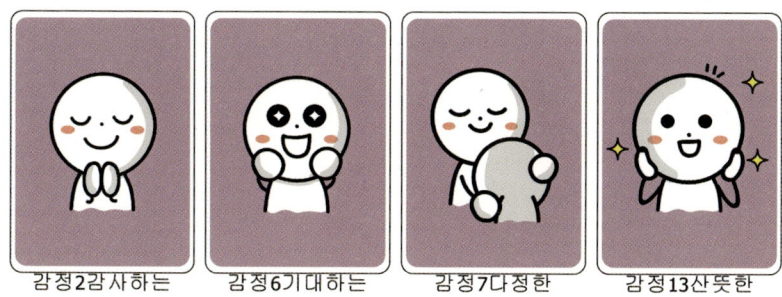

감정2감사하는   감정6기대하는   감정7다정한   감정13산뜻한

감정18용기를 주는

감정21동기부여된

감정25행복한

감정27슬픈

② 동작 그리기

움직임2감시하다

움직임6궁금하다

움직임7듣다

움직임10기다리다

움직임16당기다

움직임19도전하다

움직임28사랑하다

움직임23떨어지다

참쌤스쿨과 매일매일 그려요

'참쌤스쿨과 매일매일 그려요'는 아이스크림S(http://www.i-scream.co.kr)에 연재한 약 500여 개의 일러스트 학습지입니다. 매일매일 다른 주제를 상·하 수준으로 나누어 제공했고, 가능하면 시기에 맞는 계기교육과 연계하여 쓸 수 있도록 했습니다. 그 외의 그림 소재도 전부 초등학교 교육과정에서 선정하여 교육적 의미에 초점을 맞췄습니다. 일주일에 한두 번 정도 아침 활동 시간에 꾸준히 그리다 보면, 아이들이 그림에 대한 부담감을 많이 극복하는 모습을 관찰할 수 있습니다. 저는 아침 시간에 그림 하나당 5번 정도 그려보도록 안내합니다. 이때 네 번은 스케치북 앞장에 보고 그리고, 한 번은 스케치북 뒷장에 안 보고 그려보게 합니다. 예시자료를 몇 개만 살펴보겠습니다.

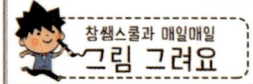
주제 : 캐릭터 그리기
109. 장미

학년   반   번 이름:

※ 순서에 맞게 연필을 따라 그려봅시다.

1. 장미 그리기 (★★★☆☆)

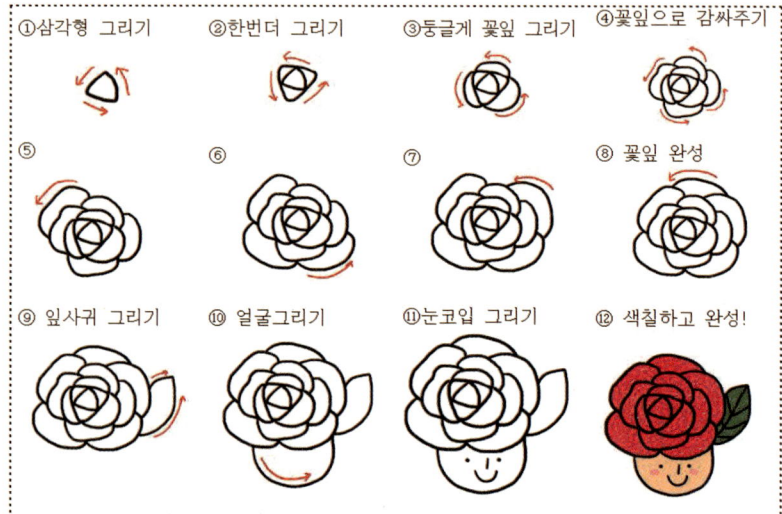

①삼각형 그리기 ②한번더 그리기 ③둥글게 꽃잎 그리기 ④꽃잎으로 감싸주기
⑤ ⑥ ⑦ ⑧ 꽃잎 완성
⑨ 잎사귀 그리기 ⑩ 얼굴그리기 ⑪눈코입 그리기 ⑫ 색칠하고 완성!

2. 장미 그리기 이렇게 활용해요

장미데이 기념하기	꽃요정 그리기	모둠신문 꾸미기	5월 행사 안내판 꾸미기

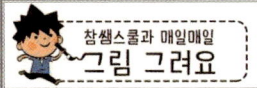
주제 : 교과연계 그리기
457. 용수철 저울

학년   반   번 이름:

※ 순서에 맞게 용수철 저울을 따라 그려봅시다.

1. 용수철 저울 (★★★☆☆)

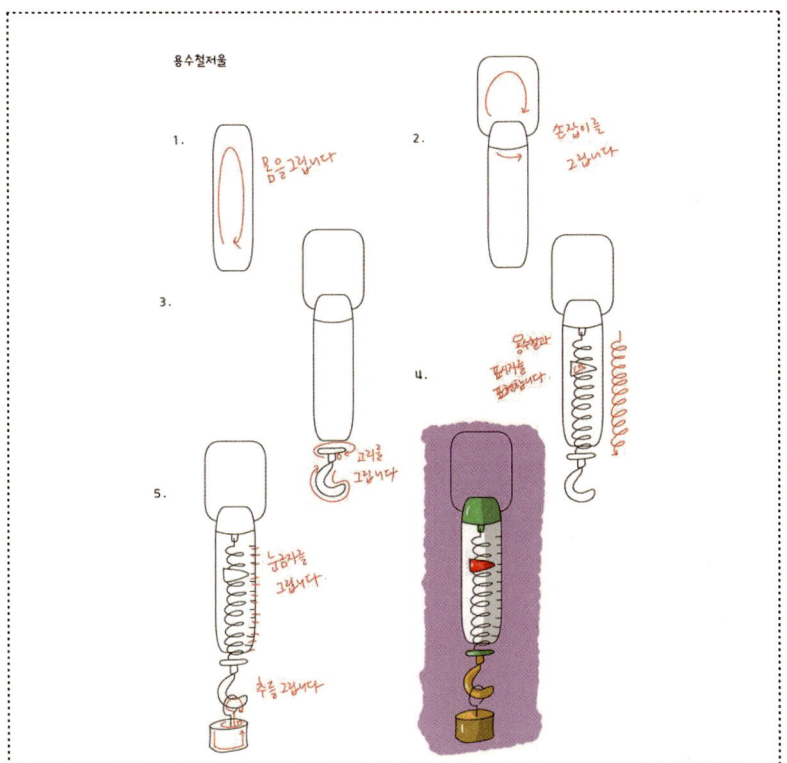

2. 용수철 저울 그리기 이렇게 활용해요

과학-무게 재기	미술-만화그리기

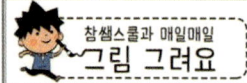
주제 : 캐릭터 그리기
110. 치어리더 여자

학년   반   번 이름:

※ 순서에 맞게 연필을 따라 그려봅시다.

1. 치어리더 여자 그리기 (★★★☆☆)

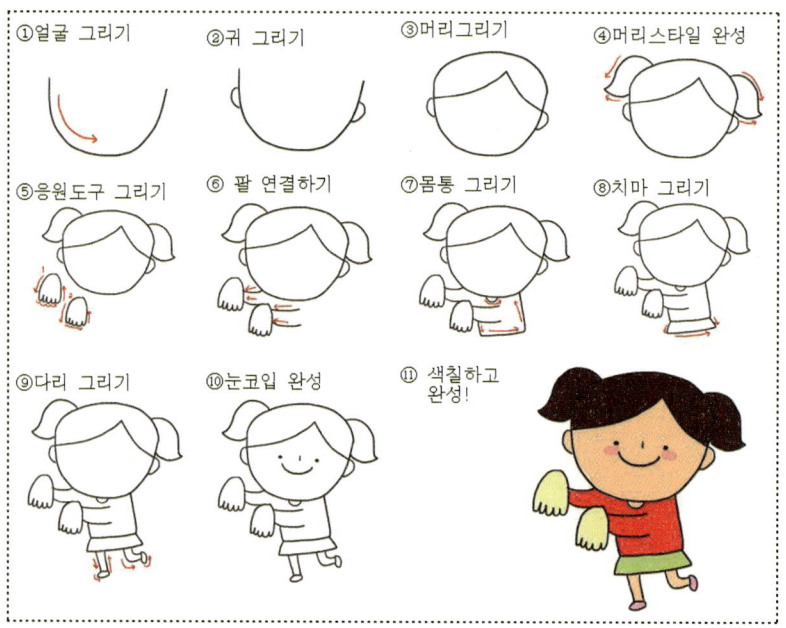

①얼굴 그리기   ②귀 그리기   ③머리그리기   ④머리스타일 완성

⑤응원도구 그리기   ⑥ 팔 연결하기   ⑦몸통 그리기   ⑧치마 그리기

⑨다리 그리기   ⑩눈코입 완성   ⑪ 색칠하고 완성!

2. 치어리더 여자 그리기 이렇게 활용해요

5월 풍경 그리기	5월 행사 조사하기	모둠신문 꾸미기	운동회 안내장 만들기

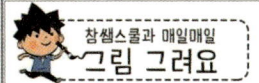
학년   반   번 이름:

※ 순서에 맞게 단군을 따라 그려봅시다.

1. 단군 그리기 (★★★★☆)

2. 단군 이렇게 활용해요

개천절 활동지 꾸미기	10월 행사 꾸미기	동아리 시간에 그림 그리기	국사 시간에 활용하기

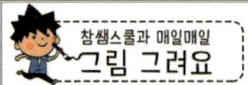
주제 : 교과연계 그리기
258. 구석기 시대 도구

학년   반   번 이름:

※ 순서에 맞게 구석기 시대 도구를 따라 그려봅시다.

1. 구석기 시대 도구 (★☆☆☆☆)

구석기 시대 도구

2. 구석기 시대 도구 그리기 이렇게 활용해요

사회 – 역사	실과 – 의식주

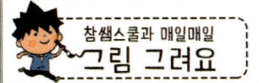

학년   반   번   이름:

※ 순서에 맞게 수달을 따라 그려봅시다.

1. 수달 그리기 (★★★☆☆)

2. 수달 그리기 이렇게 활용해요

우리나라의 천연기념물 알아보기	내가 좋아하는 동물 그리기	먹이사슬 지도 그리기	동물 색칠하기

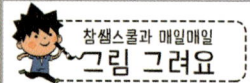
※ 순서에 맞게 수달을 따라 그려봅시다.

1. 수달 그리기 (★★★★★)

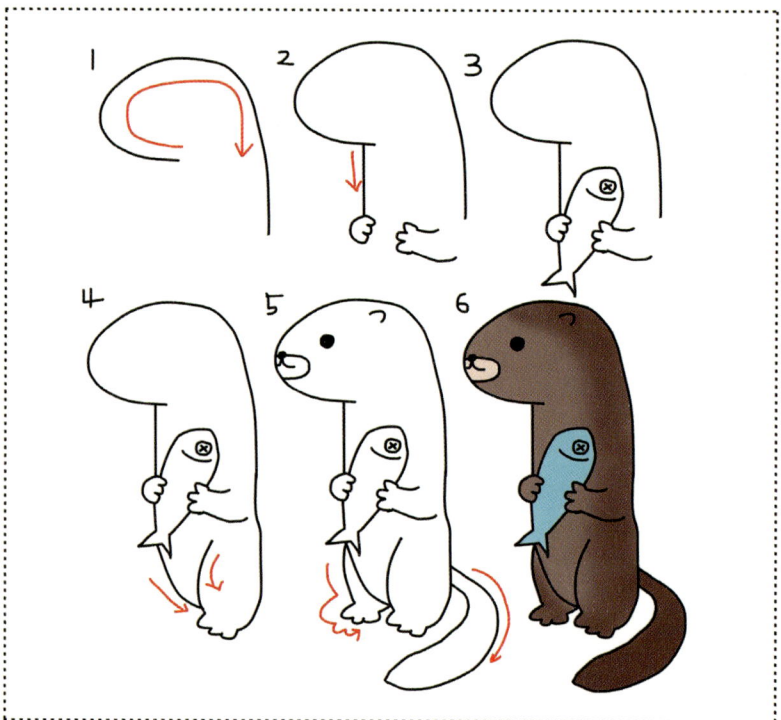

2. 수달 그리기 이렇게 활용해요

수달 그리기	멸종위기 동물 알아보기	생명의 소중함 알기	그림으로 꾸미기

지금까지 캐릭터, 교과 관련 상징물, 졸라맨 그림을 응용한 감정 그리기, 동작 그리기, 교과 관련 일러스트까지 학교에서 다루는 거의 모든 그림을 소개했습니다. 실제로 제가 학교에서 활용하는 그림도 지금까지 소개한 것이 전부입니다. 중간중간 어려운 그림도 있지만, 꾸준히 따라 그리며 연습한다면 그림에 자신이 많이 붙을 것입니다.

이번에는 다음 단어를 그려볼까요?

'꽃', '학교', '의사'

위 세 단어를 그리라고 하면 대부분은 위 그림처럼 그립니다. 물론 그림을 잘 그리는 사람은 아래 수준까지 그립니다.

그야말로 어마어마한 차이입니다. 일반적으로 사람들은 전자보다는 후자를 잘 그린 그림이라고 여깁니다. 먼저 그림은 대부분의 사람이 그릴 수 있지만, 그다음 그림은 그러지 못할 것입니다.

하지만 바꿔 생각해볼까요? 앞의 3가지 그림을 보고 꽃, 학교, 의사를 떠올리지 않는 사람은 없습니다. 실제로 저렇게 생긴 꽃과 학교, 의사는 없지만 우리는 그림의 상징성을 이용해 저렇게 표현하는 것입니다.

꽃을 얼마나 예쁘게 창의적으로 '잘' 그리느냐는 회화의 영역입니다. 하지만 상징성을 이용해 누구나 알아볼 수 있게 그리는 것은 비주얼씽킹의 영역입니다. 그렇기 때문에 누구나 비주얼씽킹을 할 수 있습니다. 비주얼씽킹은 '그림을 얼마나 사실적으로 그리느냐'보다는 '누구나 이해할 수 있고 공감할 수 있게 그릴 수 있냐'가 중요하기 때문입니다.

지금 당장 펜을 들어 따라 그려보세요. 자신감을 가지고 최대한 천천히 따라 그려보세요. 칠판에 하나라도 그려서 아이들에게 보여주세요. 내가 그릴 수 있는 그림이 졸라맨뿐이 아니라는 것을 알게 될 겁니다.

배준호(충남 청양 합천초등학교 교사)

공주교육대학교 컴퓨터교육학과를 졸업하고 현재 참쌤스쿨 크루로 인디스쿨에서 '워터멜론'이라는 아이디로 활동 중이다. 초기 합류 당시 그림 및 영상에 전혀 능력이 없었지만, 참쌤의 지속적인 관리로 레벨업 중이다. 현재는 참쌤의 뒤를 따라 비주얼씽킹에 관해 연구하고 있으며, 교총원격연수원에 '참고수와 함께하는 비주얼씽킹' 원격 연수를 개설할 예정이다.

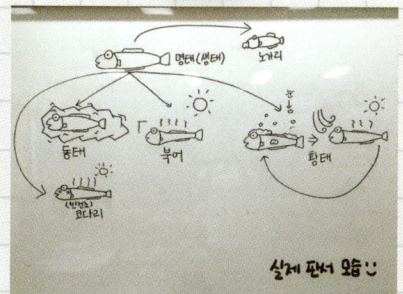

185

송가람(경남 가야초등학교 교사)

춘천교육대학교 미술교육학과 졸업. 미술수업과 놀이, 학생동아리에 관심이 많다. 미술동아리를 5년째 하고 있다. 독특하고 재밌고 변태, 병맛스러운 것을 좋아하며 예쁜 그림과는 거리가 멀다. 참쌤스쿨 2기로 부족한 능력에도 최선을 다해 참여하고 있다. 한번 관심 있는 것은 끝까지 파는 성격이라 멀리서 보아도 덕스러움이 느껴진다.

안희진(강원 봉양초등학교 교사)

춘천교육대학교 미술교육과 졸업. 스물여섯에 강원도 정선에 발령받아 방황하던 중 디지털그림의 매력에 푹 빠져 독학으로 다양한 콘텐츠를 개발하였다. 2014년에는 MBC와 삼성이 함께하는 디지털 예쁜 엽서전에서 영예의 대상을 수상하며 그림에 더욱 매진, 이후 참쌤스쿨 2기로 활동하며 자신만의 유니크한 그림체 개발을 위해 부지런히 노력하고 있다.

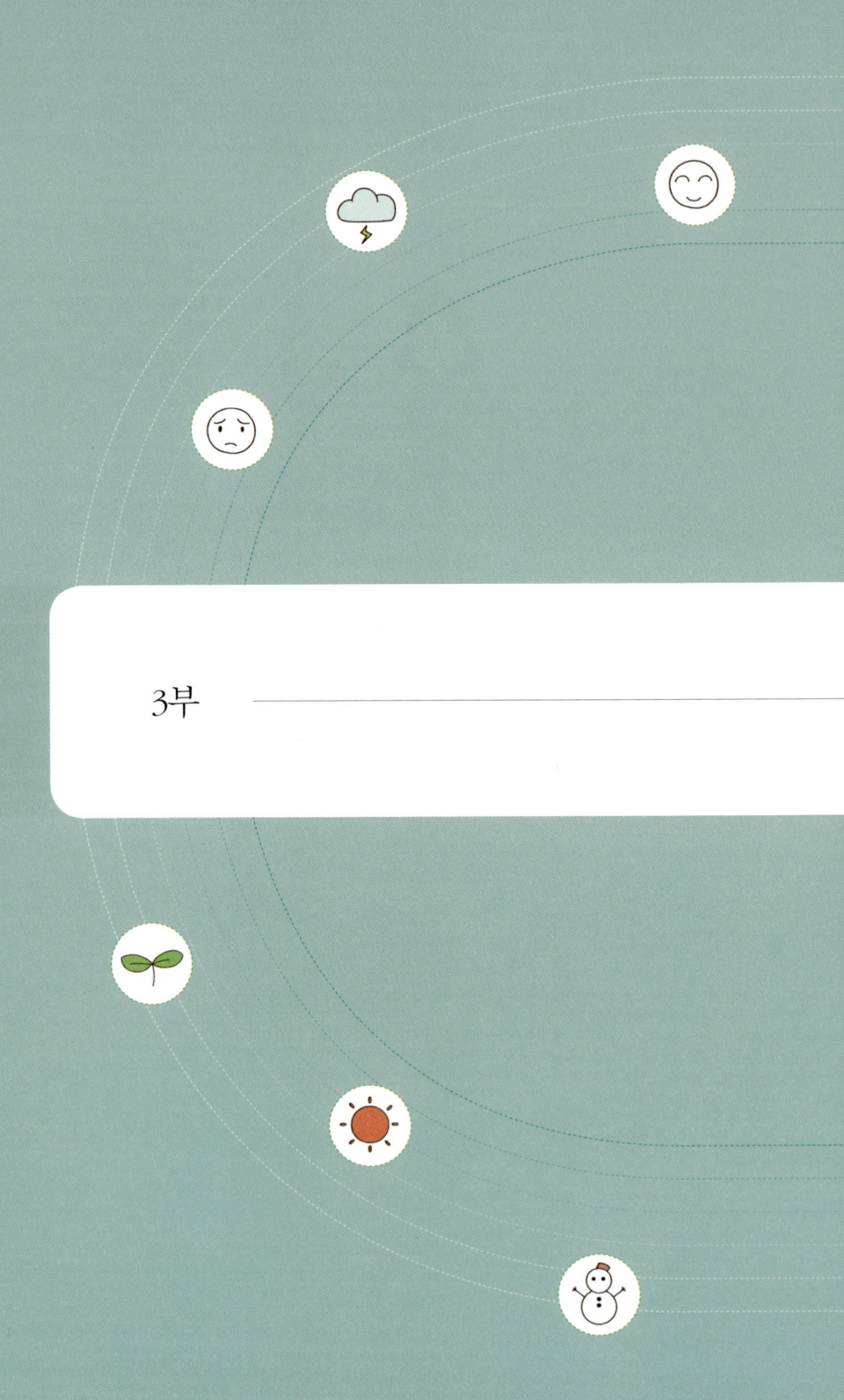

3부

비주얼씽킹 프로그램

5장

교사와 학생이 함께하는
비주얼씽킹 프로그램

비주얼씽킹은 주어진 정보를 텍스트로만 전달하고 소통하는 것보다 이미지를 활용하는 것이 더욱 효과적이라는 생각에 바탕을 두고 태어났습니다. 글로는 아무리 읽어도 잘 이해할 수 없었던 개념이, 그림 한 장으로 단번에 이해되는 것이 단적인 예입니다. 이미지를 활용하면 정보전달뿐만 아니라 다른 사람과의 공감대 형성에도 도움이 되고, 정보를 정리하면서 지식을 자신에게 유의미한 것으로 바꿀 수 있어서 학습에도 매우 유용합니다.

하지만 막상 교실에서 학생들에게 비주얼씽킹 기법을 적용하려고 하면, 어떤 활동부터 시작해야 할지 매우 난감합니다. 비주얼씽킹은 이미지로 생각하고 표현하려는 습관입니다. 선생님이 먼저 비주얼씽커가 되라고 주문했지만, 실제로 단기간에 그렇게 되기는 어려울 것입니다. 그래서 하루에 20~40분 정도 선생님과 학생들이 함께할 수 있는 실제적인 비주얼씽킹 교육 프로그램을 개발했습니다.

이 프로그램은 2016년도에 경기교육연구소에서 위탁한 『비주얼씽킹을 위한 이미지 활용 교육프로그램 개발연구』의 연구결과물을 요약한 것입니다. 연구는 경기도 S 시의 J 초등학교 6학년 학생 30명, 경기도 G 시의 S 초등학교 5학년 학생 21명을 대상으로 진행했습니다.

총 13주(3개월)의 프로그램으로, 주 3회 정도 총 36회기로 구성되어 있습니다. 아침활동 시간 20분 분량의 간단한 첫 프로그램부터, 창의적 체험활동 시간에 적용할 수 있는 40분 프로그램까지 다양합니다.

비주얼씽킹 프로그램을 표로 정리하면 다음과 같습니다.

주	회기	주제	프로그램 내용	시간
1	1	마음 열기	비주얼씽킹 소개, 그림 도구 소개	20분
	2	기초 그림 그리기	선긋기	20분
	3		원 그리기	20분
2	4		탱글탱글 젠탱글	40분
	5		사람 그리기(1) – 기본 캐릭터 그리기	20분
	6		사람 그리기(2) – 손과 발 그려보기	20분
3	7		사람 그리기(3) – 친구 캐릭터 그려주기	20분
	8		각종 기호 및 상징 그리기	20분
	9		사물 그리기 – 단순하게 보기	20분
4	10	그림 놀이(1)	점으로 그리기	20분
	11		면으로 그리고 퀴즈	40분
	12		10초 협동화	20분
5	13	색	같은 느낌의 색끼리 모으기	20분
	14	색	친구를 색으로 표현하기	20분
	15	색+아이콘	매일 감정 그리기	20분
6	16	마구 그리고 이야기 만들기	마주 보며 친구 얼굴 그리기	20분
	17		가장 가까이에 있는 사물 그리기	20분
	18		짧은 글 짓기	20분
7	19	그림 놀이(2)	침묵의 도화지	20분
	20		고미를 찾아라	40분
	21		그림 열 고개	20분
8	22	주제 잡고 그리기	Quick Draw	20분
	23		같은 주제를 그리고 돌려보기	20분
	24		자기 캐릭터 만들기	20분
9	25	상징물 만들기	이모티콘 만들기	20분
	26		2인 1조 키워드 표현하기	20분
10	27	그림 놀이(3)	너와 나의 연결 그림(1)	20분
	28		너와 나의 연결 그림(2)	20분
	29		그림 끝말 잇기	20분
	30		그림으로 속담표현하기	20분
11	31	구체적으로 표현하기	그림 이어 이야기 만들기	40분
	32		나를 5개의 그림으로 표현하기	20분
12	33	문장 시각화	눈으로 보는 영어단어장	20분
	34		1텍스트 1이미지	20분
13	35	비주얼 마인드맵	자기소개나 버킷리스트를 비주얼 마인드맵으로	40분
	36		일 년 동안 기억나는 일들을 비주얼 마인드맵으로	40분

프로그램 세안

1. 마음 열기

회기	주제	프로그램 내용	시간(분)
1	비주얼 씽킹 소개	○ 비주얼씽킹 소개 – 네이버 변천사 소개 – '왜 줄글로 된 책보다 만화책이 더 쉬울까?' 이야기하기	10
		○ 그림 도구 소개 – 스케치북, 사인펜, 기타 도구	10

　1회기에는 비주얼씽킹을 소개합니다. 저는 동기유발을 위해 앞에서 소개한 '네이버' 변천사를 아이들에게 보여주거나, 줄글로 된 책과 만화책을 비교해줍니다. 그리고 아이들끼리 이야기해보는 시간을 갖도록 합니다. 그리고 이미지의 장점에 대해 간단하게 설명해줍니다.

　그다음엔 그림 도구를 소개합니다. 학생들에게는 작은 스케치북 하나(가능하면 200㎡/g 이상 두께)와 펜 정도면 충분합니다. 저는 학기 초 학급 운영비를 사용할 때 미리 준비해둡니다.

2. 기초 그림 그리기

회기	주제	프로그램 내용	시간(분)
2	선 긋기	○ 천천히 같은 간격으로 선 긋기	10
		○ 규칙성을 갖고 선 긋기	10

   2회기는 선 긋는 연습입니다. 아무렇게나 선을 긋지 말고 최대한 천천히 긋도록 합니다. 그림을 잘 그리기 위해서는 천천히 선을 긋는 법부터 배워야 합니다. 가능하면 간격을 일정하게, 같은 굵기로 그리도록 합니다. 그리고 나름대로 규칙성을 찾아 긋도록 합니다. 스케치북을 채우는 것이 목표가 아니라, 종이의 절반도 채우지 못하더라도 천천히 정확하게 긋는 것이 목표입니다. 지루할 것 같으면 다양한 곡선을 그어봐도 괜찮습니다.

회기	주제	프로그램 내용	시간(분)
3	원 그리기	○ 원과 타원을 그려보고 어떤 원이 그리기 어려운지 말해보기	5
		○ 최대한 많은 원 그려보기	15

3회기는 원 그리기입니다. 원 그리기는 그림에서 매우 중요합니다. 대부분의 그림은 곡선을 이용한 원, 직선을 이용한 사각형, 삼각형으로 이루어져 있습니다. 그런데 직선으로 이루어진 도형은 비교적 그리기 수월하지만, 원은 제대로 그리기 매우 어렵습니다.

직선과 마찬가지로 최대한 천천히 동일한 크기의 원을 그려보도록 합니다. 찌그러지거나 삐뚤빼뚤한 원이 아니라, 반지름이 일정한 원을 그리도록 합니다. 이번에도 많이 그리는 것은 목표가 아닙니다. 2~3개를 그리더라도 정확하고 예쁘게 그리는 것이 목표입니다.

회기	주제	프로그램 내용	시간(분)
4	젠탱글	○ 다양한 도안을 활용해 젠탱글 하기	40

zen(선禪)과 tangle(복잡하게 얽힌 선線)의 합성어인 젠탱글은 간단하고 반복적인 무늬를 이용하여 멋진 작품을 만드는 드로잉 기법입니다. 특별한 그림 실력이 없어도 종이 한 장과 펜 한 자루면 누구나 할 수 있기 때문에 최근 많은 주목을 받고 있습니다. 특히 낙서의 형식을 빌린 명상 같은 치유, 숙고하고 집중하게 만드는 장점 때문에 아이들과 함께하기 좋은 활동입니다.

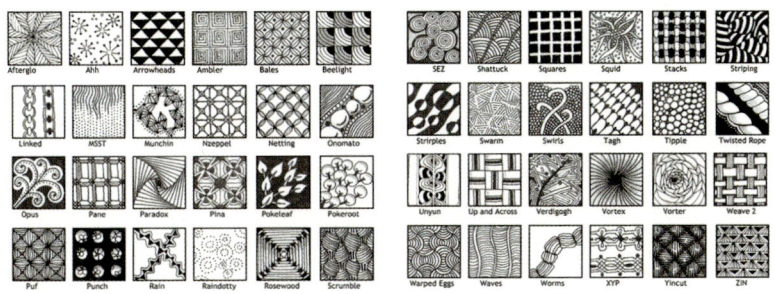

젠탱글의 다양한 무늬 예시입니다. 이 무늬와 패턴은 실제로 존재하는 사물에서 가져오는 경우가 많습니다. 현재 젠탱글의 공인(Official) 패턴은 2014년 기준 146개이며, 지금도 계속해서 늘어나고 있습니다. 공인 패턴 몇 가지를 소개하겠습니다.

회기	주제	프로그램 내용	시간(분)
5	사람 그리기 (1)	○ 눈과 머리 스타일 비슷한 친구들 찾아보기	5
		○ 기본 캐릭터 그리기	15

5회기부터는 본격적으로 사람을 그려봅니다. 기본 캐릭터만 잘 그려도 아이들은 교실에서 그림이 필요한 각종 활동을 할 때 자신감 있게 참여합니다.

먼저 반에서 눈 모양과 머리 스타일이 비슷한 학생들을 찾아봅니다. 일반적으로 캐릭터는 눈 모양과 머리 스타일로 특징이 결정되는데, 서로 관찰함으로써 그 특징을 이해할 수 있습니다. (캐릭터 그리는 방법은 '4장 참쌤과 그려봐요 – 사람 그리기, 우리 반 학생 그리기, 우리 반 학생 그리기를 참고하세요!)

회기	주제	프로그램 내용	시간(분)
6	사람 그리기 (2)	○ 간단한 신체 비율 알기	5
		○ 몸 그려보기, 손과 발 간단하게 그리기	15

6회기는 몸 그리기입니다. 혹시 몸 전체 그리기를 어려워한다면 상반신만 그려도 충분합니다. 아니면 비주얼씽킹 카드 중 '동작'카드에 있는 내용으로 대체해도 상관없습니다. 신체를 잘 그리는 것이 중요한 게 아니라, 몸 그리기를 경험하는 것으로 충분하기 때문입니다.

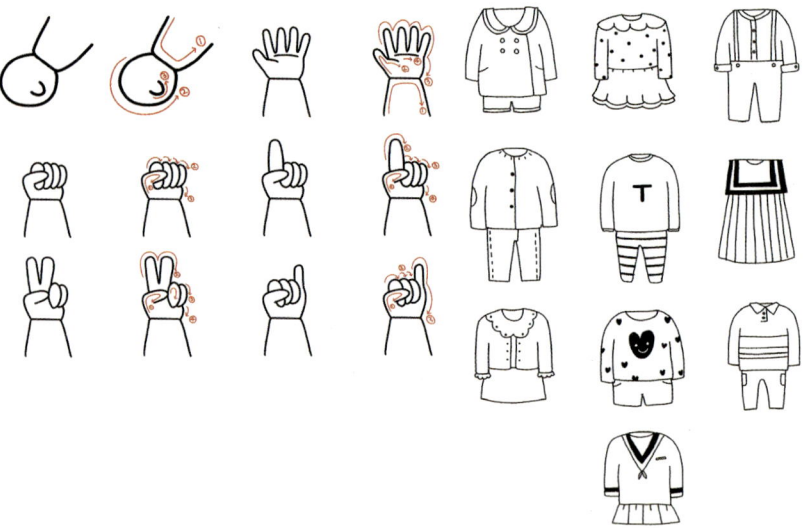

회기	주제	프로그램 내용	시간(분)
7	사람 그리기 (3)	○ 친구 관찰하여 얼굴 캐릭터 그려주기	20

7회기는 친구 얼굴 그리기입니다. 기본 캐릭터를 활용하여 그리도록 합니다. 닮지 않아도 괜찮습니다.

회기	주제	프로그램 내용	시간(분)
8	각종 기호 및 상징 그리기	○ 선생님이 그려주는 상징물의 의미 말해보기	5
		○ 대표적인 상징 그리기	10
		○ 친구가 그린 상징물 보고 서로 소개하기	5

8회기에는 대표적인 상징물을 그립니다. 선생님이 예시로 상징 그림을 10개 정도 그립니다. 그다음에 상징물의 의미에 대해 이야기를 나눕니다. 상징물의 의미를 최대한 많이 적어보는 활동도 좋습니다. 그러고 나서 선생님이 그린 예시를 참고하여, 아이들도 생각나는 상징물을 그려봅니다. 그리고 그 상징물의 의미도 함께 적어보게 합니다. 마지막으로 친구가 그린 상징물을 살펴보고 서로 소개하도록 합니다.

회기	주제	프로그램 내용	시간(분)
9	사물 그리기 단순 하게 보기	○ 사물을 관찰하는 기술, 단순하게 보는 기술	5
		○ 학교 사물 간단하게 그려보기	15

9회기에는 사물을 그려봅니다. 정물화를 그리는 것이 아니기 때문에 사물의 특징을 살려 최대한 간단히 그리게 합니다. 이 활동은 사물을 그릴 때 세밀한 부분은 생략하고 대표적인 특징만 골라내도록 하는 것이 목적입니다.

과감히 생략하면 그림 그리는 것이 훨씬 수월해집니다. 그림을 잘 그리는 사람들은 이러한 과감한 생략과정을 통해 쉽게 그림을 그립니다. 미술 시간에는 대상을 자세히 관찰하여 정확하게 그리지만, 비주얼씽킹에 사용되는 그림들은 이와 같이 단순하며 직관적입니다.

3. 그림 놀이 ①

회기	주제	프로그램 내용	시간(분)
10	점으로 그리기	○ 친구 스케치북에 자유롭게 점으로 찍기	1
		○ 주제 정하기(고학년)	1
		○ 점으로 그리기	18

10회기에는 점으로 그리기를 합니다. 방법은 간단합니다.

1. 10초 동안 짝꿍의 스케치북에 점을 최대한 많이, 고르게 분산하여 찍습니다.(선생님이 점의 수를 정해줘도 괜찮습니다.)
2. 제한 시간이 지나면 짝과 종이를 교환합니다.
3. 오늘 공부한 내용 중 가장 중요한 것(인물, 대상, 개념 등)을 떠올립니다. 단원별로 정리를 할 때 해도 괜찮습니다.(저학년은 자유주제도 괜찮습니다.)
4. 떠올린 것을 종이(짝이 점을 찍어 놓은 종이)에 점을 연결하여 그립니다. 물론 짝의 제시어를 듣고 그리는 등 다양하게 방법을 변경할 수 있습니다.

점으로 그리기는 그림을 못 그리는 아이들도 부담 없이 할 수 있는 방법입니다. 삐뚤빼뚤하게 그려진 선은 내 탓이 아니기 때문입니다. 의외로 창의적인 그림들도 볼 수 있습니다.

주제 - 과학 (소화기)

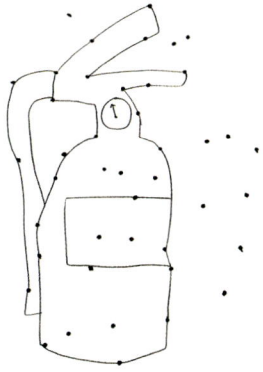

〈고학년 소화와 연소〉

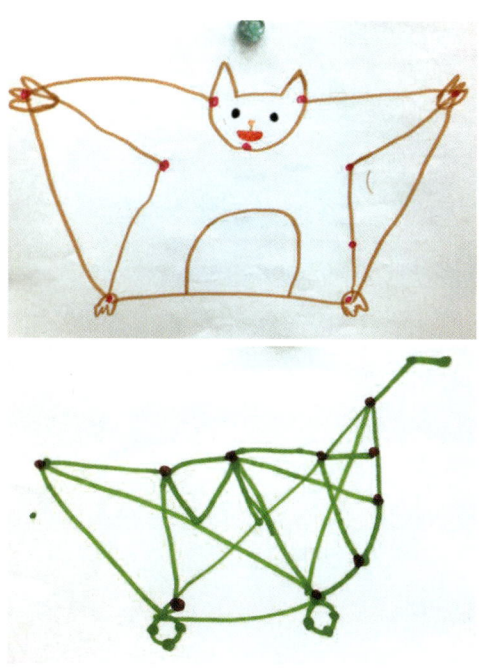

〈저학년 자유주제〉

회기	주제	프로그램 내용	시간(분)
11	면으로 그리고 퀴즈	○ 학교에 있는 물건, 동물, 사물들 면으로 그리기	15
		○ 짝과 바꾸고 면으로 그린 그림을 유추해서 자세히 그리기	5

　　11번째 회기에는 2인 1조, 혹은 3인 1조로 그룹을 지어준 다음, 각자 스케치북에 면으로 표현된 그림을 빼곡하게 그립니다. 이때 아무 면이나 그리는 것이 아니라 사물을 관찰하고 그려야 합니다. 그런 다음 서로 스케치북을 바꾸어 보며 그 안에 그림을 추리해서 그려 넣는 활동입니다.

　　이 활동은 '정답이 있지만, 정답이 없는' 활동으로 친구가 면으로 그린 그림이 무엇인지 추리하여 맞추는 활동 같지만 실제로 의도했던 것과 다른 그림이 나와도 괜찮습니다. 물론 면으로 그리는 친구는 상대 친구가 자신의 의도를 맞출 수 있도록 최대한 면을 잘 그려주어야 합니다. 이런 방식으로 여러 번 활동하다 보면 면으로 그리는 것이 어느 정도 익숙해집니다.

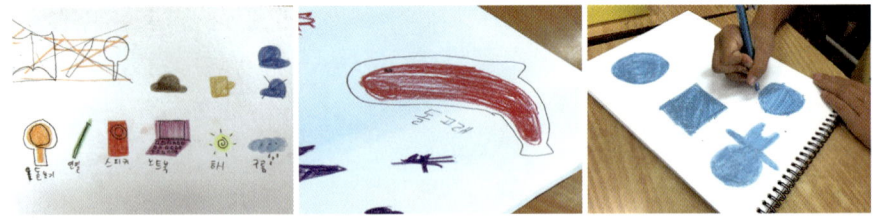

회기	주제	프로그램 내용	시간(분)
12	10초 협동화	○ 게임 규칙 설명하기	5
		○ 1인당 10초씩 협동화 이어서 그리고 맞추기	15

12회기에는 10초 협동화 그리기를 합니다. 10초 협동화를 하는 방법은 다음과 같습니다.

1. 반에서 한 개의 모둠이 3~4명 정도씩 될 수 있도록 모둠을 구성한다(만약 모둠이 4개 정도 나오지 않는다면 3~4명 정도가 돌아가면서 그림을 그리게 한다. 소인수 학급에서 진행할 때는 팀 없이 개인전으로 진행한다).

2. 모둠 당 100점의 기본 점수를 준다. 다양한 순서 정하기 방법을 통해 첫 번째 모둠이 나오게 한다(모둠원이 모두 나와서 순서대로 선다).

3. 앞에 나온 모둠원들에게 순서대로 교사가 제시한 단어를 보고 한 사람씩 10초 동안 칠판에 그림을 그리게 한다(교사는 정확하게 10초를 측정한다). 첫 번째 학생이 10초 동안 제시어에 대한 그림을 그리고 나면 그다음 학생이 10초 동안 방금 그린 그림에 덧붙여 그림을 그리게 한다. 이런 식으로 모둠원 전체가 그림을 그리면 다른 팀들에게 교사가 제시한 제시어가 무엇이었는지 퀴즈를 낸다.

4. 앞에 나온 모둠원을 제외한 다른 모둠들은 20초 동안 각자 모둠원끼리 협의하여 답을 화이트보드에 써서 골든벨처럼 번쩍 든다.

5. 정답을 맞힌 모둠에는 20점의 보상이 주어진다. 또한, 한 모둠이

라도 정답을 맞힌다면 앞에 나와 그림을 그린 모둠에게도 그림을 잘 그린 대가로 30점의 보상이 주어진다. 만약 정답을 맞힌 팀이 아무도 없다면 앞에 나온 모둠은 30점을 감점한다. 모둠 전체가 한 번씩 혹은 두 번씩 그림을 그리고 문제를 맞힌 후 전체 점수를 합산하여 우승팀에게 보상한다.(출처: 『수업을 살리는 놀이레시피 101』, 같이 놀자 저, 천재교육, 2016)

이 활동은 교사가 제시하는 제시어가 중요합니다. 너무 쉬워도 너무 어려워도 안 됩니다. 이런 방식의 그림 놀이는 짧은 시간 동안 다른 사람들이 알아볼 수 있을 정도로만 그림을 그리면 되기 때문에, 큰 부담 없이 빨리 그림을 그릴 수 있다는 장점이 있습니다.

'의사' 완성과정

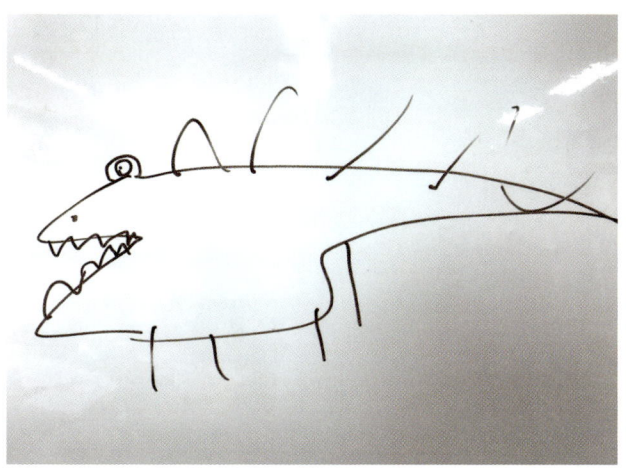

악어

임금님

4. 색

회기	주제	프로그램 내용	시간(분)
13	같은 느낌의 색끼리 모으기	○ 색이 주는 느낌 이야기하기	10
		○ 교실에 사용된 색 중 비슷한 색끼리 모아보기	10

13회기부터는 색을 공부합니다. 색은 인간의 감정과 욕구를 자극할 뿐만 아니라 우리가 생각하는 것 이상의 의미와 힘을 지닙니다. 색은 사람의 마음이 반영되어 감성을 표현하는 이미지입니다.

비주얼씽킹 활동을 할 때는 보통 검은색 펜만 쓰기 때문에 색을 표현할 기회가 별로 없습니다. 따라서 이번 활동으로 색이 주는 느낌을 표현할 기회를 갖도록 합니다. 준비물은 색연필이면 충분합니다. 먼저 자신의 스케치북에 원하는 색을 3~4가지 정도 골라 동그랗게 색칠합니다. 그리고 각각의 색이 주는 느낌을 짝꿍끼리 이야기합니다.

다음으로 일상생활에서 색을 사용하는 경우를 보여줍니다. 색을 주요 표현방법으로 사용하는 실시간 교통상황 지도나 미세먼지 지도를 보여주고 공통적인 느낌을 말하도록 합니다.

그리고 나면 교실 안에서 비슷한 색을 찾아보는 활동을 합니다. 그리고 왜 그런 색을 사용했을지 자기 생각을 말해봅니다. 간단하죠?

색을 찾아서

( )학년 ( )반 이름:

다음 원 안에 마음에 드는 색을 칠하고 짝궁과 바꾸어 느낌을 적어보세요

⭕	⭕	⭕
느낌 :	느낌 :	느낌 :

우리 교실에서 다양한 색을 찾아보고 비슷한 색이 사용된 경우를 모아서 그려봅시다.

( )색	( )색
이 색을 사용한 이유? 혹은 왜 이 색을 사용했을까?	이 색을 사용한 이유? 혹은 왜 이 색을 사용했을까?

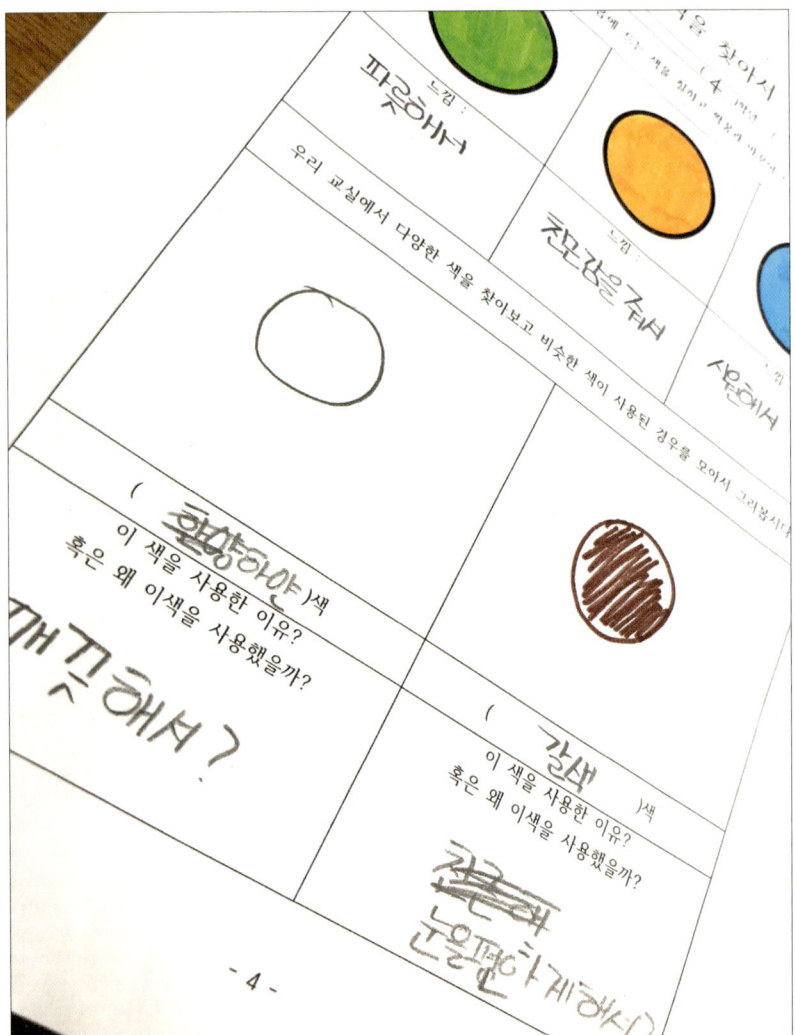

회기	주제	프로그램 내용	시간(분)
14	친구를 색으로 표현하기	○ 대표적인 색 6가지로 친구들 표현하기(개인 활동)	10
		○ 교실 학생 전체 대상으로 색으로 모아보기(단체 활동)	10

　미국 색채전문기업 팬톤은 2017년의 색으로 '그리너리(Greenery, 나뭇잎 녹색)'를 선정했습니다. 팬톤은 매년 12월이 되면 이듬해 상징적인 색을 선정하는데, 세계 패션을 비롯한 산업 디자인 전반에 영향을 미친다고 합니다. 14회기에는 친구들을 색으로 표현해보고 색이 주는 상징성을 알아봅니다. 비주얼씽킹에서는 '상징성'이 매우 중요합니다. 우리가 이미 알고 있는 상징적인 그림들을 활용하여 소통하기 때문이죠. 색도 마찬가지입니다.

　다음은 우리가 일반적으로 느끼는 색의 상징과 느낌입니다.

빨강 : 태양, 불, 피, 루비, 카네이션, 단풍잎, 가을, 노을, 일출, 열, 더위, 건조, 저녁, 성숙, 정열, 유혹, 호화, 활력, 위험, 혁명, 자극, 분노, 적극, 순교, 애정, 정지, 용기, 힘

주황 : 석양, 감, 가을, 풍부, 원기, 온화, 만족, 건강, 움직이는 기계, 위험 표시, 저조, 즐거움, 기쁨, 질투, 초조

노랑 : 해바라기, 개나리, 바나나, 금지선, 추월선, 주의 표시, 광명, 명랑, 활동, 희망, 환희, 접근, 상상력, 팽창, 신맛, 달콤함, 신경질, 염증

연두 : 잔디, 새싹, 자연, 이른 봄, 위안, 생명, 친애, 청순, 순진, 안전, 신선, 관대함, 편안함

녹색 : 숲, 에메랄드, 보리밭, 엽록소, 여름, 평화, 평정, 안전, 안식, 휴식, 중성,
　　　이상, 신념, 젊음, 희망, 지성, 건실, 상쾌, 소박, 진행, 집착력, 학구적, 상
　　　큼한 맛, 쓴맛

청록 : 가을 하늘, 바다, 여름, 찬바람, 인애, 심미, 청결, 이성, 청명함, 냉담, 냉
　　　정, 서늘함

파랑 : 바다, 물, 사파이어, 여름, 시원함, 상쾌함, 평정, 성실함, 냉정, 차가움, 추
　　　위, 생동감, 명상, 젊음, 우울, 쓴맛

남색 : 깊은 밤, 신중, 점잖음, 영원, 무한, 침울, 냉철, 직관, 훈련, 유니폼

보라 : 포도, 제비꽃, 예술, 창조, 그리움, 우아, 화려함, 고귀, 장중함, 신비, 감수
　　　성, 위엄, 실망, 신경질, 고독, 공허, 상한 음식, 쓴맛

자주 : 자두, 자수정, 사랑, 연모, 애정, 화려함, 아름다움, 예술적 기질, 발정, 슬
　　　픔, 흥분

흰색 : 눈, 겨울, 순결, 순수, 청결, 위생, 살균, 소독, 신성, 완벽, 죄를 사함, 소
　　　박, 정돈, 명확, 깨끗함, 치료, 통로

회색 : 공장, 도시적, 미래적, 테크노, 겸손, 음울, 온화, 중립, 수수, 평범

검정 : 주검, 밤, 탄 것, 엄숙미, 무게감, 위험, 슬픔, 침묵, 부정, 죄, 죽음, 암흑,
　　　불안, 비애, 공포, 절망, 허무

　　활동 방법은 간단합니다. 외모와 성격이 뚜렷한 친구 6명 정도를 정
해 한 명씩 앞으로 나오게 하고, 다른 친구들은 활동지에 그 친구들을
색으로 표현하고 느낌을 구체적으로 적도록 합니다. 그리고 그 색을
왜 선택했는지 이유도 적어보도록 합니다.

　　이유를 다 적은 다음에는 가장 많이 나온 색을 찾아봅니다.

내 친구는 어떤색?

( )학년 ( )반 이름:

다음 원 안에 마음에 드는 색을 칠하고 짝궁과 바꾸어 느낌을 적어보세요

친구이름: ( )	친구이름: ( )	친구이름: ( )
왜 이 색을 선택했나요?	왜 이 색을 선택했나요?	왜 이 색을 선택했나요?
친구이름: ( )	친구이름: ( )	친구이름: ( )
왜 이 색을 선택했나요?	왜 이 색을 선택했나요?	왜 이 색을 선택했나요?

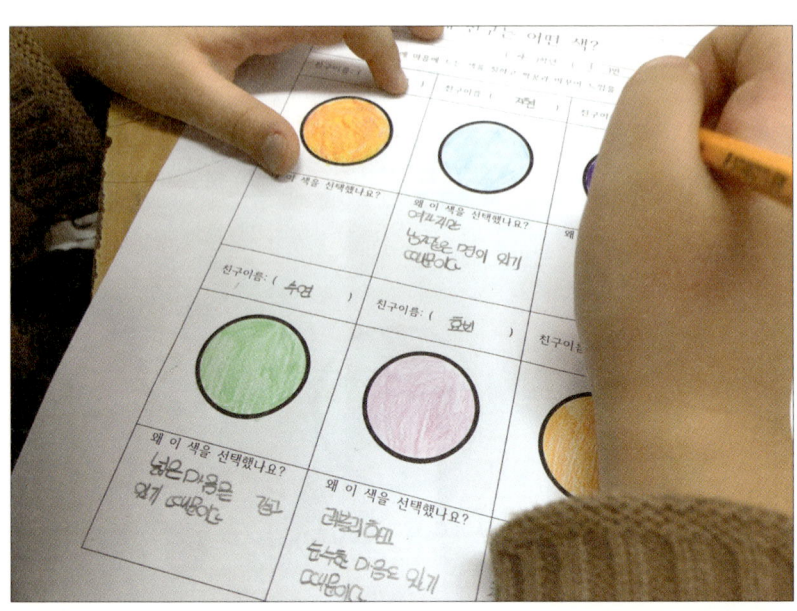

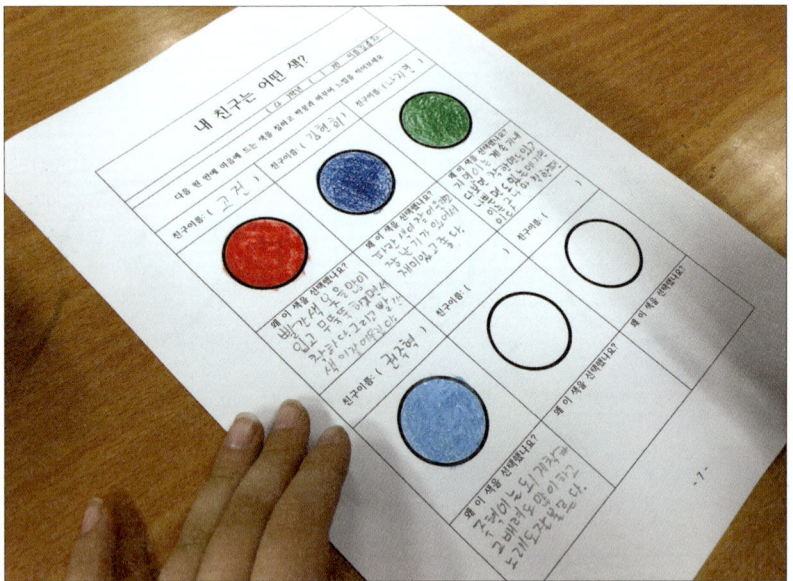

회기	주제	프로그램 내용	시간(분)
15	매일 감정 그리기	○ 감정과 관련된 색을 알아보기	5
		○ 감정에 따라 색과 아이콘으로 감정 일기 그리기	15

15회기는 매일 감정 그리기를 합니다. 하루만 하고 끝나는 것이 아니라 매일매일 꾸준히 하는 활동입니다.

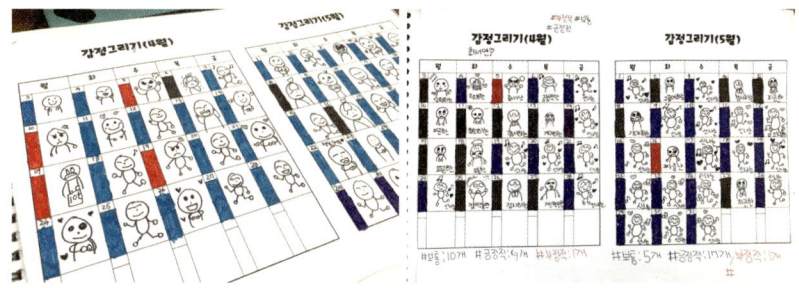

그날의 감정을 색으로 표현합니다. 긍정적인 감정은 파란색, 부정적인 감정은 빨간색으로 표현할 수 있습니다. 앞서 소개한 감정카드가 있다면 감정카드를 참고해 구체적인 감정을 그릴 수 있습니다. 감정 그리기 활동은 학생에 대한 전반적인 이해와 상담자료로 사용할 수 있습니다. (주로 비주얼씽킹 카드 – 감정카드를 이용해 감정을 표현했습니다)

이렇게 쌓인 데이터를 월별로 정리하여 꺾은선 그래프 공부할 때 스스로 사용했습니다.

감정그리기(O월)

월	화	수	목	금

5. 마구 그리고 이야기 만들기

회기	주제	프로그램 내용	시간(분)
16	마주 보며 친구 얼굴 그리기	○ 서로 얼굴 관찰하기	5
		○ 눈을 마주친 채 친구 얼굴 그려주고 사인해주기	15

  16회기부터는 마구 그리는 연습을 합니다. '못 그릴수록 잘 그린 그림'이라는 주제로 친구의 얼굴을 그려줍니다. 학기 초 아이스 브레이킹용으로 할 수 있고, 다툰 학생들에게 사용해도 좋습니다.

  방법은 간단합니다. 눈을 마주한 채 종이를 보지 말고 친구의 얼굴을 그려주는 것입니다. 종이에 계속 눈이 가려고 하겠지만 그래도 참고 친구 눈을 응시하면서 그리는 것이 중요합니다. 친구들과의 친밀감을 높이고 그림에 대한 부담감을 많이 낮출 수 있습니다.

회기	주제	프로그램 내용	시간(분)
17	가장 가까이 있는 사물 그리기	○ 주위에 있는 사물 중에 그리고 싶은 물건 선택하기	5
		○ 간단히 형태로만 그리기. 최대한 많이 그리기	15

17회기에는 가장 가까이에 있는 사물을 그려봅니다. 이미지로 생각하는 습관이 있는 사람들은 낙서를 자주 합니다. 특별히 그림을 잘 그린다기보다 습관처럼 이미지로 표현하는 것을 좋아하기 때문입니다.

마찬가지로 지금 자기 주위에 있는 사물 중에서 그리고 싶은 물건을 선택하여 그립니다. 9회기 '단순하게 그리기'를 응용하여 최대한 단순하게 많은 그림을 그립니다.

이 활동을 통해 정성 들여 그리는 그림 외에도 낙서처럼 그리는 그림도 훌륭한 작품이 될 수 있다는 것을 알게 합니다.

회기	주제	프로그램 내용	시간(분)
18	짧은 글 짓기	○ 상징 그림(또는 비주얼씽킹 카드) 2개씩 그리기	5
		○ 짝꿍과 상징 그림(또는 비주얼씽킹 카드) 총 4개를 가지고 이야기 만들기	15

18회기에는 짧은 이야기를 만들어봅니다. 상징 그림이나 비주얼씽킹 카드를 활용하여 짝꿍과 이야기를 만드는 활동인데요, 각자 그림을 2개씩 그립니다. 서로 협의하지 않고 그리고 싶은 것을 그립니다. 그리고 각자 그린 것을 합쳐 4개의 그림으로 짧은 이야기를 만듭니다. 참고할 상징 그림도 없고, 비주얼씽킹 카드도 없다면 아무 그림이나 그려도 괜찮습니다.

A 친구의 그림　　　　　　　　B 친구의 그림

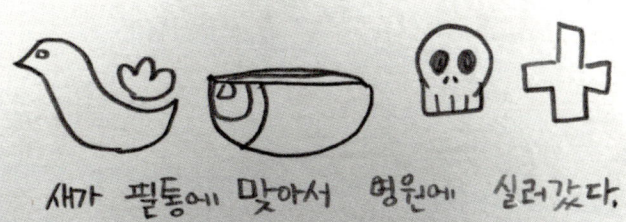

합친 이야기: 새가 필통에 맞아서 병원에 실려갔다.

이 활동을 응용할 수 있습니다. 혼자 그림을 4개 그려 순서대로 이야기를 만들고 짝꿍과 교환하여 답을 맞춰보는 활동입니다. 물론 이 활동에는 정답이 없습니다. 상징 그림들을 통해 같은 그림이라도 다양한 해석이 나올 수 있음을 알 수 있도록 합니다.

이 그림을 그린 친구의 의도는 '오늘 날씨가 맑아 친구에게 만나자고 약속장소를 잡았는데 비가 왔다'였는데, 친구는 '해가 중천에 뜨도록 여자친구에게 연락이 없자 위치추적을 해야 해서 우울했다'라고 해석했습니다.

이 활동은 교사들 대상 연수에도 가끔 하곤 합니다.

제 의도는 '학교에서 사고가 나서 진땀이 났다'였습니다. 그런데 한 선생님께서 이렇게 대답하셨습니다.

'학교가 나에게 준 것은 병과 눈물뿐.'

6. 그림 놀이 ②

회기	주제	프로그램 내용	시간(분)
19	침묵의 도화지	○ 교사가 그림 놀이 방법을 간단하게 안내해주기	5
		○ 모둠별로 침묵의 도화지 활동하기	15

19회기에는 그림 놀이로 침묵의 도화지 활동을 합니다. 모둠별로 무엇을 그릴지에 대해 서로 이야기를 나누지 않고 그림을 완성하는 놀이입니다. 상상하여 그리기를 배울 때 활용하면 창의성을 기르는 데 도움이 됩니다. 양보와 배려에 관련된 내용을 배울 때 활용할 수도 있습니다.

1. 4명의 모둠원이 도화지 한 장과 4가지 색 사인펜(매직)을 준비합니다.
2. 각자 원하는 색 사인펜(매직)을 고릅니다.
3. 순서를 정하고 고른 사인펜(매직)의 색으로 연상되는 그림을 한 개씩 그립니다. 이때 어떤 그림을 그릴지 서로 말하지 않습니다.
4. 침묵 속에서 도화지를 채워 가며 하나의 그림을 완성합니다.

5. 완성하고 나면 어떤 의미에서 그림을 그렸는지 친구들과 이야기
   나눕니다.

6. 완성된 작품에 제목과 이야기를 만들어 발표합니다.

(출처: 『수업을 살리는 놀이레시피 101』)

회기	주제	프로그램 내용	시간(분)
20	고미를 찾아라	○ '월리를 찾아라' 응용 게임인 '고미를 찾아라' 설명하기	2
		○ 모둠원끼리 '고미' 그리고 문제 제출하기	38

20회기는 '고미를 찾아라' 그림 놀이입니다. 세계적인 베스트셀러 '월리를 찾아라'를 응용한 게임인데요, 간단한 도안에 주인공 캐릭터와 비슷한 캐릭터를 잔뜩 그려놓고 진짜 주인공을 찾아내는 게임입니다. 다양한 표정을 연습할 때, 여러 가지 간단한 캐릭터 그리기를 연습할 때 매우 효과적인 활동입니다.

1. 도안에 맞춰 주인공 캐릭터를 그립니다.(도안 없이 사람 캐릭터, 동물 캐릭터 등 자유롭게 해도 괜찮습니다. 도안이 있다면 좀 더 빨리 제작할 수 있습니다)
2. 주인공 캐릭터를 하나 그려놓고 나머지는 조금씩 다르게 그립니다. 표정이나 머리모양, 색을 다양하게 할 수 있습니다.
3. 주인공 캐릭터는 하나이지만 다른 캐릭터는 어느 정도 중복되어도 괜찮습니다.
4. 다 그린 후 친구들과 서로 문제를 내고 주인공 캐릭터를 찾아봅니다.

다른 활동에 비해 시간이 오래 걸리지만, 그림이 간단하기 때문에 누구나 부담 없이 활동할 수 있으며, 자연스럽게 다양한 캐릭터의 모습과 표정을 연습할 수 있다는 점에서 매우 의미 있는 활동입니다.

고미를 찾아라

고미를 꾸미고, 수많은 곰 속에서 찾아보아요.

수많은 곰들 속에서 단 하나뿐인 고미!

① 나만의 고미를
자유롭게 꾸며보세요.

② 여러 곰들 중,
이 고미를 찾아보세요.

참쌤's
쿤텐츠 스쿨   경남 곤양초 김보미 제작

① 나만의 주인공
  캐릭터를 그려보세요.

② 여러 캐릭터중
  주인공 캐릭터를
  찾아보세요.

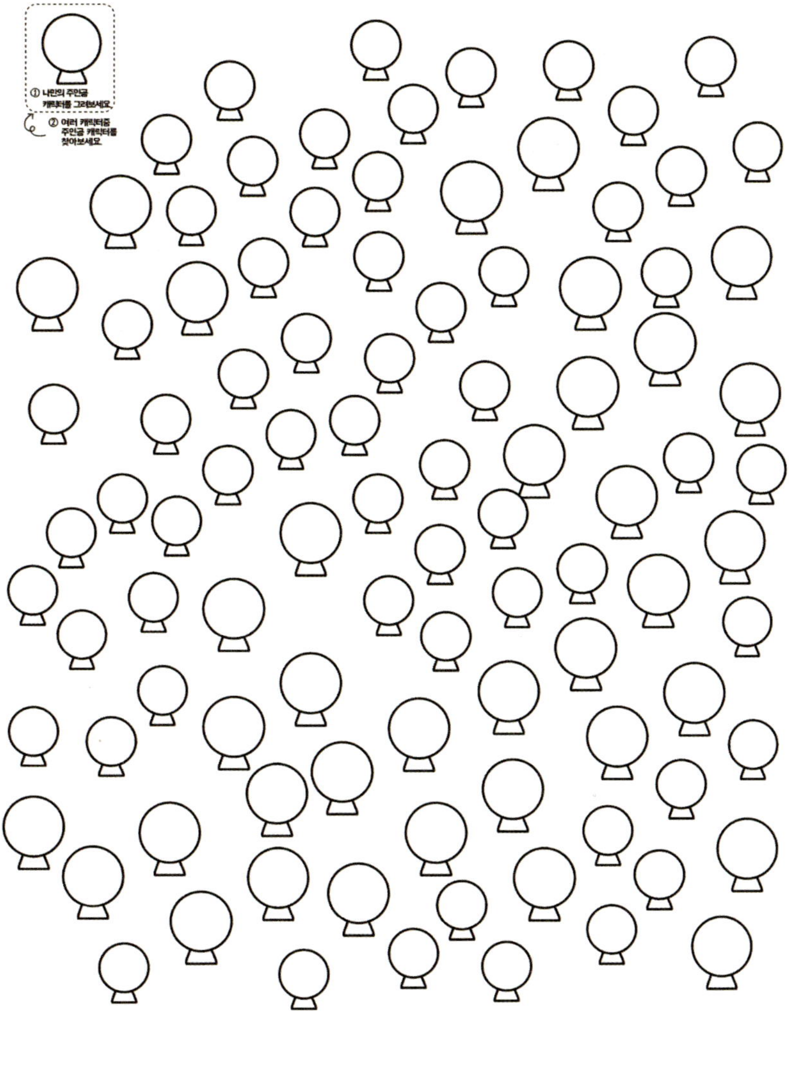

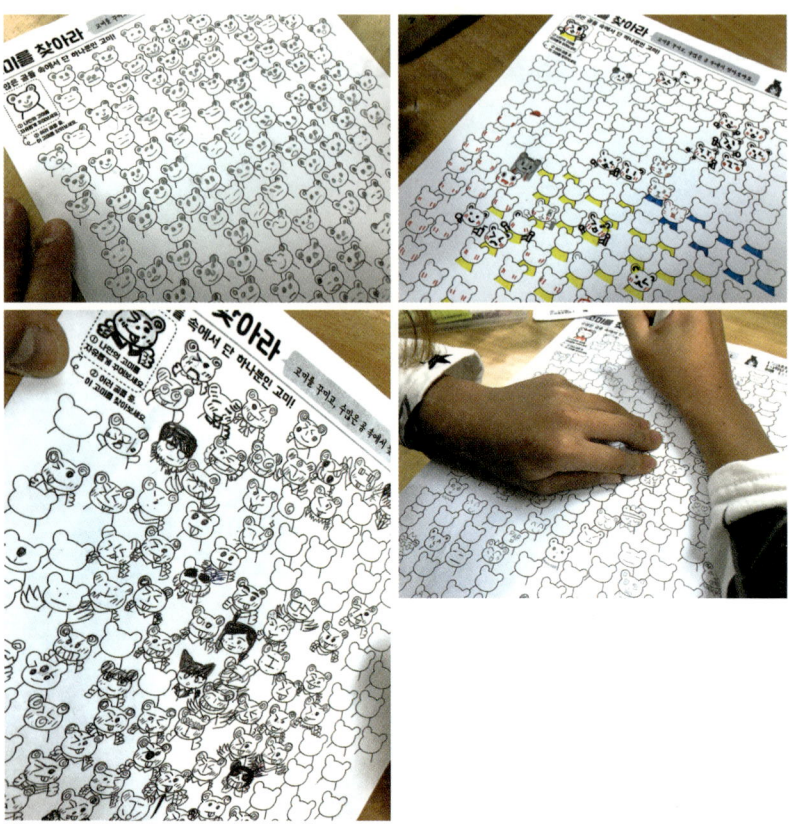

회기	주제	프로그램 내용	시간(분)
21	그림 열 고개	○ 선생님이 샘플로 시범 보이기	3
		○ 개인별로 연습하기	7
		○ 짝, 모둠별로 그림 스무고개 해보기	10

　21회기는 그림 열 고개 놀이입니다. 일반적인 스무고개 놀이 형태에 더해, 그림의 부분을 보고 무슨 그림인지 알아맞히는 놀이입니다. 아래 예시처럼 순서대로 교사가 시범을 보입니다.

　예시처럼 '너무 정직하게' 그리면 금방 정답을 맞히기 때문에 귀 한 쪽을 먼저 그리고 코를 그리는 등, 순서를 복잡하게 바꾸는 것도 좋습니다. 이 활동은 여러 가지 그림 그리는 방법을 다른 친구들도 쉽게 배울 수 있다는 장점이 있습니다.

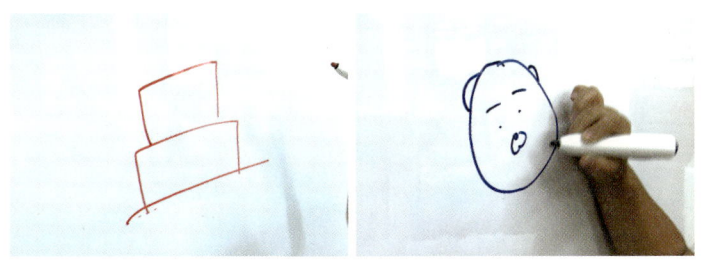

7. 주제 잡고 그리기

회기	주제	프로그램 내용	시간(분)
22	Quick Draw	○ 선생님이 Quick Draw 시범 보이기	5
		○ 순서 정해 Quick Draw 하기	15

22회기는 'Quick Draw'입니다. 'Quick Draw'는 구글의 인공지능을 이용해 만든 그림 인식 게임입니다. 구글이 랜덤 방식으로 그림 주제를 주면 20초 안에 그려야 하는 간단한 게임입니다.

총 6가지 주제라서 1~2분이면 끝나기 때문에 짧은 시간 많은 친구가 참여할 수 있습니다. TV와 연결되어 있는 선생님의 PC를 활용하여 게임을 하면 효과적입니다.

원래는 영문판만 제공되어서 초등학생들이 그리기엔 어려움이 있었지만, 2017년 12월 기준으로 한글판 패치가 완료되었습니다. 그리고 모바일 버전도 있어서 스마트폰으로 접속해서 할 수 있습니다. PC는 마우스를 활용해 그림을 그리지만 스마트폰은 직접 손가락으로 그리니 그리기 더욱 쉽습니다. 그림 결과를 클릭하면 다른 사람들의 그림도 보여주기 때문에 그림 공부용으로도 매우 좋습니다.

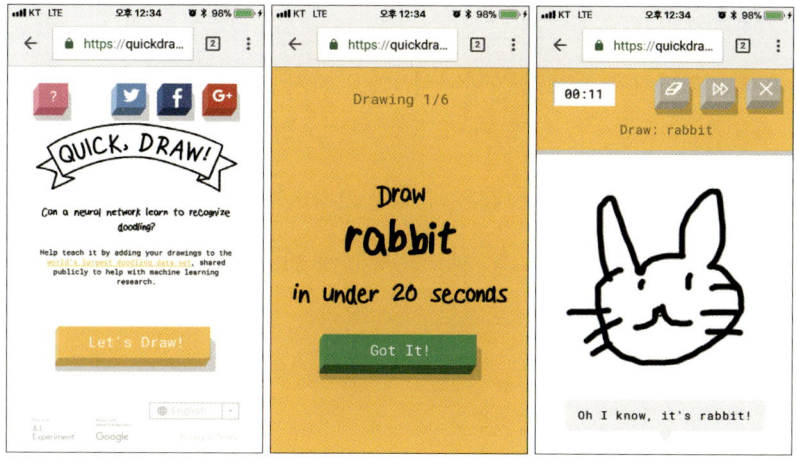

회기	주제	프로그램 내용	시간(분)
23	같은 주제를 그리고 돌려 보기	○ 짝이나 모둠끼리 같은 주제로 그림을 그리기	10
		○ 같은 점, 다른 점, 특이한 점 등을 서로 이야기해주고 그리는 방법도 알려주기	10

23회기는 짝이나 모둠끼리 같은 주제로 그림 그리기입니다. 간단합니다. 동물, 음식, 과일이나 채소, 학교와 교실, 세계국기 등 포괄적인 주제를 짝이나 모둠끼리 그립니다. 빙고 판처럼 9개 칸을 만들어 놓고 그립니다.

이 활동을 하는 이유는 같은 주제를 그리더라도 사람마다 다양한 그림체와 표현방법이 나올 수 있음을 알도록 하는 것입니다. 다 그린 다음에는 친구들의 그림을 보면서 서로 그리는 방법을 알려줍니다. 다른 친구들의 그림을 보고 서로 피드백해줌으로써 표현 능력을 더욱 향상시킬 수 있습니다.

조금 응용해서 돌려보기 전에 모둠끼리 3X3 빙고 게임을 해도 재미있습니다.

회기	주제	프로그램 내용	시간(분)
24	자기 캐릭터 만들기	○ 캐릭터 구상하기	5
		○ 자기 캐릭터 그리기	15

24회기에는 자신의 캐릭터를 만들어봅니다. 무작정 그리면 멋진 캐릭터가 나오기 어려우니 단계별로 지도해야 합니다. 저는 보통 다음과 같은 과정을 거치도록 합니다.

1. 나에 대해서 간단하게 브레인스토밍합니다.
   - 나의 외적 특징: 모자, 안경, 반바지, 불룩 나온 배, 긴 머리, 그을린 얼굴
   - 나의 내적 특징: 적극적인 성격, 얌전한 성격, 4차원
   - 나의 장점: 인사를 잘한다, 밥을 골고루 먹는다, 잘 웃는다, 축구를 잘한다, 할 줄 아는 요리가 많다, 악기 연주를 잘한다.
   - 내가 좋아하는 것: 피자, 피구, 음악감상, 그림 그리기, 강아지
2. 브레인스토밍한 결과를 바탕으로 아이콘을 그려봅니다.
3. 아이콘을 적절하게 융합합니다.

구상과정에서 시간이 오래 걸릴 수 있으니 전 날에 과제로 내주도록 합니다.

나의 외모 특징
단발이다
눈이크다
앞머리가 없다
나의 성격 특징
활발하다
달리기를 잘한다
립보를 잘한다
기본형
내 장점
여자친구(아이돌),
화장품, 다이아(아이돌)
갈비, 스파게티
친구, 가족
내가 좋아하는

내 장점
나의 외모 특징
나의 성격 특징
내 장점
내가 좋아
으하하!
으하하!

나만의 캐릭터 만들기
나의 외모 특징
나의 성격 특징
기본형
내 장점
내가 좋아하는

내 장점
내가 좋아하는
나의 외모 특징
나의 성격 특징
내 장점
내가 좋아하는

나만의 캐릭터 만들기

나의 외모 특징

나의 성격 특징

기본형

내 장점

내가 좋아하는

나의 외모 특징	나의 성격 특징	내 장점	내가 좋아하는

앞에서 그린 그림들을 적절하게 합쳐 나만의 캐릭터를 만들어봅시다.

〈충남 청양 합천초등학교 6학년 학생들 그림〉

8. 상징물 만들기

회기	주제	프로그램 내용	시간(분)
25	이모티콘 만들기	○ 감정카드, 동작카드와 연계하여 이모티콘 계획하기	5
		○ 이모티콘 그리기	15

스마트폰에서 이모티콘 사용은 이미 우리 생활이 되었습니다. 2016년도 기준으로 카카오톡 스모티콘 구매자가 1200만 명이 넘고, 월평균 발신 수가 60억 건에 이를 만큼 이모티콘 사용은 이미지가 텍스트를 밀어내고 있는 가장 대표적인 현상입니다. 물론 어른들보다 아이들이 훨씬 이모티콘에 익숙합니다.

25회기에서는 아이들과 이모티콘을 그려보겠습니다. 24회기 때 만든 자기 캐릭터를 기본으로 그립니다. 또 감정카드, 동작카드를 참고하여 다양한 표정과 움직임을 나타낼 수 있습니다. 감정카드와 동작카드가 없다면 각종 모바일 메신저나 SNS의 이모티콘을 참고하면 됩니다.

처음에는 '기쁨', '슬픔' 등 대표적인 감정 한두 개 정도, '안녕?', '고마워' 등의 동작 한두 개 정도 그려보고 응용해서 조금씩 늘려갑니다. 스캔하여 스마트폰에 파일을 저장해두면 실제로 스마트폰에서도 사용할 수 있습니다.

　　스캐너가 있으면 좋겠지만, 스캐너가 없을 경우에는 스마트폰 어플리케이션을 사용해도 좋습니다. 저는 '캠스캐너'라는 어플리케이션을 사용했습니다.

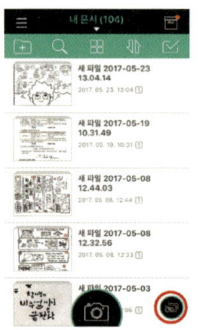

직접 촬영해도 괜찮고, 미리 촬영해 둔 사진을 불러와도 괜찮습니다.

적당히 영역을 지정해준 뒤 체크 아이콘을 터치합니다.

'매직컬러' 또는 '흑백'을 선택한 뒤 체크 아이콘을 터치합니다.

스캔이 완료되었다면 '더보기' 아이콘을 터치합니다.

사진 앨범에 저장합니다.

완성!

　2017년 기준 캠스캐너 외에도 추천하고 싶은 어플리케이션은 포토샵, 일러스트 등의 명가 'Adobe'에서 만든 'Adobe Scan'입니다. 문자를 자동으로 인식하는 OCR 기능을 통해 문자 정보에 의한 검색, 복사 등 활용이 가능하며, 스마트폰으로 스캔한 파일을 어도비의 다른 프로그램에서 읽거나 사용할 수 있는 등의 매우 혁신적인 기능이 있습니다.

회기	주제	프로그램 내용	시간(분)
26	2인 1조 키워드 표현 하기	○ 2인 1조로 여러 가지 단어나 느낌 키워드를 만들기	5
		○ 상대방의 키워드를 빠른 시간 안에 그리기	15

26회기에서는 짝꿍과 함께 활동을 합니다. 2인 1조로 여러 가지 단어나 느낌을 빠르게 그림으로 그려보는 활동을 합니다. 주의할 점은 그리기 어렵지 않은 쉬운 단어를 제시해야 한다는 점입니다. 지금까지 배운 상징 그림이나 자신의 캐릭터를 활용해 다양한 그림을 그려보도록 합니다.

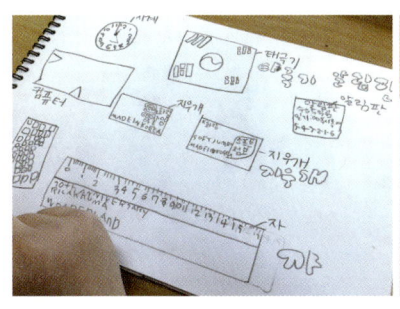

9. 그림 놀이 ③

회기	주제	프로그램 내용	시간(분)
27	너와 나의 연결 그림(1)	○ 모둠별로 4, 5음절로 만들어진 단어 선정, 앞글자만 따서 그림 그리기	10
		○ 대표 모둠이 나와 한 명씩 그리고 맞추기 (시간이 있다면 모든 모둠 참여)	10

27회기에는 난이도가 있는 그림 놀이를 합니다. 지금까지 개인 중심으로 그림 놀이를 했다면, 27회기부터는 모둠별로 협력해서 하도록 합니다. '너와 나의 연결 그림'은 간단한 그림을 활용해 모둠별 릴레이로 그림을 그리는 활동입니다.

모둠원 수에 맞게 4, 5음절로 된 단어를 선정하여 한 명씩 나와서 순서대로 그려도 좋고, 동시에 그려도 좋습니다. 다른 모둠은 어떤 단어인지 맞힙니다. 소위 무분별한 '찍기'를 방지하기 위해 모둠별로 문제당 한 번씩만 정답을 맞힐 기회를 줍니다.

'행복한 소풍'

〈 모둠원 끼리 토의하기 〉

〈 한 명씩 나와서 그리기 〉

과일　　천사　　박수　　물감　　관찰

〈정답: 과천박물관 〉

사람　　학교　　연도　　일기　　반달

〈정답: 사학년일반〉

회기	주제	프로그램 내용	시간(분)
28	너와 나의 연결 그림(2)	○ 모둠별로 상징 그림 토의하기	10
		○ 대표 모둠이 나와 한 명씩 그리고 맞추기 (시간이 있다면 모든 모둠 참여)	10

28회기에는 상징 그림을 활용한 '너와 나의 연결 그림'을 합니다. 마치 연상퀴즈와 비슷한 놀이인데요, 모둠별로 한 개의 단어에 대해서 연상되는 여러 가지 상징 그림을 그리는 퀴즈로, 상징 그림을 재미있게 익히는 데 매우 유용한 그림 놀이입니다.

1. 모둠별로 포괄적인 단어를 하나 선정합니다. 어려워하면 선생님이 정해주셔도 좋습니다.(예: 우리 학교, 대한민국, 어린왕자, 인어공주, 파리 등)
2. 선정한 단어와 관련된 개념을 개인별로 하나씩 그립니다. 다음은 '흥부놀부'를 정답으로 하여 5명이 그린 그림입니다. 그림이 완성되었다면 쉬운 것은 나중에, 어려운 것은 먼저 제시할 수 있도록 번호를 매깁니다.

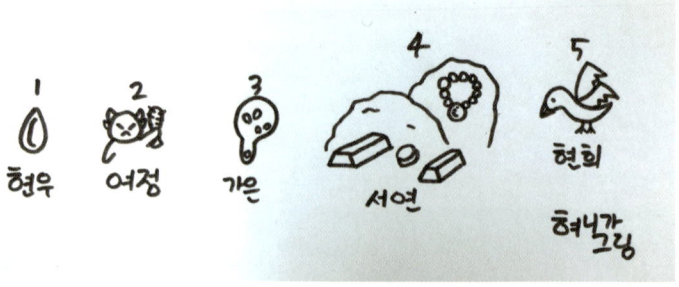

3. 모둠별로 순서대로 한 명씩 나와 그림을 그립니다. 물론 무분별한 '찍기'를 방지하기 위해 모둠별로 문제 당 한 번씩만 정답을 맞힐 수 있는 기회를 줍니다.

4. 정답을 맞힌 모둠이 새로운 문제를 냅니다.

이 활동은 한 개의 단어를 표현할 수 있는 그림이 매우 다양하다는 것을 알고, 그림으로 대상을 설명하는 경험을 놀이로 해본다는 장점이 있습니다. 또한 모둠원끼리 협의하고 문제를 구성하는 과정에서 협동 심도 키울 수 있습니다.

제시어: 아이폰(선생님 작품)   제시어: 싸이(선생님 작품)

제시어: PPAP(4학년)

회기	주제	프로그램 내용	시간(분)
29	그림 끝말 잇기	○ 그림 끝말잇기 규칙 설명하기	5
		○ 한 모둠씩 나와서 그림 끝말잇기 놀이하기 (선생님은 시간을 재기)	15

29회기는 그림으로 끝말잇기입니다. 그림 놀이 중에서도 가장 어렵지만 가장 효과적인 놀이 방법으로 몇 번만 반복하면 쉽게 따라 할 수 있습니다. 그림 끝말잇기는 일반적인 끝말잇기와 규칙은 동일합니다. 하지만 말 없이, 간단한 글과 그림으로만 끝말잇기를 이어나갑니다. 전체 대상으로 할 수 있고, 모둠끼리 할 수 있습니다.

1. 모둠별로 순서를 정합니다. 보통 4~5명이 한 모둠이 됩니다. 그림을 잘 그리는 친구가 1번이나 5번을 해야 유리합니다.
2. 선생님이 1번에게만 보이도록 단어(예: 학교, 의사, 의자, 악어)를 제시하고, 1번은 제시된 단어로 바로 그림을 그립니다. 선생님은 타이머로 시간을 잽니다.
3. 5번은 마지막 그림을 그리고 1번부터 5번까지 그림 밑에 정답을 적습니다. 5번 정답을 적는 순간 선생님은 타이머를 멈춥니다.
4. 가장 빨리 끝말잇기를 마친 모둠이 승리합니다.

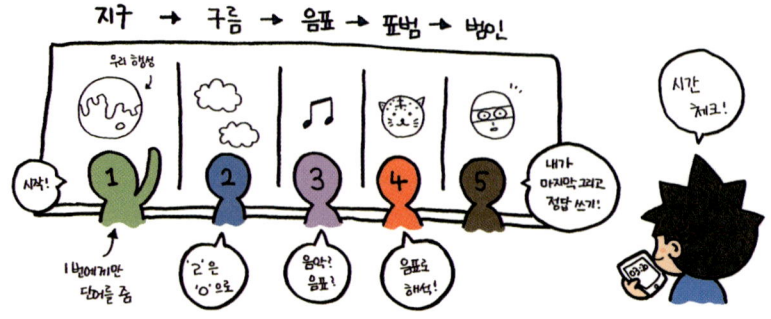

처음에는 시간도 오래 걸리고 어려워합니다. 하지만 아이들과 여러 번 하다 보면 시간이 갈수록 단축되는 것을 볼 수 있습니다.

사례를 보면서 알아보겠습니다.

첫 번째 모둠이 3분이 걸려 완성한 그림 끝말잇기입니다. 의사-사자-자석-석류-유치원을 그린 것인데, '석류'를 그리는 데 대부분의 시간이 소요되었습니다.

세 번째 모둠이 1분 만에 완성한 그림 끝말잇기입니다. 의자-자석-석류-유치원-원숭이를 그린 것입니다.

언뜻 보면 반칙 같습니다. 의자와 원숭이를 제외하곤 첫 번째 모둠이 사용한 그림을 그대로 사용했기 때문입니다. 하지만 그림 끝말잇기는 이기고 지는 것이 중요한 게 아니라 우리 반 친구들이 '자석', '석류', '유치원' 등의 그림을 얼마나 간단하고 쉽고 빠르게 그릴 수 있는지 아는 것이 중요합니다. 즉 처음에는 오래 걸리고 어렵더라도 아이들과 몇 번만 해보면 한 번 나왔던 단어는 매우 쉽게 그릴 수 있습니다.

그리고 지금 아이들이 표현한 그림 자체도, 우리가 평소 알고 있는 '잘 그린' 그림과는 거리가 멉니다. 하지만 어떤 그림인지 명확하게 알 수 있습니다. 바로 '글과 그림을 이용하여 생각이나 내용을 빠르고 간단하게 표현하는' 비주얼씽킹의 정의에 잘 어울리는 활동이라고 할 수 있습니다.

그림 끝말잇기는 전체 대상으로 할 수도 있지만 모둠별로 할 수도 있습니다.

1. 모둠 친구들 수만큼 스케치북에 칸을 나눕니다.
2. 첫 번째 칸에 그림을 하나씩 그립니다. 다음 친구가 쉽게 그릴 수 있도록, 다음 단어가 이어질 수 있도록 합니다.
3. 시계방향으로 옆 친구에게 스케치북을 건넵니다. 스케치북을 받자마자 두 번째 그림을 그리고 다 그렸으면 스케치북을 뒤집어 놓습니다.
4. 모둠원들이 다 뒤집었으면 다시 옆 친구에게 건네고 세 번째 그림

을 그립니다. 모든 칸이 채워질 때까지 반복합니다.

5. 마지막 그림을 그릴 때는 모든 그림에 뜻을 적습니다. 모든 모둠 원이 정답을 적는 순간 끝이 나며 가장 먼저 답을 적은 모둠이 승리합니다.

〈첫 글자를 '상'으로 정해주고 시작한 모둠별 그림 끝말잇기〉

회기	주제	프로그램 내용	시간(분)
30	그림으로 속담 표현하기	○ 모둠별로 속담 선택하여 그리기	15
		○ 그림으로 그리고 다른 모둠이 맞추기	5

지금까지는 주로 단어를 그림으로 바꿔봤습니다. 30회기부터는 문장을 중심으로 이미지를 떠올리도록 합니다. 30회기 활동은 '그림으로 속담을 표현'하는 것입니다. 속담을 떠올리기 힘들면 선생님이 10~15개 정도 속담 예시를 먼저 주고, 그중에 모둠별로 하나를 선택하여 꾸며 봐도 괜찮습니다. 그림으로 나타내기 좋은 속담은 다음과 같습니다.

빛 좋은 개살구, 벼룩의 간 빼먹기, 배보다 배꼽이 더 크다, 발 없는 말이 천리 간다, 바늘도둑이 소도둑 된다, 마른하늘에 날벼락, 똥 묻은 개가 겨 묻은 개 나무란다, 등잔 밑이 어둡다, 되로 주고 말로 받는다, 낮말은 새가 듣고 밤말은 쥐가 듣는다, 그림의 떡, 고래 싸움에 새우등 터진다, 계란으로 바위치기, 사공이 많으면 배가 산으로 간다, 갈수록 태산이다, 가는 말이 고와야 오는 말이 곱다

뛰는 놈 위에 나는 놈

부부싸움은 칼로 물 베기.
가는 말이 고와야 오는 말이 곱다

10. 구체적으로 표현하기

회기	주제	프로그램 내용	시간(분)
31	그림 이어 이야기 만들기	○ 모둠원끼리 아무 그림이나 하나씩 그리기	10
		○ 그림을 이어 이야기로 만들기	10
		○ 발표하기, 돌려보기	20

31회기부터는 그동안 연습한 그림 실력을 활짝 피워봅니다. 짝끼리, 혹은 모둠끼리 자유주제로 그림을 그려봅니다. 그리고 그림을 이어서 이야기를 만들어봅니다. 심화한다면 1명당 2개 이상씩 그릴 수 있고, 사물, 인물, 추상적인 것들도 것들도 포함합니다. 아래의 예시로 이야기를 만들어보세요!

회기	주제	프로그램 내용	시간(분)
32	나를 5개 그림 으로 표현	○ 나를 소개하는 그림을 3~5개로 그리고 설명하기	15
		○ 발표하기, 돌려보기	5

    32회기에는 나를 표현하는 그림을 그립니다. 나를 소개하는 대표적인 상징물 5개를 선택하여 그림을 그리고 설명합니다. 자신의 캐릭터를 활용해도 되고 이모티콘을 활용해도 좋습니다. 자신의 대해서 곰곰이 생각해보는 기회가 되며, 간단한 몇 개의 그림으로 사람이나 개념을 소개할 수 있음을 알도록 합니다.

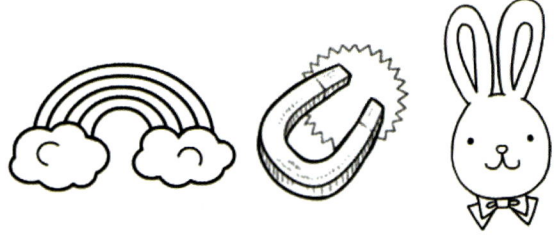

〈선생님 예시〉
선생님은 무지개처럼 다양한 성격을 가지고 있어요.
자석처럼 사람을 끌어당기는 매력의 소유자예요.
토끼처럼 생겼어요.

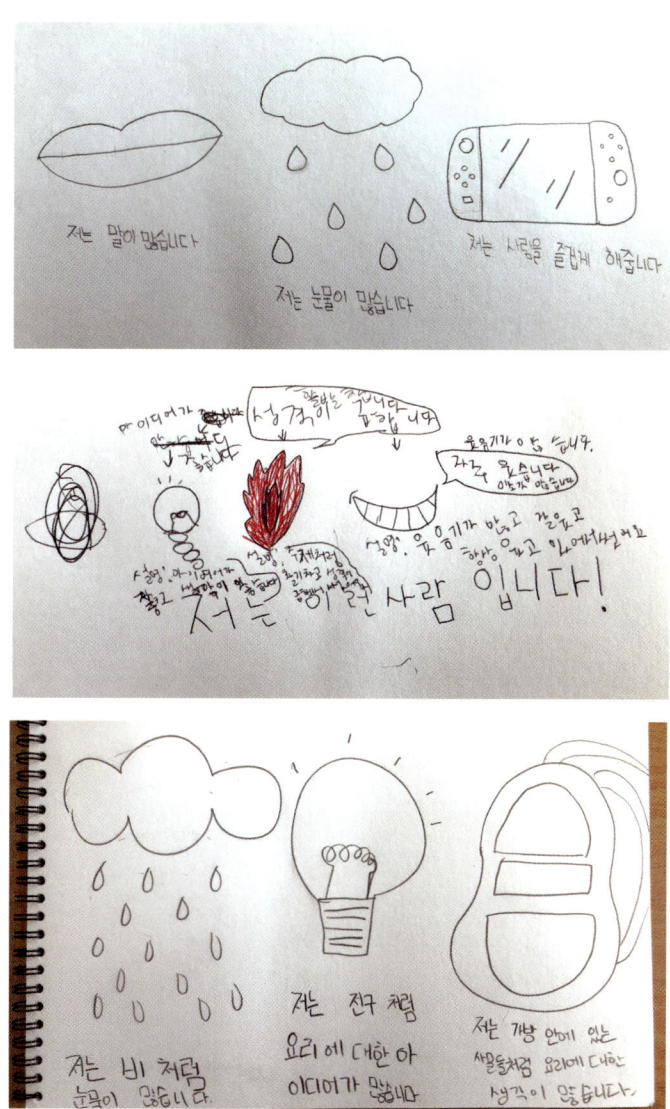

이 활동은 조금 쉽게 변형하여 학기 초에 활용할 수 있습니다.

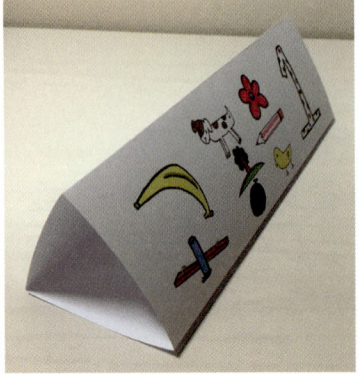

이미 잘 알려진 활동으로, 나와 관련된 모든 것(장점, 좋아하는 것, 특징, 취미, 특기 등)을 브레인스토밍하여 그림문자를 만드는 활동입니다. 보통 A4용지를 활용해 명패 형태로 만들어 활용하고 이름 뒷면에는 자기소개 글을 적습니다.

① A4용지를 두 번 접고 펼칩니다.

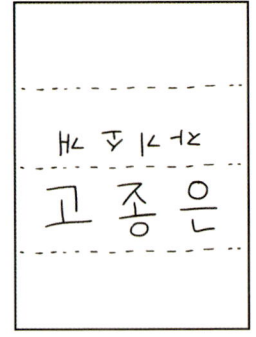

② 세 번째 칸에는 자기 이름을 두 번째 칸에는 종이를 반대로 돌리고 자기소개를 적습니다.

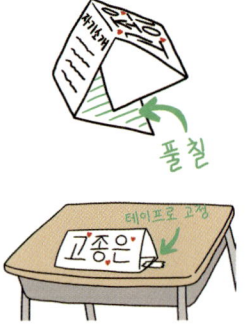

③ 명패를 다 꾸민 후에는 풀칠해서 종이를 세우고, 책상에 테이프로 붙여서 고정시킵니다.

11. 문장 시각화

회기	주제	프로그램 내용	시간(분)
33	눈으로 보는 영어 단어장	○ 모둠별로 영어단어 5개를 선택하고 예시작을 참고하여 그리기	15
		○ 발표하기, 돌려보기, 학급 SNS에 올리기	5

33회기는 영어단어를 시각화해보는 것입니다. 모둠별로 하루에 하나씩 일주일에 5개 단어 정도를 틈틈이 만들어봅니다. 중요한 것은 그림과 단어의 뜻의 특징이 잘 드러나도록 해야 한다는 점입니다. 물론 초등학교에서는 표현의 정확성보다는 유창성에 초점을 두고 있지만, 기초 영어단어는 알아두면 영어학습에 매우 도움이 많이 됩니다.

천호중학교 송형호 선생님의 '타이포셔너리(typotionary)' 활동을 응용했습니다. 영어단어는 선생님이 모둠별로 6개 정도 주고 아이들이 협의해 표현해보도록 합니다.(타이포셔너리(typotionary): 타이포그래피(typography)와 딕셔너리(dictionary)의 합성어)

출처: 경남 사천 곤양초등학교 친구들

회기	주제	프로그램 내용	시간(분)
34	1 텍스트 1 이미지	○ 선생님이 들려주는 1개 문장을 1개의 이미지로 그리기	15
		○ 발표하기, 돌려보기	5

34회기는 선생님이 들려주는 1개의 문장을 1개의 이미지로 그려보는 활동입니다. 주로 문장은 교과서 사회과나 과학과에 나오는 정리 활동이나 수학에서 '약속하기' 등의 문장에서 가져옵니다. 어느 정도 단어를 그림으로 바꾸는 활동이 익숙해졌을 때 문장으로 자연스럽게 넘어갑니다.

모든 비주얼씽킹 활동이 마찬가지이지만, 이 활동을 하고 잊지 말아야 할 것은 반드시 돌려 봐야 한다는 점입니다. 같은 문장이라도 사람마다 표현이 다르기 때문이며, 다른 친구들이 표현한 그림을 보면 많은 공부가 될 수 있기 때문입니다. 한마디로 '자기만 만족하는' 활동이 되지 않도록 합니다.

A친구　　　　　　　　B친구　　　　　　　　C친구

환경이란 인간을 둘러싸고 있는 모든 것을 말한다.

A친구 B친구 C친구

환경의 소중함을 알고 친환경적인 자세를 가져야 한다.

A친구 B친구

C친구 D친구

도시는 옛날에 비해 수가 늘어났습니다.

12. 비주얼 마인드맵

회기	주제	프로그램 내용	시간(분)
35	자기소개, 버킷리스트 VM으로	○ 자기소개 / 버킷리스트 생각하기	5
		○ 비주얼 마인드맵으로 작성하기	30
		○ 발표하기, 돌려보기	5

　35회기에는 비주얼 마인드맵 활동을 합니다. 특별한 기술을 적용한다기보다는 지금까지 배운 모든 활동을 종합하여 그림이 적절하게 들어간 마인드맵 형식의 비주얼씽킹이라고 생각하면 됩니다.

　이후에 나오는 그림 판서, 비주얼 공책 정리, 제가 개인적으로 만들어 디지털 자료로 변환하여 공유하고 있는 비주얼씽킹 교육자료 모두 비주얼 마인드맵의 원리를 기반으로 하고 있습니다. 35회기에서는 비주얼 마인드맵 실습으로 자기소개나 버킷리스트 만들기를 해봅니다. 자기소개나 버킷리스트 만들기는 종류별로 범주화하기도 쉽고 자신과 관련되어 있기 때문에 처음 연습하기 좋은 주제입니다. 구상하는 데 시간이 걸릴 수 있으니 미리 생각할 시간을 주면 좋습니다.

회기	주제	프로그램 내용	시간(분)
36	기억에 남는 일들을 VM으로	○ 일 년 동안 기억에 남았던 일들을 비주얼 마인드맵으로 표현하기	35
		○ 발표하기, 돌려보기	5

마지막 36회기에는 일 년 동안 기억에 남았던 일들을 비주얼 마인드맵으로 표현해봅니다. 비주얼씽킹 프로그램의 정리 활동의 개념으로 자유롭게 표현할 수 있도록 하고 표현한 뒤에는 친구들과 돌려보며 이야기해봅니다.

지금까지 비주얼씽킹 36개 프로그램을 살펴보았습니다.

제가 이 프로그램을 진행하면서 느꼈던 점은 학생들이 부담 없이 참여한다는 점이었습니다. 우리는 모두 그림 그리는 것을 좋아하게 태어났지만, 학교에 입학하면서 '잘 그린 그림', '못 그린 그림'으로 나뉘면서 그림 그리는 것에 부담을 느끼게 되어 그림 그리는 것과 갈수록 멀어졌습니다. 이 프로그램은 '잘 그린 그림', '못 그린 그림' 프레임에서 벗어나, 학생들이 이미지로 표현하고 싶은 것을 마음껏 표현할 수 있게 해주는 데 중점을 두었습니다.

학생들의 산출물과 면담결과를 분석해보니 대부분의 학생은 평가받는 그림에서 자유롭게 생각을 표현하는 그림으로, 지루하지 않게 활동할 수 있어서 즐거웠다는 반응을 보였으며, 수업시간뿐만 아니라 일상생활에서도 이미지를 즐겨 활용하는 모습을 보였습니다.

아직까지 비주얼씽킹과 같은 이미지를 중심으로 하는 교육방법은 학문적으로 많이 논의되지 않고 있지만, 이 프로그램을 통해 선생님들이 교실에서 조금 더 쉽게 아이들과 이미지로 소통하고, 이미지의 시대, 우리 아이들을 맞아 교육현장에서 이미지의 장점을 최대한 활용하는 방법들에 대한 논의가 적극적으로 일어나길 소원합니다.

※ 모든 프로그램 자료는 참쌤스쿨 블로그에서 다운로드 받을 수 있습니다.

※ 비주얼씽킹 프로그램을 스케치북에 구현한 비주얼씽킹 스케치북도 판매중입니다. http://gg.gg/dd9lz

이솔(대전 와동초등학교 교사)

춘천교대 체육교육과 졸업. 주로 수채화와 색연필로 그림을 그리다 아날로그와 디지털을 결합한 작업을 하고 싶어 참쌤스쿨 2기에 지원했다. 직접 그린 그림 선물을 좋아하고, 매년 크리스마스마다 판화로 만든 카드를 주변 사람들에게 우편으로 보내며, 나만의 글과 그림을 세상에 한 권뿐인 책으로 만들어 보관하기도 한다. 생각이 살아 있고 빛나는 사람이고 싶고, 도전하고 꿈을 꾸는 선생님으로서 아이들의 꿈과 동심을 지켜주고 싶다.

나는
아이들 생일을 챙겨주는 데
소홀했던 선생님이었다.

새학기를 맞아
몇 권의 책들을 읽으며
'생일책'이라는
생일 축하 방법을
알게 되었고,
아이들에게
꼭 해주고 싶었다.

"세상에 하나뿐인 생일책을
아이들에게 만들어주자!"

그렇게
우리반만의 생일책을
구상하기 시작했다.

생일인 아이에게
'생일책', 그 자체가
생일 선물이 되었으면...
하는 바람을 담아
정성껏 그리고 색칠했다.

이렇게 우리반 아이들을 위한
생일책을 그렸다.

나는 늘
나를 위한 그림만 그렸었는데...
아이들을 위한 그림은 처음이었다.

3월의 첫 생일인 아이는
부끄러움이 많은 여자아이였다.
처음으로 우리반 생일책을
아이들과 다같이 만들어졌을 때
아이가 생각보다 기뻐하지 않아
서운했었다.

"역시 아이들의 선물은
물질적이어야 하나?"

"다른 아이들도
별로 안좋아하면 어떡하지?"

지금까지
4권의 생일책이 만들어졌다.

내 걱정과 달리
생일책은 아이들에게
최고의 선물이었다.

선생님이 직접 그려준 그림,
친구들이 써준 편지,
그리고 모두 함께
불러주는 생일 노래.

그 날만큼은 생일인 아이가
주인공이다.

한 아이는 생일책을 빨리 받고 싶었는지
아침부터 나를 조르더니,
점심시간에 생일책을
받고나서는
집에 갈 때까지
두 손에
고이 들고 있었다.

제 생일책
언제 받아요?

자꾸 주시면
안되요?

선생님 생일에는
제가 그려줄게요!

빨리 내 생일되면
좋겠다...

제 생일은 방학인데
어떻게 해요??

아이들이
제일 걱정하는 것은
생일이 방학인 것이다.

내가 제일
걱정하는 것은
2학기부터
미국에 가게 되어
2학기에는
생일책을
줄 수 없다는 것이다.

이은경(창원 무학초등학교 교사)

진주교육대학교 미술과 졸업. 그림과 만화를 보고 그리는 것을 좋아했고 열정이 있었지만 남들보다 빨리 엄마가 되는 바람에 모두 잊고 있었다가 참쌤스쿨을 알게 되어 의지가 불타오른 한 사람. 실력도 한참 모자라고 시간도 없고 추진력도 없지만, 초등학생이 주인공인 만화나 영화를 만들어보고 싶어 꼼지락꼼지락거리고 있음. 언제쯤 완성될 지는 모르겠지만 꿈이 생겼다.

수학시간이다.

아.. 수학..

지겨워.

아.....

스토리 텔링..6학년들이 보기엔 조금 오글거리는...

마법주스 한 병을 만들려면 검은 고양이 수염 0.6cm를 잘라내야합니다. 고양이 수염 2.4cm로 만들 수 있는 마법주스는 모두 몇병일까요?

이 마법주스를 마시면 어떤 효과가 있을까요?

저요!

잘생겨 져요!

저요!

—— 0.6cm

종현

좋아요! 마시면 꽃미남이 되는 주스예요. 종현이가 만들어서 일단 한병 마실거예요!

—— 0.6cm

—— 2.4cm

종현이는 2.4cm 고양이 수염으로 자기를 포함해서 몇명이나 더 잘생기게 만들 수 있을까요?

저요!

4명!

4명이요!

저요!

오, 활력넘치는데?

저요!

맞았어요! 4명이에요! 종현이가 혹시 물약을 나눠주고 싶은 친구 있니?

회찬이요!

저요!

차명이랑 지원이요!

그 후로도 수학스토리 텔링은 아이들의 엄청난 호응을 얻었다.

—— 0.6cm

×4

—— 2.4cm

이렇게 네명은 사이좋게 물약을 나눠먹었고 우리반 꽃미남 4인방이 탄생하게 되었습니다!

푸하하하하 재밌어요!

아 웃겨 크크크

다음에 저 출연 시켜 주세요!

정다운(인천 구월초등학교 교사)

'해시브라운'이라는 필명으로 웹툰 작가 및 삽화가로 활동하고 있다. 대표작으로는 교육부 〈안전한 생활〉 국정 교과서 삽화, 2015~2016 KBS 〈대한민국 1교시〉 애니메이션, 네이버 베스트도전 소년만화 〈애니마〉 및 〈3개월간의 유럽여행 만화〉가 있다. 이 밖에 〈매일매일 그려요〉, 〈수업을 살리는 미술레시피 101〉을 공저하였다. 만화로 눈높이를 맞추고, 그림으로 학생들과 소통하는 교육을 실현하고자 노력하고 있다.

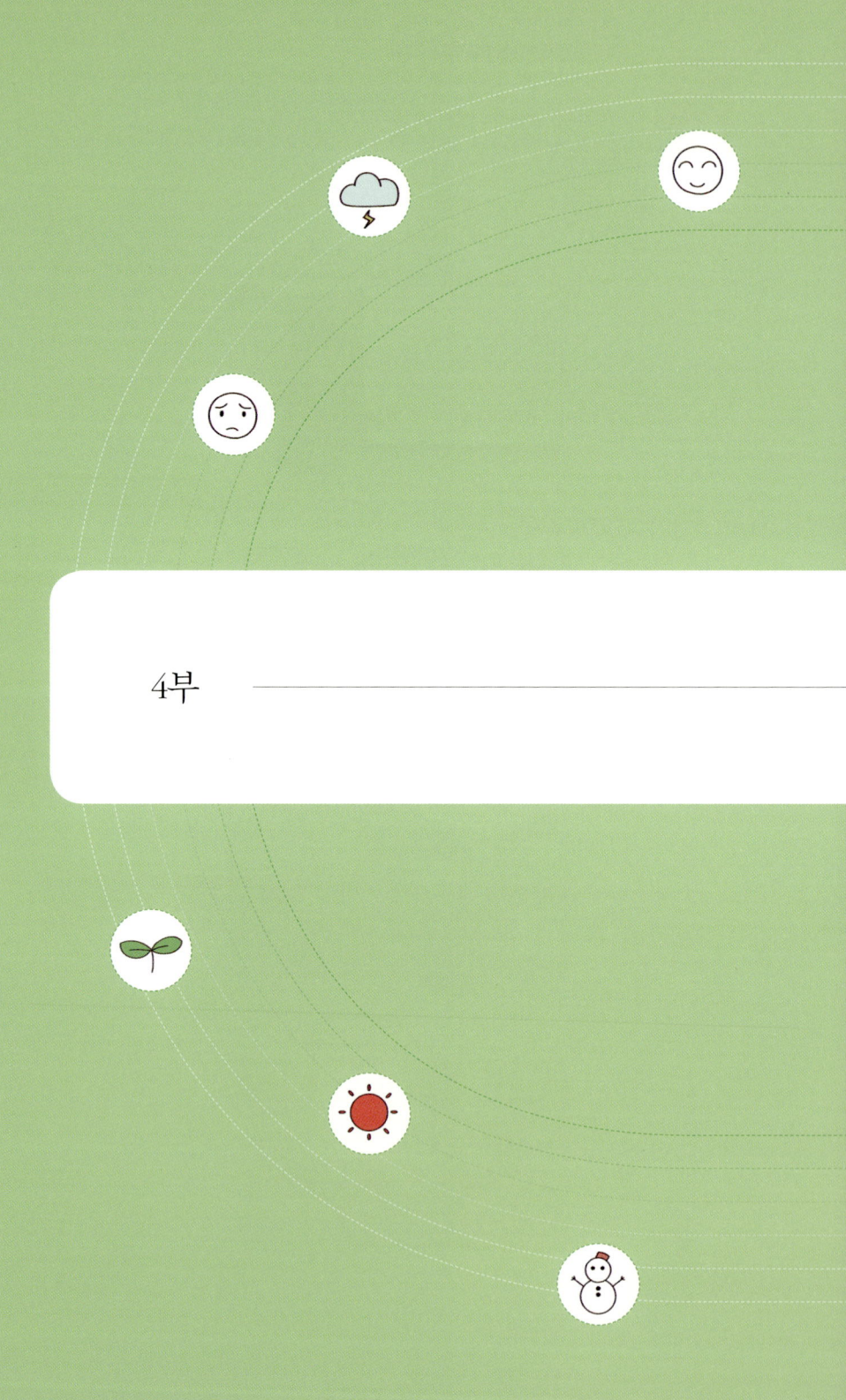

4부

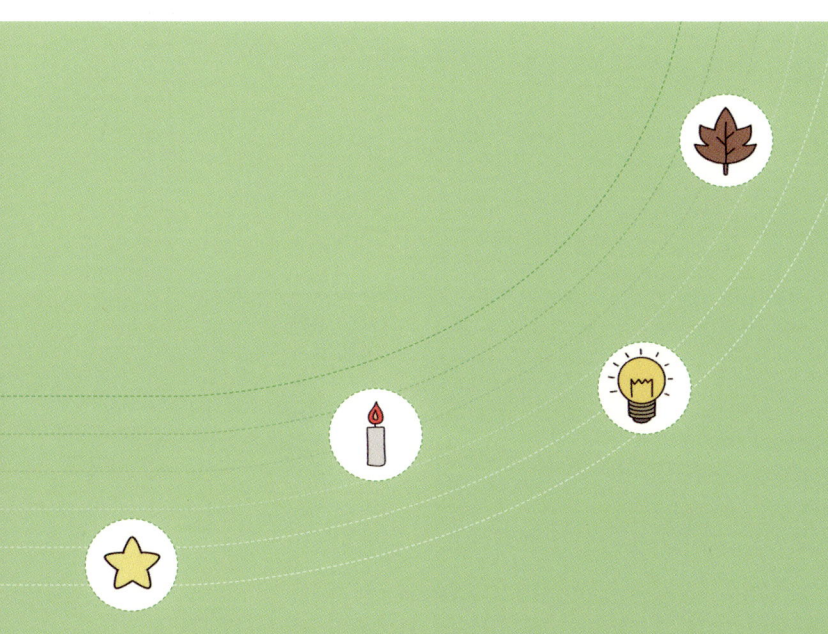

교실에 적용해보는 비주얼씽킹

· 6장 ·

문서를 그림으로

대학생 때 꿈꾸던 교사의 모습은 어떤 모습이었나요? 아마 사람마다 차이는 있겠지만 대부분 아이들과 함께 교실에서 부대끼며 열정적인 수업을 하는 모습을 떠올렸을 것입니다.

다음 설문조사를 보면 알겠지만 '교사, 선생님'이란 직업은 2019년 기준으로 우리나라 초·중·고등학생이 가장 선호하는 직업입니다. 그만큼 교사가 되기 위한 경쟁도 치열합니다.

초·중·고 학생 희망직업은?

2019년 6월~7월 전국 초중고 1,200교 학생 2만 4,783명 대상 조사
(초6: 7,501명, 중3: 8,917명, 고2: 8,365명)

순위	초등학생	중학생	고등학생
1	운동선수	교사	교사
2	교사	의사	경찰관
3	크리에이터	경찰관	간호사
4	의사	운동선수	컴퓨터 공학자/소프트웨어 개발자
5	조리사(요리사)	뷰티디자이너	군인

출처: 교육부, 한국직업능력개발원

또한 직장인이 희망하는 자녀직업에서도 공무원, 초·중·고 교사가 최상위권입니다. 아마 공무원의 직업적 안정성과 학생들을 가르치는 보람, 이 두 가지가 가장 매력적이라서 그렇지 않을까 생각합니다.

하지만 경제협력개발기구(OECD)의 '2013년 교수·학습 국제 조사 (TALIS · Teaching and Learning International Survey 2013)'에서 '교사가 된 것

을 후회한다'는 응답 비율이 20.1%로 회원국 34개국 중 가장 높은 것으로 나타났습니다. 특히 1년 차 교사의 18%, 2년 차 교사의 41%가 다시 교사가 되고 싶지 않다고 응답해 경력이 짧아도 교직에 대해 부정적인 인식을 가진 것으로 나타났습니다. 그렇게 힘들게 공부하

고 경쟁하여 고대하던 교사가 되었는데 직업 만족도가 세계 꼴찌 수준이라는 것이 참 아이러니합니다.

그런데 교사의 만족도가 왜 이처럼 낮을까요? 여러 요인이 있겠지만, 현장의 많은 선생님은 '행정업무'를 원인으로 꼽습니다. 실제로 아이들을 가르치는 시간보다 행정업무를 하는 시간이 더 많은 경우도 있습니다. 이 행정업무는 공무원답게 대부분 문서로 이루어집니다. 제가 주목하는 것은 문서입니다. 실제로 교실에서 유용하고 교사에게 의미 있는 문서라면 얼마든지 만들겠지만, 그렇지 않은 경우가 많습니다.

대표적인 경우가 교육과정 문서입니다. 교사가 작가가 되어 일 년에 책을 한 권씩 낸다고 할 만큼 두툼한 결과물로 나옵니다. 게다가 집필 시간도 2~4주 정도밖에 되지 않을 정도로 짧습니다. 교육과정 문서가 우리 모두에게 의미 있다면 얼마든지 노력하겠지만, 이 문서는 일 년 내내 다시 보는 일이 없고 '캐비닛 속 교육과정'으로만 존재하는 경우가 허다합니다. 교육과정을 만든 교사는 그렇다 쳐도 학생과 학부모는 우리 반이 어떤 교육과정을 운영하는지 알기도 어렵고, 교육과정을 보더라도 해석하기 어렵습니다.

그래서 다음과 같이 우리 반 교육과정을 만들었습니다.

먼저 우리 반 교육목표와 학사일정을 넣었습니다. 우리 학교는 문화예술교육을 많이 강조하기 때문에 문화예술과 관련 있는 창의적 체험활동을 많이 합니다.('역점사업'보다는 '특색 교육활동'이라는 용어가 더 적절합니다)

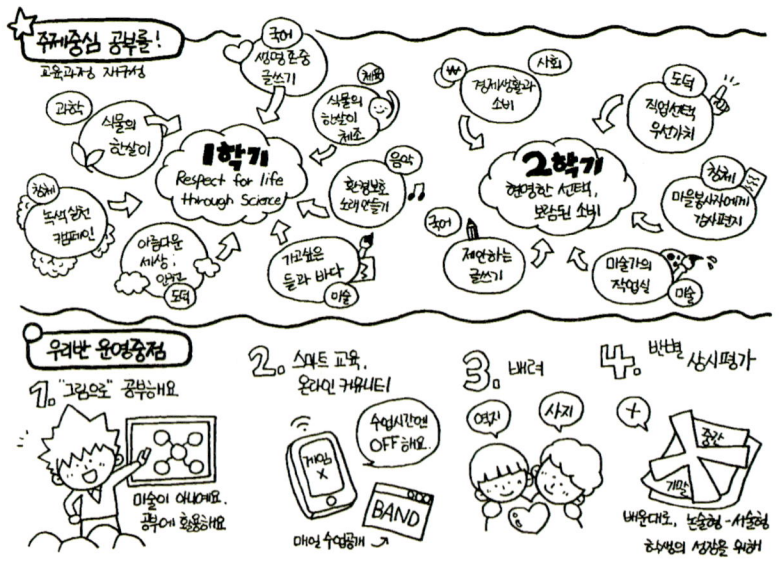

다음은 1학기, 2학기 주제중심교육, 교육과정 재구성에 대한 안내 자료를 넣었습니다. 우리 학교는 1학기에는 'Respect for life through science(과학을 통해 생명존중하기)' 2학기에는 '현명한 선택, 보람된 소비'라는 주제로 각 교과에서 연관된 주제를 통합하여 수업합니다.

그리고 마지막으로 '우리 반 운영중점'을 삽입했습니다.

1. 그림으로 공부하는 우리 반
2. 스마트교육과 매일 매일 온라인 수업공개
3. 배려
4. 상시평가

1번과 2번은 제가 매일 적용하려고 노력하고 있습니다. 특히 2번은 우리 반 학부모님 밴드를 따로 개설하여 매일 아이들과 있었던 일을 올림으로써 제 나름대로 수업성찰의 기회를 갖고 학부모님들과 소통의 창구로 이용하고 있습니다. 아무리 바쁘더라도 방과 후에 혼자 남은 교실에서 20~30분 정도 반드시 시간을 투자하여 쓰고 있습니다.

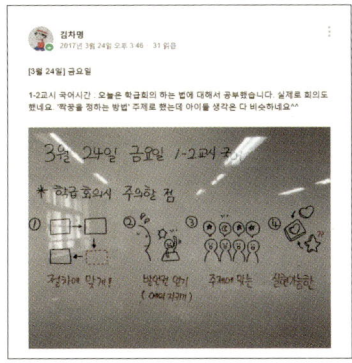

이렇게 완성한 교육과정은 학기 초에 복사해서 아이들과 함께 보고 교실에 상시 게시해두며, 학부모님에게 편지와 함께 보냅니다. 우리 학교는 2017년 현재까지 책으로 된 학급교육과정 문서를 만들지 않고 있으며, 제가 만든 교육과정처럼 한 장 정도로 간략하게 요약한 학급교육과정을 홈페이지에 탑재하거나 복사하여 각 가정으로 배부합니다.

저는 아직도 이해가 잘 안 되는 것이 있는데, 바로 '수업지도안 세안' 입니다. 수업지도안 세안을 작성하는 이유는 '수업지도안을 상세하게 작성하면 실제 수업이 잘 진행될 것'이란 기대 때문입니다. 기술-합리 모델 혹은 공학적 모델에 기초하고 있는 것으로 한마디로 '계획'을 '실행'의 우위에 놓고 있습니다(이혁규, 2013).

제가 신규교사일 때는 수업지도안 세안을 많이 작성했습니다. 세안을 작성하면서 발문과 예상되는 아이들의 대답까지 초 단위로 나누어 계획했지만, 항상 수업은 제가 계획한 대로만 흘러가지는 않았습니다. 그럼에도 저는 수업이 지도안 세안대로만 흘러간다면 교사가 왜 필요하냐고 반문하고 싶습니다. 표준화된 우수 수업지도안 세안을 제시하고 아무나 와서 그대로만 진행하면 되기 때문입니다.

지금은 없어지고 있는 '수업실시대회'의 수업지도안이 가장 대표적입니다. 등급을 나눠 수업을 평가한다는 것도 이해가 안 되지만, 더 이해가 안 된 것은 디자이너가 손본 듯한 수십에서 백 몇 십 쪽짜리 알록달록한 수업지도안이었습니다. 한 시간 수업을 위해 수백 쪽 분량의 연구를 하다니! 그리고 이렇게 노력해도 등급을 못 받을 수도 있다니!

물론 수업연구를 집중적으로 한다는 점에서 긍정적일 수 있지만, 하루에 4~6시간씩 하는 모든 수업의 지도안을 만들 수 있는 것도 아니며, 수업은 문서가 아닌 교실에서 실제로 이루어질 때 의미가 있다는 점에서 지금은 수업지도안 세안은 지양하고 실제 수업에 집중하는 것이 올바른 것 같습니다.

수업지도안은 왜 작성하는 걸까요? 이유는 여러 가지이겠지만 아마도 첫째, 자신의 수업 준비 및 전체적인 수업 흐름을 정리하기 위함이며 둘째, 동료 교사들과 함께 더 좋은 수업을 논의하기 위한 자료로 사용하기 위함일 것입니다. 그렇다면 지금의 천편일률의 수업지도안에서 수업내용의 흐름을 더 잘 이해할 수 있는 다양한 형태의 수업지도안이 나오면 좋겠습니다.

저는 수업지도안을 주로 그림으로 표현합니다.

아래는 '도시문제의 해결'이라는 주제로 MBC 인기 예능 '복면가왕'을 소재로 활용한 사회 수업지도안입니다. 모둠별로 맡은 도시문제의

해결 방법에 대해 포스트잇을 활용해 토의를 하고 모둠별로 발표하는 정형화된 수업입니다. 복면가왕이 어떤 것인지, 도시문제에는 어떤 것들이 있는지, 토의 방식은 어떻게 이루어지는지, 발표는 어떤 식으로 진행될지, 수업 마무리는 어떻게 할지 한눈에 들어옵니다.

아래는 '사각형 네 각의 합'을 주제로 초등학생들이 열광하는 '마인크래프트' 1인 방송을 소재로 한 수학 수업입니다. 마인크래프트의 세계가 사각형 기반이라는 것에 착안해 고안한 수업지도안인데요, 바로 전 미술 시간에 마인크래프트 스타일로 캐릭터 그리기 수업을 마친 뒤라 더 수월했습니다.

마인크래프트가 무엇인지, 다양한 형태의 사각형은 어떤 사각형을 이용하는지, 4등분하여 어떤 식으로 360도임을 확인하는지, GSP 프로

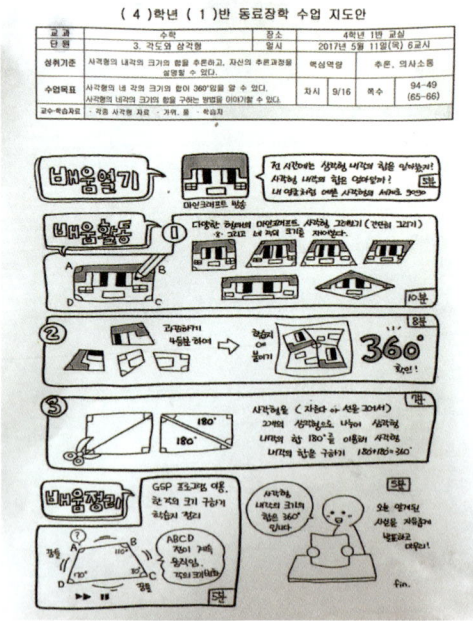

그램은 무엇이며, 어떻게 활용하는지 특별한 설명이 없어도 쉽게 이해할 수 있습니다.

다음은 옆 반 선생님과 공동으로 실시한 동학년 학부모 공개수업 지도안입니다. '장점쇼핑몰'이라는 소재는 같지만 동기유발과 활동 3, 정리 활동에는 조금씩 차이가 있습니다. 소재는 통일하지만, 반 특성에 맞춰 조금씩 변형한 수업입니다.

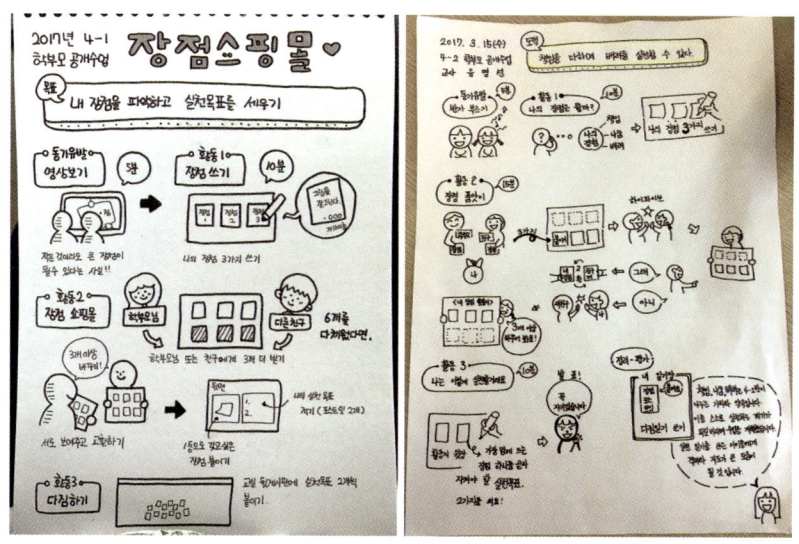

〈출처: 『교실 속 평화놀이』(허승환 외, 즐거운학교, 2016) 속 장점쇼핑몰 게임〉

다음은 서울가산초등학교에 근무하는 김예나 선생님이 만든 학급규칙 만들기와 관련된 수업지도안입니다. 학급 규칙이 필요한 상황에 대한 브레인라이팅, 피라미드 모둠 토론, 한 장으로 이해하는 규칙 학습지와 규칙의 땅을 어떻게 활용할지 직관적으로 알 수 있습니다. 단체 활동과 개인활동이 적절하게 잘 어우러진 좋은 수업입니다.

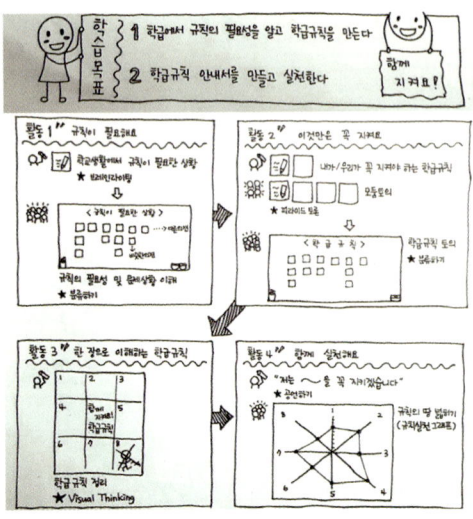

아래 지도안은 디지털 작업을 조금 가미한 것입니다. 조금 과하다는
느낌은 있지만 동학년 공동수업지도안으로 유용하게 쓰일 수 있습니

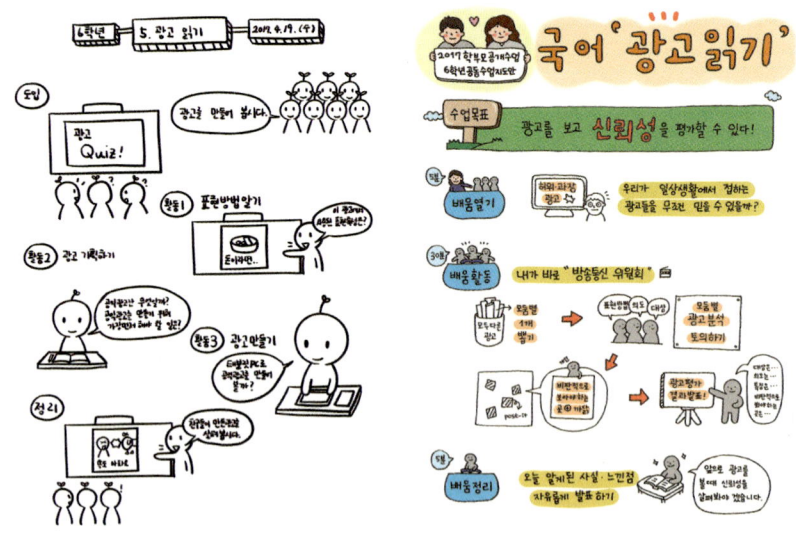

〈충남 청양 합천초 배준호 선생님〉　　〈경기 남양주 예봉초 윤보연 선생님〉

다. 날짜만 빼면 많은 선생님이 공유하여 사용할 수 있어서 디지털 작업은 아주 가치 있는 작업입니다.

개인적인 경험으로는 그림 수업지도안은 규칙에 대한 설명이 필요한 체육교과나 놀이수업에 가장 잘 어울리는 것 같습니다. 아래 보이는 수업지도안은 서울 용마초 김지원 선생님의 '보물창고 채우기' 놀이 수업지도안으로 글로는 설명하기 어려운 놀이규칙을 그림으로 설명하고 있습니다.

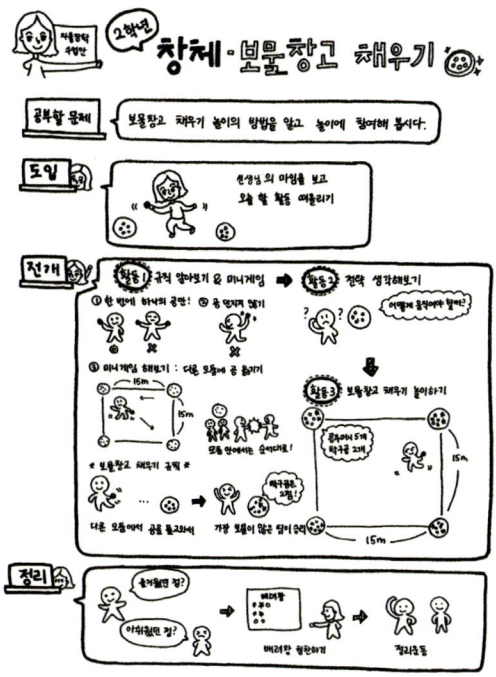

위 지도안을 줄글 지도안으로 바꾸면 다음과 같습니다.

질문이 있는 교실 (창의적 체험활동)과 교수·학습 과정안

교과명	창의적 체험활동		지도일시	2017. 05. 18. 2교시
학습주제	보물창고 채우기 놀이의 방법을 알고 참여하기	차 시	1/1	지도대상	2-6반
학습목표	보물창고 채우기 놀이의 방법을 알고 참여할 수 있다.	수업모형	이해중심 수업모형	지도교사	김 지 원
창의·인성 협력 요소	의사결정능력, 의사소통, 참여, 협력			

학습 단계	학습 내용	교수 . 학습 활동 교수 활동	학습 활동	시량 (분)	자료(㉰) 및 유의점(㉾)
도입	준비 및 탐색	■ 준비 운동 · 오늘 수업과 관련된 신체 부위를 풀어줍시다. ■ 전시 학습 상기 및 동기유발 · 지난 시간에 배운 내용은 무엇입니까? · 사진 속 친구가 바구니에 귤을 빨리 넣기 위해서는 어떻게 해야 할까요?	· 준비 운동을 하며 신체 부위를 풀어 준다. · 친구와 이어달리기를 하였습니다. · 귤을 정확하게 넣습니다. · 발을 재빠르게 움직입니다.	5	㉰ 발목, 손목, 무릎 중심으로 몸을 풀어준다. ㉰ 동기유발 자료(바구니 채우기 사진) ㉾ 학생 스스로 학습 문제를 찾도록 한다.
	학습문제 확 인	보물창고 채우기 놀이의 방법을 알고 놀이에 참여해봅시다.			
	학습순서 확 인	· 학습 활동 안내하기 <활동1> 공 옮겨 담기 놀이하기 <활동2> 보물창고 채우기 방법 떠올리기 <활동3> 보물창고 채우기 놀이하기			
전개	게임방법 이해 및 실행 전체 활동	<활동1> 공 옮겨 담기 놀이하기 ■ 공 옮겨 담기 놀이하기 · 공을 옮길 때 어떤 규칙을 지켜야 합니까? · 모두가 함께 즐겁게 놀이하기 위해서 어떻게 해야 합니까? · 공 옮겨 담기 놀이를 해봅시다.	□ 질문에 대한 자신의 생각을 떠올리기 · 한 번에 한 개의 공만 옮깁니다. · 다른 친구들이 공을 들고 가는 것을 막지 않습니다. · 다른 친구를 밀지 않습니다. · 친구들과 부딪히지 않도록 조심합니다. · 공 옮겨 담기 놀이를 한다.	10	㉰ 팀별 조끼 18개, 훌라후프 4개, 콩주머니 20개, 팀별 깃발 4개, 종이테이프 ㉾ 규칙을 떠올리게 하여 배려하고 협력하게 한다.
	전략 이해 및 의사결정 모둠 활동	<활동2> 보물창고 채우기 방법 떠올리기 ■ 모둠별로 보물창고 채우기의 전략 생각해보기 · 다른 모둠의 공을 잘 들고 오기 위해서는 어떻게 해야 합니까? · 공을 정확하게 놓기 위해서는 어떻게 해야 합니까?	□ 모둠별로 보물창고 채우기의 전략을 떠올리기 · 여러 방향으로 퍼져서 공을 가지러 갑니다. · 방향을 빠르게 바꾸어 움직입니다. · 공을 멀리서 던지지 않습니다.	5	㉾ 개방형 질문을 통해 공을 옮기는 전략을 스스로 생각해보게 한다.

그림 지도안과 줄글 지도안 중 어떤 것이 더 낫다고 말하긴 어렵습니다. 중요한 건 수업의 흐름과 의도를 잘 나타낼 수 있는 방법을 선택하는

학습 단계	학습 내용	교수 · 학습 활동		시량 (분)	자료(㉇) 및 유의점(㉈)
		교수 활동	학습 활동		
	기술연습 및 실제게임 수행 전체 활동	<활동3> 보물창고 채우기 놀이하기 ■ 보물창고 채우기 놀이하기 · 보물창고 채우기 놀이를 할 때 지 켜야할 점은 무엇입니까? · 전략을 활용하여 보물창고 채우기 놀이를 해봅시다.	□ 보물창고 채우기 놀이하기 · 공을 가지고 올 때 친구를 세게 밀지 않습니다. · 전략을 활용하여 보물창고 채우기 놀 이를 한다.	15	㉇ 콩 주머니 32 개, 탁구공 8 개, 훌라후프 4 개, 놀이평가판 ㉈ 놀이평가판 을 통해 협 동과 배려를 잘하는 학생 을 파악한다. ㉈ 놀이를 할 때 친구를 세게 밀치지 않도록 규칙 을 언급한다.

		< 보물창고 채우기 놀이 >
		
		1. 훌라후프 간의 간격을 15~20m로 하여 후프 4개를 사각형 모
		   양으로 놓는다.
		2. 네 팀의 훌라후프 안에는 콩 주머니 8개, 탁구공 2개를 넣는다.
		   이때 콩 주머니는 1점, 탁구공은 2점이다.
		3. 각 팀의 인원은 4~5명으로 한다.
		4. 한 번에 한 개의 공만 나를 수 있고, 자기 팀 보물창고에서 공
		   을 가져가는 것을 막을 수 없다.
		5. 모둠 안에서 정해진 순서대로 출발한다. 공을 가져다 놓고 그
		   다음 순서 친구에게 하이파이브를 하면 출발한다.
		6. 보물(콩 주머니, 탁구공)을 던질 수 없다.
		7. 정해진 시간이 끝나면 놀이를 멈추고 가장 많은 보물을 가진
		   팀이 이긴다.
		8. 반대로 자기 모둠의 보물창고의 공을 다른 모둠으로 옮기는 놀
		   이도 해본다. 이때는 가장 적은 보물을 가진 팀이 이긴다.			

정리	학습내용 정리	■ 배운 내용 정리하기 · 게임을 통해 즐거웠던 점, 아쉬웠던 점을 발표해봅시다. · 놀이평가판을 보면서 협동과 배려를 잘한 모둠을 칭찬해줍시다.	□ 배운 내용 정리하기 · 친구의 보물창고에서 보물을 들고 오 는 것이 재밌었습니다. · 친구를 세게 밀지 않고 규칙을 잘 지 킨 모둠을 칭찬해준다.	5	㉈ PMI 기법 을 활용하여 활동에 대한 느낌을 서로 공유한다.
	정리운동	■ 정리운동 하기 · 활동에서 주로 사용한 신체 부위를 중심으로 충분히 풀어줍시다.	□ 정리운동 하기 · 활동에서 주로 사용한 신체 부위를 중심으로 충분히 풀어준다.		㉈ 사용한 신 체부위를 중 심으로 몸을 충분히 푼다.
	차시예고	■ 차시예고 하기 · 다음 시간에는 술래잡기를 이용한 놀이를 하겠습니다.	□ 차시 예고 · 다음 시간 활동을 들으며 호기심을 가진다.		

※ 평가 계획

성취 기준		■ 보물창고 채우기 놀이의 방법을 알고 놀이에 참여할 수 있다.			
평가 방법		■ 교사의 관찰 평가, 놀이평가판, 자기평가			
성취 수준	상	보물창고 채우기 놀이의 방법을 알고 놀이에 적극적으로 참여한다.	환류 방법	보물창고 채우기 놀이 방법을 새로운 방법으로 바꾸어서 놀이한다.	
	중	보물창고 채우기 놀이의 방법을 알지만 놀이에 적극적으로 참여하지 않는다.		보물창고 채우기 놀이를 자신이 원하는 규칙으로 바꾸어서 가족과 함께 해본다.	
	하	보물창고 채우기 놀이의 방법을 알지 못하고 놀이에 적극적으로 참여하지 않는다.		보물창고 채우기 놀이를 친구와 함께 해보고 일 기를 쓴다.	

것입니다. 지금까지 본 그림 수업지도안은 그림으로 나타냈을 때 수업의

흐름과 의도를 더 잘 이해할 수 있는 예시만 담았습니다. 간단한 캐릭터

와 상징물로만 표현하면 되기 때문에 많이 어렵지 않습니다. 예시를 통해 그려보겠습니다. 다음 지도안을 그림 지도안으로 표현해보세요.

(국어)과 교수 · 학습 지도안

단 원	2. 자료를 활용한 발표	대 상	6학년 O반	장 소	6학년 O반 교실	일 시	
차 시	6/8	교과서			국어6-2(가)		
본시주제 학습목표	발표할 내용과 상황에 알맞은 자료를 활용하여 발표하기 발표할 내용과 상황에 알맞은 자료를 활용하여 발표할 수 있다.						
학습자료	교 사	영상자료		자 료 사이트			
	아 동	팀별 준비한 다양한 발표 매체					

학습 단계	학습 내용	교수-학습 활동 과정		시간 (분)	자료 및 유의점
		교사활동	학생활동		
도입	동기유발	○ 학습 동기 유발하기 ·무한도전 멤버들의 매체활용 발표영상 상영 ·무한도전 멤버들이 발표할 때 사용한 매체의 종류에 대해 발표해봅시다.	○ 학습 동기 유발하기 ·무한도전 하하·정준하·길 매체활용 발표영상 시청 ·무한도전 멤버들이 발표한 때 사용한 매체에 대하여 발표한다.	(5′)	MBC무한도전 프레젠테이션 방송 편집본
	공부할 문제 확인하기	공부할 주제 : 알맞은 매체를 사용하여 발표하여봅시다.			
전개	팀별 발표하기	○ 팀별 발표하기 ·팀별로 준비한 매체를 활용하여 5분간 발표하기		(30)	팀별 준비한 다양한 발표 매체

팀	주제(예시)	매체(예시)
1팀	경복궁 소개	PPT, 사진자료
2팀	김치	사진자료
3팀	희귀동물	스마트기기
4팀	여러 나라의 전통의상	PPT, 사진자료
5팀	장구소개	실물자료
6팀	여러 나라의 국화	PPT, 사진자료

		교수-학습 활동 과정			
		○ 자료를 활용한 발표를 들을 때 주의할 점 · 발표 내용에 알맞은 자료를 활용하였는지 판단하며 듣습니다. / 발표 상황에 알맞은 자료를 제시하였는지 판단하며 듣습니다. / 알맞은 설명 방법을 사용하였는지 판단하며 듣습니다. / 언어 예절을 지키며 발표하였는지 판단하며 듣습니다. ○ 발표 스타 J 선정 · 친구들의 발표를 듣고 어떤 조의 발표가 인상적이었는지 이야기해보고 발표 스타 J를 선정해보기			
정리	정리하기	○ 발표할 때의 모습을 되돌아보고 부족한 부분이 무엇인지 생각해보기 ○ 매체를 사용하여 발표하는 방법을 다른 교과시간의 발표에 활용하여보기			

연습해보세요!

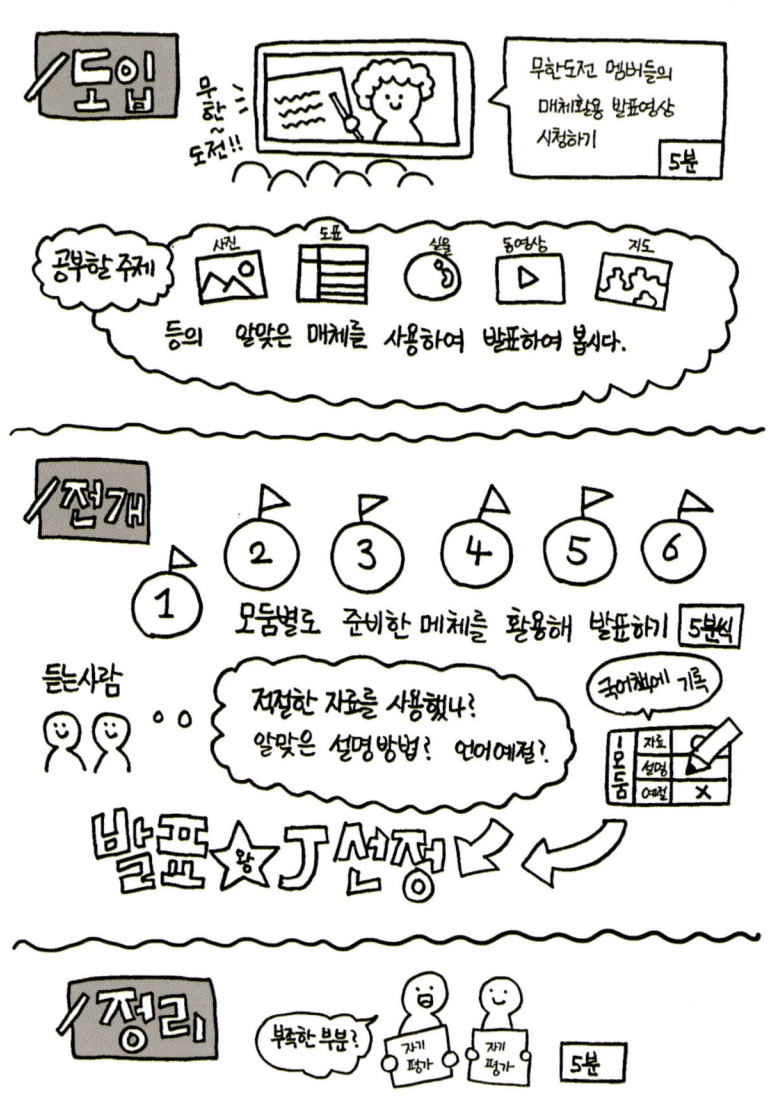

조하나(청주 새터초등학교 교사)

교대 재학 시절 참쌤의 블로그를 접한 뒤, 교육과 그림을 접목시킨다는 것에 매력을 느껴 참쌤스쿨에 지원했다. 아이들과 소통하는 데 그림이 얼마나 유용할 수 있는지 알게 된 후로는 틈틈이 수업에 그림을 녹여내고 있다. 1~2학년 [안전한 생활] 국정교과서 삽화, [토론이 좋아요](에듀니티, 2017) 삽화를 했다. 청주에서 강아지 뿌꾸와 고양이 두치를 모시며 열심히 살아가는 성실한 신규교사이다.

국어시간 지문 읽기는 항상 너무나 지루했다.

어떻게 해야 아이들이 지문에 흥미를 느끼게 할까..

고민 끝에 지문 속 등장인물을 칠판에 그리기 시작했다.

등장인물의 대사를 이용해 성격을 유추해보는 차시였는데

단지 그림을 그렸다는 이유만으로 아이들은 감탄을 하기 시작했다.

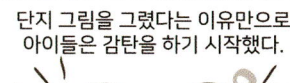

인물의 성격은 어떨까요?

평소의 100배는 되는 활력으로 발표가 이루어졌고

그 이후에도 나는 틈만 나면 그림을 그렸다^^

287

차수현(부산 학진초등학교 교사)

부산교육대학교 컴퓨터교육과 졸업. 새로운 것을 배우고, 또 다양한 경험을 하는 것을 인생의 높은 우선순위로 삼고 있다. 그러다 평소 관심 분야와 밀접한 관련이 있는 참쌤스쿨을 알게 되어 2기에 도전했고, 운 좋게 가장 마지막 멤버로 선정되었다. 현재 참쌤스쿨 안에서 많은 것을 배워가고 있으며, 그 깨달음을 자양분삼아 교사로서, 인간으로서 쑥쑥 성장 중이다.

· 7장 ·

우리 반의 소소한
수업 이야기

그동안 우리는 교육에서 추상적 개념에 의한 논리적 사고를 매우 중시하고, 객관적으로 알 수 있는 대상의 측면만 부각하여 학문적인 것으로 취급했습니다. 하지만 최근에는 이미지와 그림에 의해 처리되는 비언어적인 경험에 바탕을 둔 인지 방식들에 대한 관심이 크게 증가하고 있으며, 이를 적극적으로 활용해야 한다는 주장이 끊임없이 제기되고 있습니다.

비주얼씽킹은 이러한 주장을 바탕으로 최근 주목받고 있으며, 기업의 프레젠테이션, 구성원 간의 회의, 일상 커뮤니케이션, 교육 분야 등에서 적극적으로 연구되고 있는 기법입니다. 비주얼씽킹은 전통적인 회화기법이나 특별한 과정을 통해 습득할 수 있는 기술이라기보다, 일상생활에서 그림과 이미지를 활용하여 소통하는 습관이기 때문에 누구나 접근이 쉽고 이해가 용이합니다. 또한 창의적 체험과 시각적 사고를 강조하여 주어진 학습내용을 보다 쉽게 조직화·유목화할 수 있기 때문에 학습에도 매우 유용한 방법입니다.

그림으로 판서하는 습관

저는 수업시간에 그림 판서를 많이 활용하는 편입니다. 일반적인 판서와는 다르게 그림을 이용해 판서를 하는데, 상징적인 그림을 최대한 많이 그려서 학습내용을 시각적으로 정리해주는 것입니다. 학습내용을 일목요연하게 정리해줄 수도 있고, 그림퀴즈를 낼 수도 있으며 동기유발에 사용하는 등 다양하게 사용할 수 있습니다.

무엇보다 그림 판서를 이용하면 짧은 시간에 핵심적인 내용을 전달하기 쉽습니다. 저는 그림 판서를 이용해 가능한 한 빨리 핵심적인 내용을 전달하고 바로 아이들이 많은 활동을 할 수 있도록 수업을 합니다.

그림 판서의 장점은 완성된 그림을 제시하지 않고 부분을 그리면서 설명하면서 보여줄 수 있다는 점입니다. 다음 예시처럼 선인장을 그리

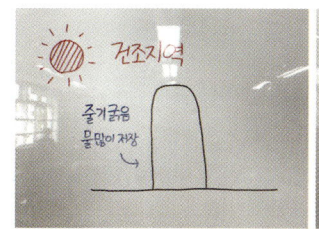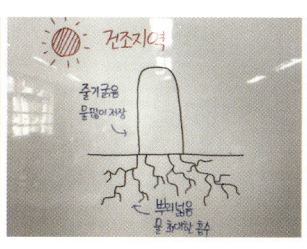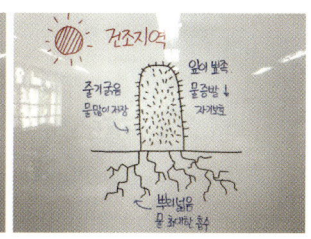

면서 건조지역의 특성에 관해서 설명할 수 있습니다. 특별히 PPT 애니메이션 등을 준비하지 않더라도 단계별로 자세히 설명할 수 있습니다.

그림 판서를 소개할 때 '시간이 오래 걸리지 않나요?'라는 질문을 가장 많이 듣습니다. 학습내용에 따라 다르지만, 일반 판서에 비해 별로 오래 걸리지 않습니다.

아래 예시는 '의견이 드러나는 글쓰기'입니다. 문의근 씨(문제 · 의견 · 근거)가 문제상황을 만나서 누구한테 쓸지 고민하여 문제 · 의견 · 근거가 드러나도록 글을 쓰는 것을 안내하고 있습니다. 특히 문제, 의견, 근거를 다른 색으로 표현하여 순서와 내용을 강조했습니다. 어려운 그림도 아니고, 처음부터 마지막까지 그리는데 1~2분 정도 밖에 걸리지 않았습니다.

아이들이 공감할 수 있는 그림을 그려줘도 좋습니다. 전담 교과 시간에 책상 정리를 잘 하지 않는 아이가 많아서 아이들이 전담시간에 자리를 비웠을 때 칠판에 그림을 그렸습니다. 전담시간을 마치고 돌아와서 아이들이 자연스럽게 살펴보고 자신의 행동을 돌아보는 데 매우 효과적이었습니다.

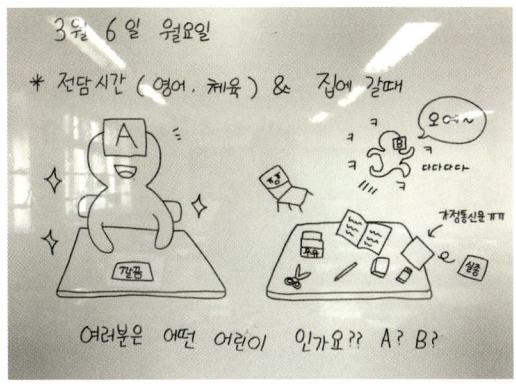

교과서에 있는 소재를 대체할 수도 있습니다. 다음은 4학년 1학기 국어에 나오는 '문장의 여러 뜻'에 관련된 내용입니다. 교과서에 나오는 예문은 "날씨 좀 봐"라는 문장인데요. ① 비가 올 것 같으니 날씨가 어떤지 봐줄래? ② 날씨가 너무 좋다! 두 가지로 해석할 수 있습니다.

저는 조금 거칠어 보이지만 예문을 "죽을래?"로 바꿔봤습니다. 연인끼리 쓰는 '죽을래'와 진짜 위험한 상황에서 '죽을래'는 느낌이 완전히 다릅니다. 이 그림을 그리며 아이들에게 같은 문장이라도 다른 의미를 담을 수 있다고 안내하니 굉장히 재미있어하며 공감했습니다.

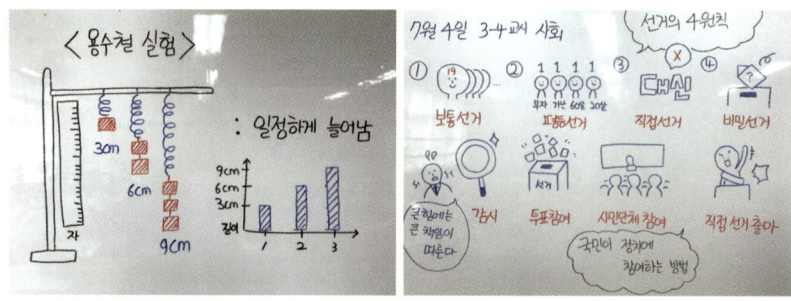

그림 판서가 가장 큰 힘을 발휘할 때는 학습내용을 정리할 때입니다. 특히 사회나 과학과처럼 여러 가지 개념을 바탕으로 전체적인 흐름을 파악하는 교과일수록 효과가 큽니다. 저는 사회과나 과학과에서 그림 판서를 가장 많이 활용합니다. 사회과는 학습내용을 일목요연하게 정리해줄 때, 과학과는 실험내용을 정리할 때 가장 많이 사용합니다.

그림 판서는 연상을 할 때도 도움이 많이 됩니다. 다음은 '문장의 종류' 5가지(설명하는 문장, 느낌을 표현하는 문장, 무엇인가 묻는 문장, 무엇을 하도록 시키는 문장, 함께하기를 요청하는 문장)를 배울 때의 그림 판서입니다. 4학년 학생들이 문장의 종류에 어떤 것이 있는지 외우기가 쉽지 않습니다. 굳이 억지로 외울 필요는 없지만, 의도에 맞는 문장을 사용하기 위해

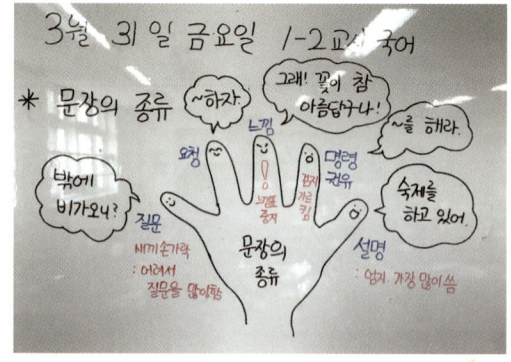

서는 문장의 종류에 어떤 것이 있는지는 알고 있어야 합니다. 그래서 손가락을 그려주고 연상을 하게 했습니다.

- 엄지는 가장 많이 사용하는 설명하는 문장
- 검지는 무엇을 시키기 때문에 무엇을 하도록 시키는 문장
- 중지는 느낌표를 닮았기 때문에 느낌을 표현하는 문장
- 약지는 약하기 때문에 함께하기를 요청하는 문장
- 새끼는 항상 물어보기 때문에 무엇인가 묻는 문장

굳이 글을 쓰거나 그림을 그리지 않아도 손가락을 '보기만 하면' 연상이 되기 때문에 외우지 않더라도 문장의 종류를 알 수 있습니다.

'3. 각도와 삼각형'을 끝까지 배우고 마지막에 정리하는 시간이었습니다. 평소에 마인드맵을 그릴 수 있도록 도와주고 있었는데 마인드맵을 그리면서 글로만 표현하거나 단어로 표현하는 것이 아니라 그림을 이용하여 표현할 수 있도록 시범 보여준 장면입니다.(광주극락초등학교 장은선 선생님)

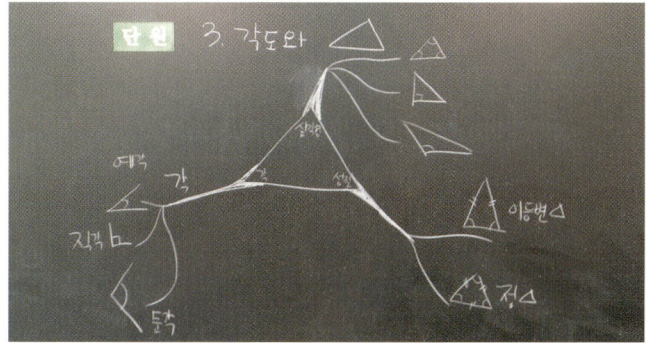

그림 판서는 실험, 실습 시에 아이들에게 구체적인 실험·실습과정을 보여주는 데 도움이 많이 됩니다. 보통 실험·실습과정을 보여주기 위해서 동영상 자료를 많이 사용하는데 아이들이 활동하면서 참고하기에는 무리가 있습니다. PPT자료도 마찬가지입니다. 그림 판서를 활용하면 특별히 동영상 자료나 PPT 자료를 보여주지 않아도 직관적으로 실험·실습과정을 안내할 수 있습니다.

3학년 2학기 과학 2단원. 지층과 화석(3차시) 여러 가지 모양의 지층 모형 만들기 수업을 했습니다. 그동안은 실험수업을 하면서 실험과정을 과학책에 있는 글로 설명된 부분을 읽고 설명한 후 실험했는데, 비주얼씽킹 연수를 듣고 난 후 칠판에 글과 그림으로 실험순서를 적어 주었더니 아이들이 재미있어 하면서 실험하는 것을 볼 수 있었습니다. 다른 때 같으면 간단한 실험도 묻고 또 물었는데 칠판에 그림으로 제시되어 있으니 모르면 칠판을 보며 실험하는 것을 보며 앞으로도 꾸준히 비주얼씽킹 기법으로 수업을 하도록 노력해야겠다고 다짐했습니다. 실험결과를 관찰한 후 여러 가지 모양의 지층을 실험관찰에 글과 그림으로 그려보는 활동을 했는데 재미있어 했습니다.(광주 광림초등학교 박영랑 선생님)

1학년 통합교과 봄 - 2. 새싹 단원에 나오는 내용입니다. 교과서에 봄을 맞이하여 "씨앗을 심어요" 내용이 있습니다. 그래서 화분을 들고 씨앗을 심으러 나가기 전에 교실에서 씨앗 심는 과정을 설명하는 판서였습니다. 교과서에도 씨앗 심는 과정이 그림으로 잘 나타나 있지만, 삽으로 장난치면 안 된다는 내용과 손가락 마디 하나만큼 구멍을 만들어야 한다는 내용은 나와 있지 않아서 추가하여 새롭게 그림으로 설명했습니다.

1학년은 집중력이 부족한데다 아직 글을 읽는 게 능숙하지 않은 아이도 많아서 그림을 그려주는 게 수업에 많은 도움이 되었습니다. 무엇보다 그림을 그리니 호기심을 많이 보였고, 내용 이해도 훨씬 잘했으며, 순서를 잘 기억했습니다. 덕분에 삽으로 장난치는 아이 없이 즐겁게 씨앗심기를 끝냈습니다.(경기 남양주 덕소초등학교 김경미 선생님)

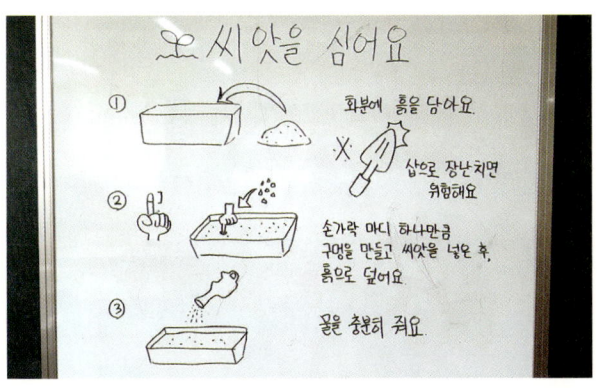

2학년 2학기 통합 (겨울) 수업에 교실을 예쁘게 꾸미는 시간이었습니다. 무엇을 할까 고민하다가 교과서에 제시되어 있는 리스 만들기를 선택하여 아이들에게 준비물을 안내했습니다. 리스 만들기 과정을 간단히 동영상으로 살펴보고 그 과정을 되짚어 보면서 칠판에 리스 만들기 과정을 간단히 그림

으로 그려주며 설명했습니다.(충남 공주교대부설초등학교 김수진 선생님)

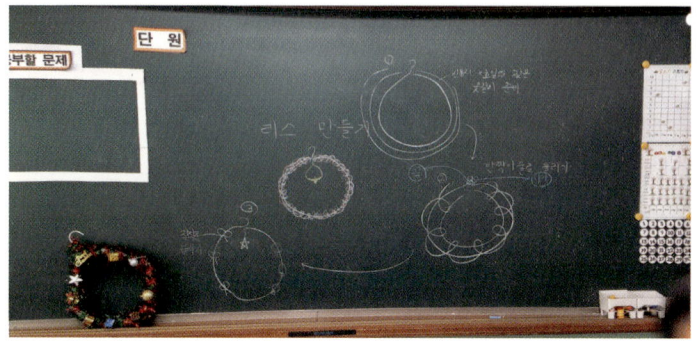

체육대회를 앞두고 종목 이해를 돕기 위해 판서를 그림을 이용하여 설명했습니다. 아직 특별히 구조화되지 않은 모습이라 부족함이 많지만, 차차 나아지리라 생각합니다. 아이들이 자폐성장애나 지적장애를 가지고 있고 언어를 통한 의사소통이 어려워 그림으로 제 의견을 전달하는 편입니다. 칠판에 그림으로 그려서 그간 체육시간에 배운 종목을 연상할 수 있도록 돕고 함께 시연해보았습니다.(대전가원학교 박정랑 선생님)

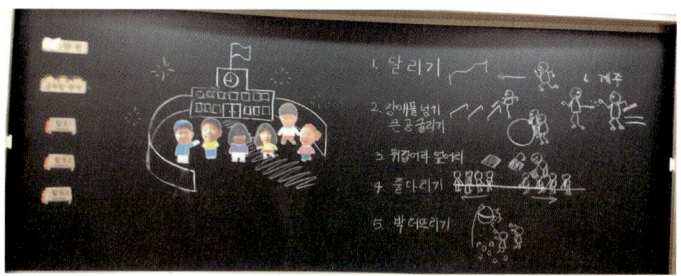

또 그림 판서는 아이들에게 효과적으로 메시지를 전달하고 싶을 때 매우 좋습니다.

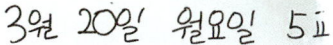

위 그림 판서는 서울난우초등학교 허승환 선생님이 '친구들이 놀린다고 계속 고자질하는 아이' 지도방법으로 자주 보여주는 '암행어사' 이야기를 그린 것입니다. 나보고 지저분하다고, 행색이 남루하다고, 볼품없다고 놀려도 내 가슴 춤에 마패가 숨겨져 있다면 난 그 말들에 상처받지 않고 언제나 여유로울 것입니다.

저는 지식채널e에서 '암행어사 이야기'를 검색하여 보여주고, 아이들이 동영상을 보는 동안 두 컷의 그림을 그렸습니다. 동영상을 다 시청한 뒤 그림을 보면서 아이들과 이야기를 나누었습니다.

2019년 현재 대부분의 시도교육청에서는 초등학교 중간고사와 기말고사를 폐지하고 논술형·서술형 중심의 성장중심평가를 시행하고 있습니다. 성장중심평가에 대해서는 여러 가지 의견이 있지만 '수업과 평가의 일치'라는 측면에서는 매우 긍정적으로 느껴집니다(지역에 따라 과정중심평가, 성장지향평가 등 다양한 이름으로 불립니다).

아래 판서는 4학년 2학기 '생산활동'에 대한 내용으로 원래 소재는 '연필이 우리에게 오기까지'였습니다. 이 소재를 저는 홍어삼합으로 바꾸어보았습니다. 홍어는 5단계, 수육은 4단계, 묵은지는 3단계 생산활동으로 표현하여 '생산단계가 많아지고 생산하기 어려우면 가격이 올라가는' 원리를, 그리고 이 모든 활동이 생산활동이라는 사실을 그림판서로 보여줬습니다.

이 내용을 그대로 성장중심평가에 옮겨봤습니다. 학생들의 작성한 평가지를 보면서 최소한 제 수업을 잘 들었는지, 학원에서 배운 지식으로 작성한 것인지 명확하게 알 수 있었습니다.

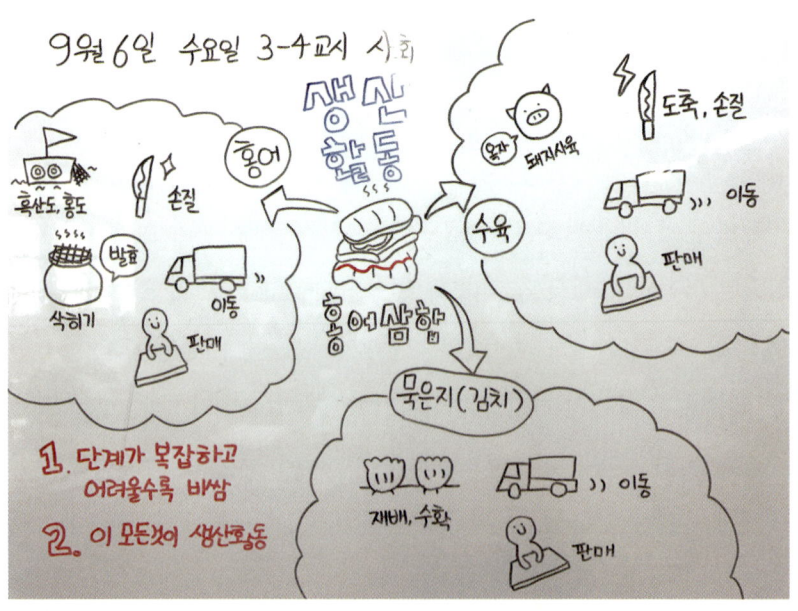

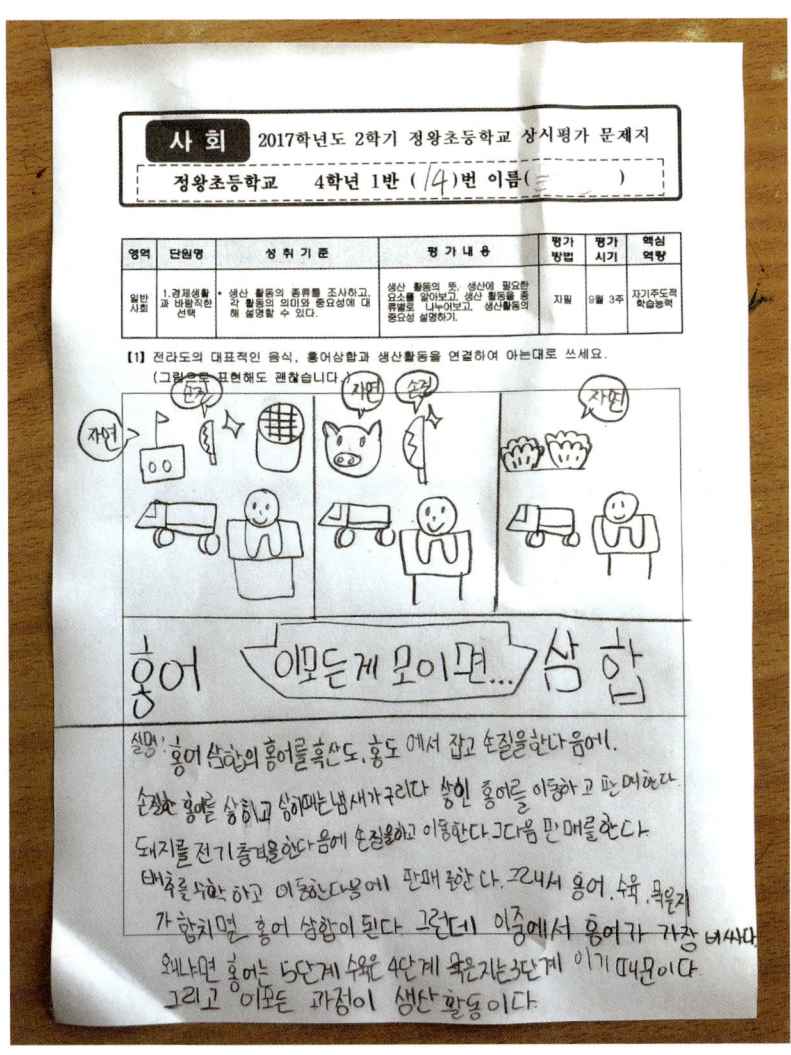

그림 판서를 하면서 제가 가장 효과를 많이 봤을 때는 사회과에서 역사 부분을 공부할 때였습니다. 1단원에서 다뤘던 역사 그림 판서인데 대표적인 몇 개를 살펴보겠습니다.

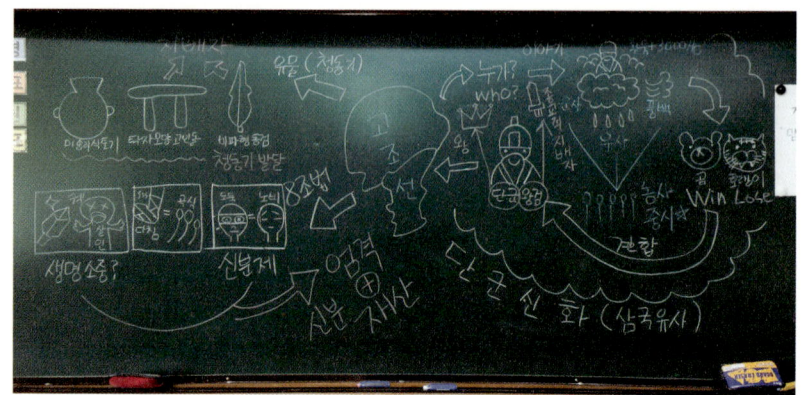

〈고조선의 건국〉

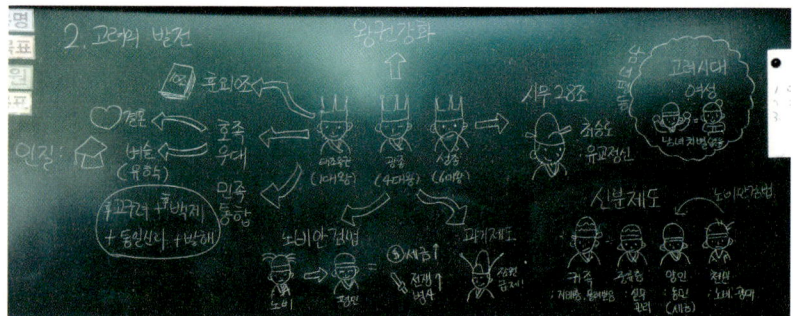

〈고려 초기의 발전〉

〈고려의 불교〉

〈조선시대 여성의 삶〉

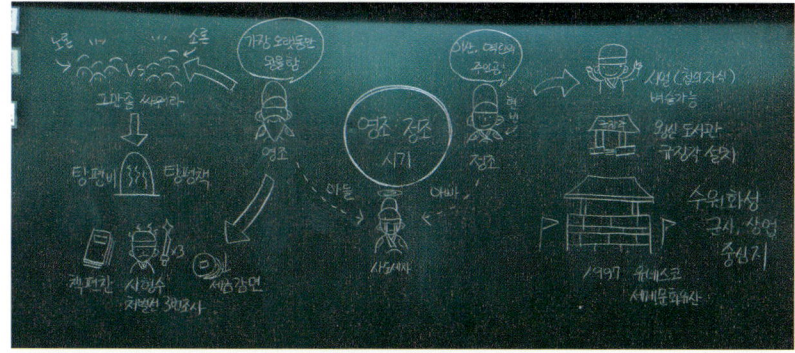

〈영조, 정조 시대〉

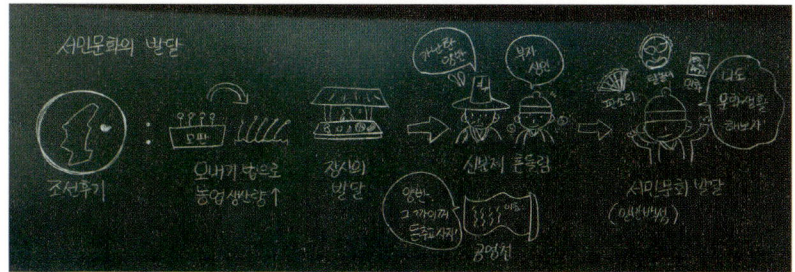

〈서민문화의 발달〉

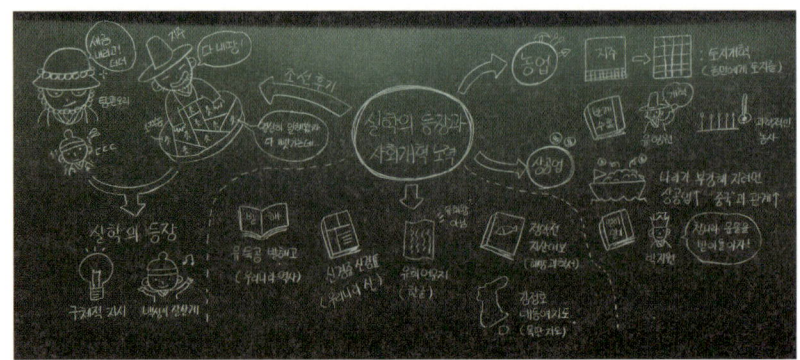

〈실학〉

〈운요호 사건과 조선의 개항〉

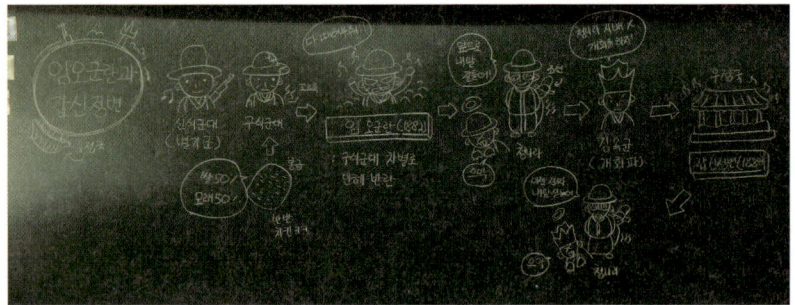

〈임오군란과 갑신정변〉

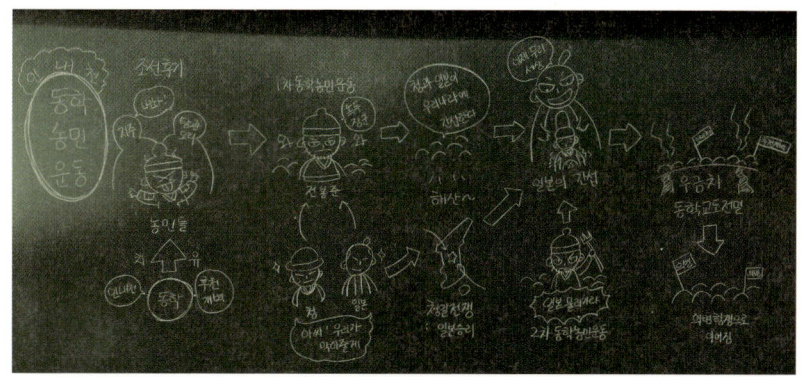

〈동학농민 운동〉

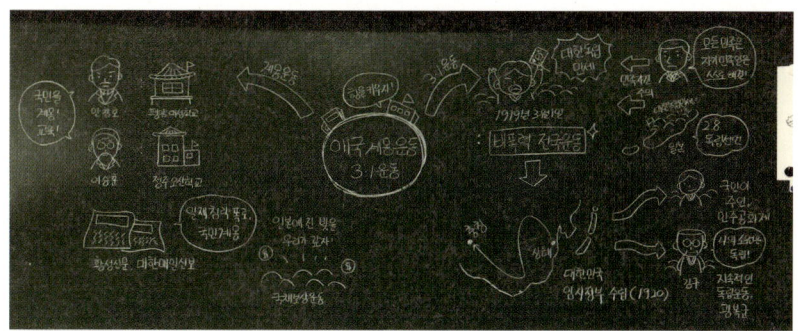

〈애국계몽운동과 3·1운동〉

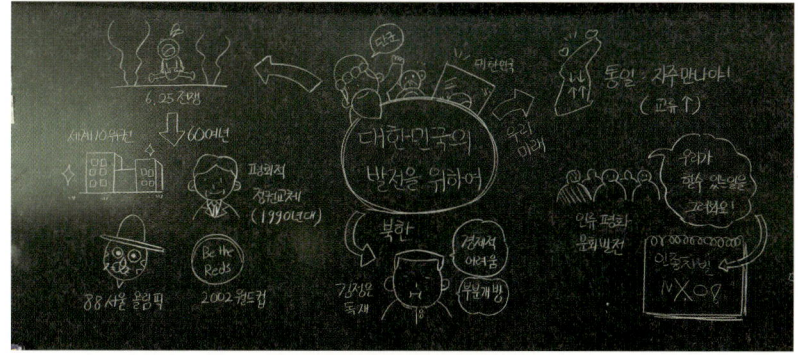

〈대한민국의 발전을 위하여〉

일 년 동안 그린 판서를 모으니 약 50개 정도였습니다. 이렇게 모은 판서를 SNS에 공유했더니 공유가 3,500건이 넘을 만큼 반응이 폭발적이었습니다. 저는 선생님들을 위해서 공유했지만, 실제로는 한국사 시험을 준비하는 수험생이나 학생들이 많이 공유했습니다. 비주얼씽킹은 내용을 정리하기 쉽지만, 내용 전달이 쉽기 때문에 교사 간의 공유도 활발하게 할 수 있습니다.

제가 그림 판서를 공유하기 시작하니 많은 선생님이 교실에서 아이들에게 그려준 그림 판서를 SNS나 교사 커뮤니티에 올리기 시작했습니다. 눈에 띄는 그림 판서 몇 개만 살펴보겠습니다.

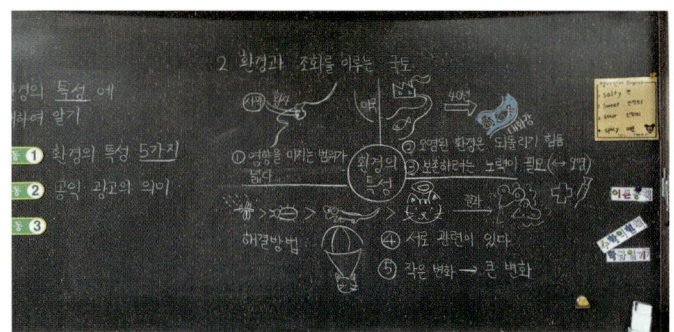

〈대전 와동초등학교 이솔 선생님〉

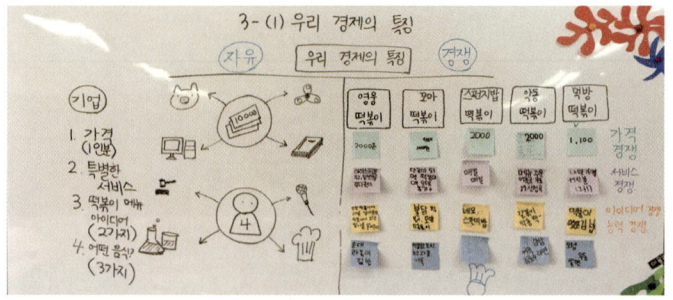

〈대전 와동초등학교 이솔 선생님〉

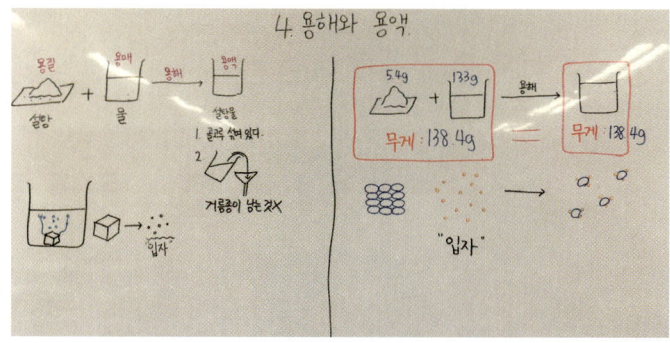

〈대전 와동초등학교 이솔 선생님〉

다음 내용을 그림 판서로 그려보세요.

– 화산의 종류는 지금도 활동하는 활화산, 백두산처럼 지금은 활동을 안
하는 휴화산, 울릉도처럼 완전히 활동을 멈춘 사화산 등이 있습니다.
– 화산이 분출할 때 나오는 용암의 점성에 따라 화산의 모양이 달라집니
다. 용암의 점성이 작을수록 경사가 완만한 화산이 만들어집니다. 용암
의 점성이 클수록 경사가 급한 화산이 만들어집니다.
– 화산의 꼭대기에는 움푹 팬 분화구가 있는 것도 있습니다.
– 화산의 분출물은 아래 표와 같습니다.

상태	물질	특징
기체	화산 가스	대부분이 수증기이고, 여러 가지 기체가 포함되어 있음.
액체	용암	마그마나 지표면을 뚫고 나온 검붉은 색의 물질임.
고체	화산재, 화산 암석 조각 등	화산재는 재와 비슷하게 생겼고, 화산 암석 조각은 크기가 다양함.

연습해보세요!

저는 이렇게 표현했습니다!

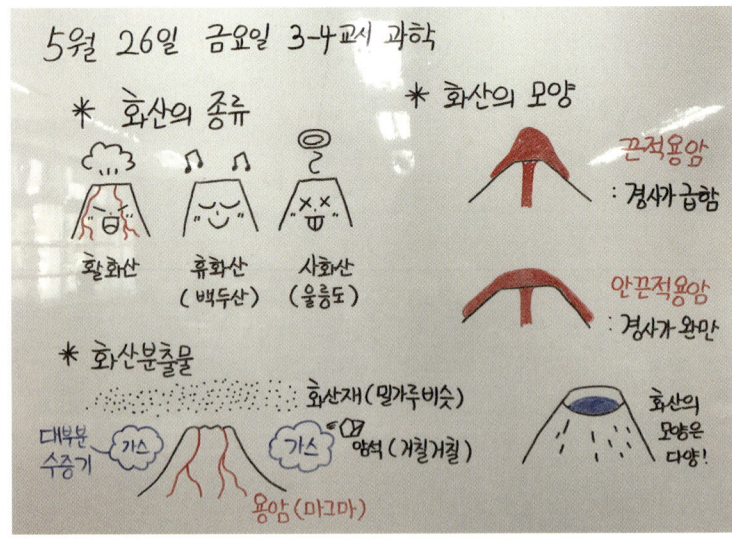

활화산, 휴화산, 사화산을 다음과 같이 표현한 학생도 있었습니다. 정말 놀랍죠.

2차시 분량의 내용을 짧은 시간에 정리할 수 있으며 남는 시간을 활용해 AR 어플리케이션을 활용한 수업을 하거나 화산 모형을 직접 만드는 활동을 할 수 있습니다.

그림 퀴즈

저는 그림 판서를 응용한 그림퀴즈를 수업에 자주 활용합니다. 그림 퀴즈는 쉬는 시간에 다음 시간에 배울 내용에 대해서 간단하게 그림 판서를 하는데 그림만 그려 넣고, 괄호로 비워놓는 방법입니다. 예시를 살펴볼게요.

도덕 시간에 '성실이란?' 주제로 수업을 했습니다. 처음엔 그림만 그려주고 괄호를 이용해 빈칸을 남겨놓았습니다. 그리고 교과서와 자료를 활용해 성실의 의미를 살펴봤습니다. 마지막으로 수업을 거의 마치고 정리할 때 아이들과 그림의 의미에 관해서 이야기했습니다. 제 의

도와는 다르게 '끈기를 가지고', '포기하지 않고' 등의 의미 있는 발표도 많이 나왔습니다. 제가 생각하는 성실의 의미인 '오랫동안', '노력하여', '꾸준히'를 적어주고 수업을 마쳤습니다.

'학급회의 시 주의할 점'입니다. 이 수업도 ①~④까지 그림만 그려주고 수업을 마칠 때 아이들과 이야기했습니다.

"3번을 보세요. 모두가 별 얘기하고 있는데 달 얘기하는 친구가 있어요! 어떤 상황일까요?"

"회의 주제에 맞는 이야기를 해야 해요!"

현행 3~4학년 과학 교과서의 시작 단원에는 관찰, 측정, 분류, 추리, 예상, 의사소통이라는 기초탐구활동 6가지가 소개되어 있습니다. 6가지를 배우기 전에 퀴즈 형태로 그림만 그려놓고 어떤 활동인지 예측해보게 합니다. 그리고 하나하나 파란색으로 답을 적어주며 기초탐구활동이 무엇인지 설명합니다.

기초탐구활동의 개념을 대략 익히고 실험에 들어가니 실험 진행속도가 확실히 빨라졌으며, 기초탐구활동과 실험 간의 연계성을 이해하는

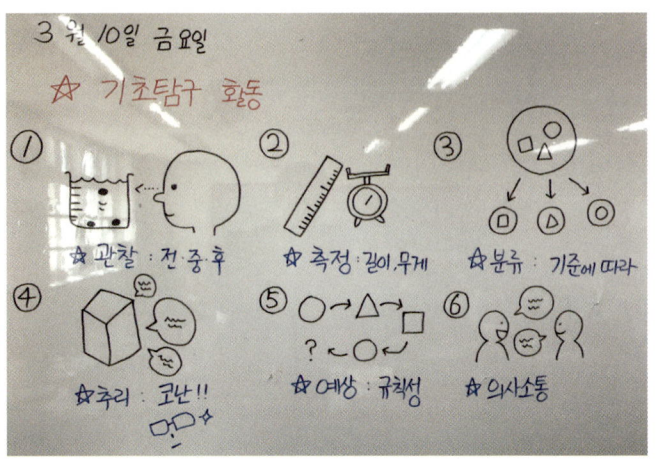

데 도움이 되었습니다.

그림퀴즈 활동은 앞에서 살펴본 '상징 그리기'와 많은 관련이 있습니다. 초기에는 제가 그림을 그리고 아이들이 텍스트를 맞추는, 퀴즈 형태로 진행되었지만, 후반부로 갈수록 조금씩 역할을 바꿉니다. 2학기에는 배운 내용을 바탕으로 아이들이 간단한 상징 그림을 그려보도록 합니다. 이렇게 단어를 그림으로 바꾸는 연습부터 차근차근 시작하고 서서히 문장으로 넘어갑니다.

그림퀴즈 방법으로 학습목표 대신 '읽을거리를 찾아 읽는 목적' 상징

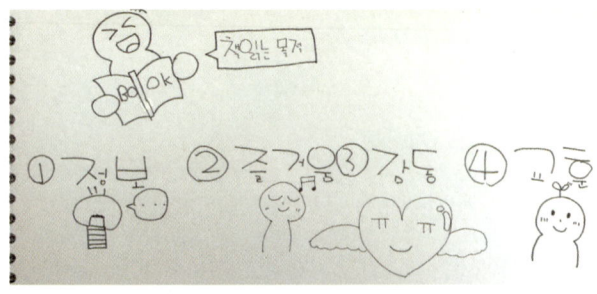

그림 4가지를 그림만 그려줄 수도 있고, 아니면 배운 내용을 아이들 스스로 정리해보는 활동을 할 수도 있습니다.

국어 시간 교과서에 나오는 이야기를 읽기 전에 대략적인 내용을 간추려줄 수도 있습니다.

4학년 2학기 국어 1단원에서 '신기한 사과나무'라는 이야기를 읽고 아이들이 인물의 마음을 찾아보고 이야기를 간추려보는 활동입니다. 아이들이 중요한 사건을 찾아 사건의 순서를 나열하는 것이 아니고, 몇 가지 사건은 주어지고 가운데 비어 있는 부분의 사건만 아이들이 떠올리는 수업입니다. 비주얼씽킹을 활용하여 앞의 내용을 떠올리고 빠진 부분의 내용을 찾을 수 있도록 하니 아이들의 흥미와 집중력이 높았던 수업이었습니다.(광주 운리초등학교 임솔 선생님)

한 장 그림을 가치 있는 교육콘텐츠로

비주얼씽킹이 교육콘텐츠에 영향을 준 여러 사례 중에서 하나를 고르라면 바로 선생님이 그린 낙서 같은 한 장의 그림이 디지털화되어 공유되기 시작했다는 것입니다.

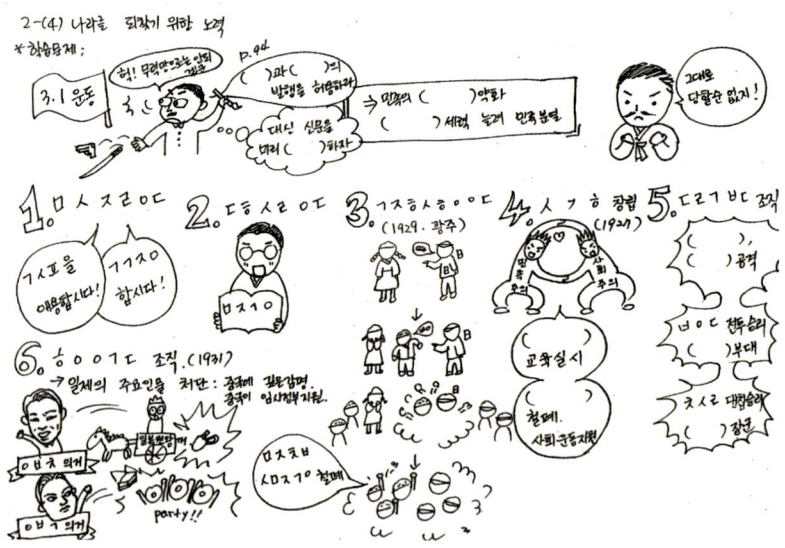

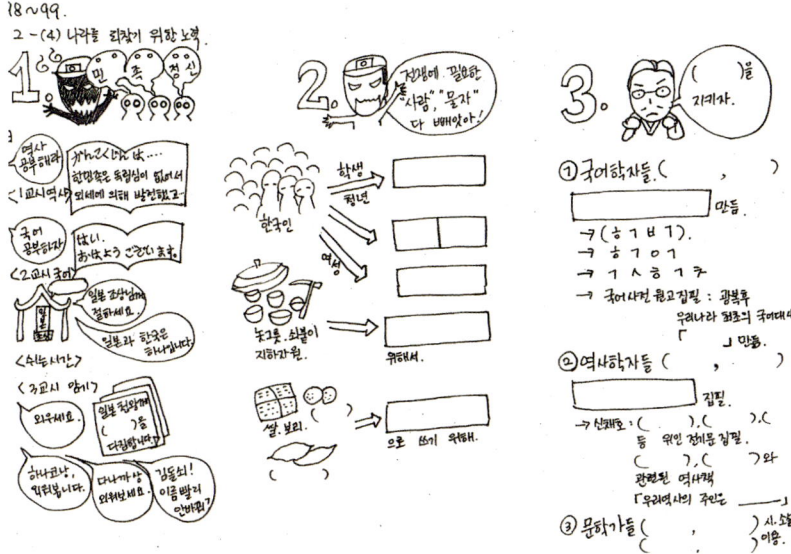

〈경남 창원 무학초등학교 이은경 선생님〉

우리가 기존에 '학습지'라고 생각했던 대표적인 형식은 아래아 한글로 편집된 자료로, 대부분 텍스트 중심으로 제작될 수밖에 없었습니다. 하지만 최근에는 한 장의 그림으로 된 학습지를 스캔하여 공유하는 선생님이 늘어나고 있습니다. 특별한 형식이 필요 없고, 학습지로 사용할 수 있고, 상시 평가지로도 사용할 수 있으며, 선생님끼리의 공유도 매우 쉽다는 장점이 있습니다.

> 수원 화성의 현장체험학습 사전 지도 시간이었습니다. 화성에 도착해서부터 진행 일정을 간단한 그림으로 나타내고 세부 사항에 대한 설명을 곁들였습니다. 시간대를 함께 기입하지는 않았지만, 아이들에게 현장체험 활동 순서는 명확하게 전달되었다고 생각합니다. (안산 삼일초등학교 김예슬 선생님)

저는 4학년 과학 교과를 맡고 있는데 이번에 배운 비주얼 마인드맵을 단원 정리 수업에 활용했습니다. 다음 주 있을 지필평가를 대비하여 배운 부분을 총정리하고 싶었는데, 배운 비주얼 마인드맵을 이용했더니 정말 좋았습니다!

수업에 적용하기 위하여 아이들에게 말로만 설명하기보다는, 제가 먼저 1단원에 대한 비주얼 마인드맵을 그려 보았어요. 정말 재미있고 시간 가는 줄 몰랐답니다. 아이들도 저처럼 이렇게 재미있어하지 않을까 자신감도 생겼습니다.

수업시간에 이 정리 노트를 보여주자 아이들 반응이 폭발적이었어요. "선생님 정말 그림 잘 그리신다!", "선생님 대단해요", "정말 선생님이 그리셨어요?" 등등 ^^ 제가 직접 그린 그림이 아이들에게 어떻게 그리는지 예시를 보여주는 효과도 있었지만, 그보다 흥미를 유발하는 데 더 효과가 있었던 것 같습니다.

또, 한 단원의 내용이 A4 종이 한 장에 모두 들어간다는 것도 정말 신기했습니다. 그리면서 생각도 정리되고, 기억도 되고…. 정말 좋은 수업 도구인 것

같습니다. 앞으로 수업시간에 많이 활용해보고 싶습니다.(서울 신남성초등학교 이은실 선생님)

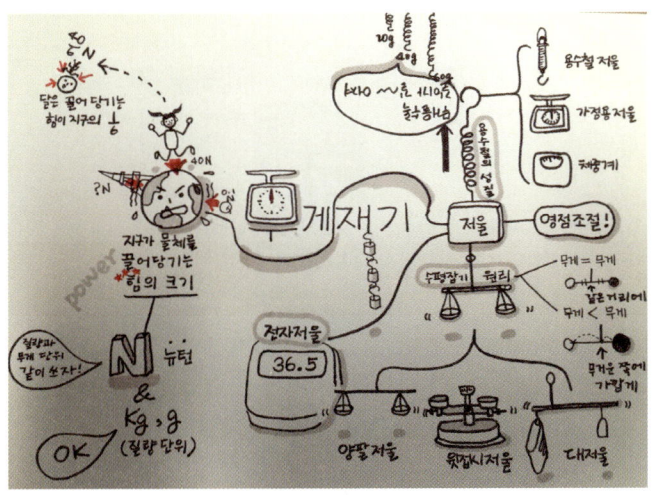

　　다음은 '나라를 지키기 위한 노력'이라는 학습지입니다. 아이들이 색칠도 할 수 있도록 했고 핵심단어 초성을 적어놓아 자칫 중요개념을 놓치지 않도록 배려했습니다.

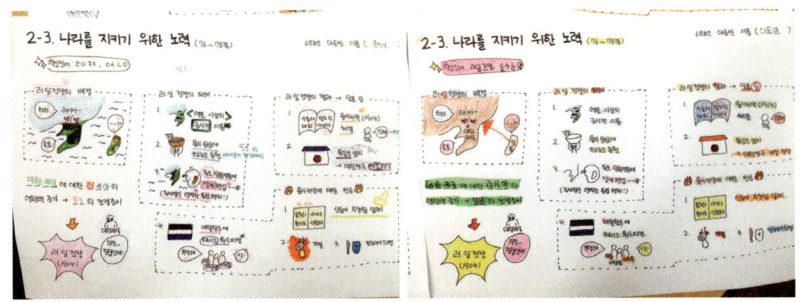

〈시흥 배곧초등학교 김수현 선생님〉

앞 학습지 아이디어를 조금 더 구체화하여 만든 콘텐츠가 바로 참쌤 스쿨 3~6학년 사회과학 전 차시 비주얼씽킹 학습지입니다. 초등교사커 뮤니티 인디스쿨이나 참쌤스쿨 블로그에서 다운로드 받을 수 있습니다.

다음은 아이패드와 프로크리에이트 앱을 활용해 '세계 여러 지역의 자연과 문화' 칠레 편을 영상으로 제작한 사례입니다. 아이패드의 프로 크리에이트 앱을 활용하면 그리는 과정을 녹화해 동영상으로 만들 수 있어 학급 SNS에 공유했을 때 학생들이 미리 공부해 올 수 있습니다. 이 동영상은 '플립러닝(Flipped learning)' 수업방법에 매우 유용합니다.

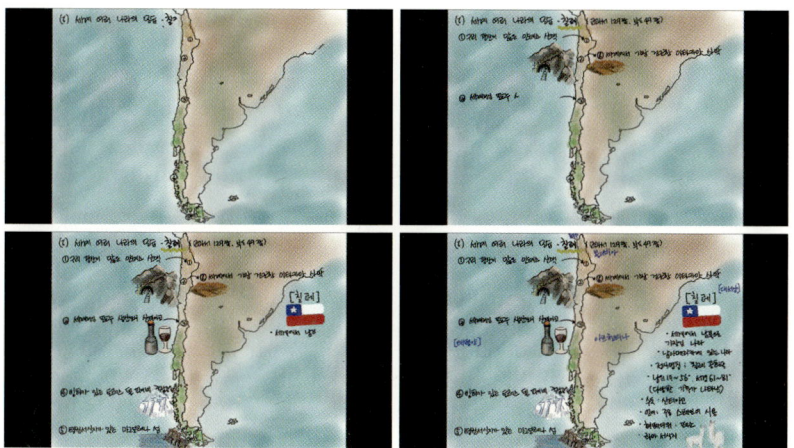

〈용인 역북초등학교 한국화 선생님〉

비주얼씽킹은 플립러닝을 위한 동영상 제작에 매우 유용합니다. 제 경우에는

1. 그림을 그리고 스캔합니다.

2. 스캔한 그림을 포토샵으로 가져옵니다.

3. oCAM이나 안캠코더 같은 화면 캡처 프로그램을 내려받아 실행 시킵니다.

4. 태블릿(펜마우스)을 이용해 필기합니다.

5. 저장된 동영상을 학급 SNS나 유튜브에 업로드합니다.

위와 같은 방법으로 동영상을 제작합니다. 이런 동영상은 플립러닝 뿐만 아니라 많은 선생님에게 쉽게 공유할 수 있으며 전체적인 수업내용을 쉽게 이해할 수 있어 굉장히 효과적입니다.

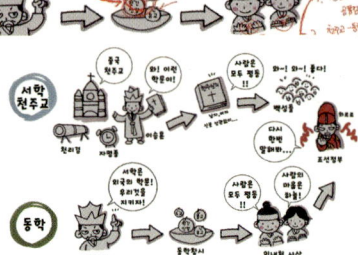

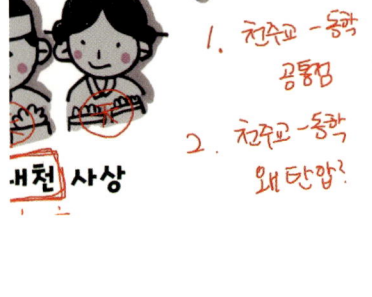

보여주는 습관

비주얼씽킹이라고 하면 '그림을 그리는 것'을 많이 생각하는데 꼭 그렇지는 않습니다. 그림을 그리는 이유는 적절한 이미지를 구하기 어렵기 때문입니다. 이미지를 구할 수 있으면 이미지만 보여줘도 됩니다.

혹시 이 책을 읽는 선생님 중에 82학번 선생님이 있나요? 아래 그림은 전설의 '82학번' 대학 동기생들의 동창회를 그린 것입니다.

1630년 4월 어느 날. 백발이 성성한 노인 12명이 관인방(寬仁坊 · 관철동) 충훈부(忠勳府) 건물로 속속 모였다. 손에 손에 술 한 병씩 든 채….

이들은 1582년(임오년) 사마시(생원 · 진사시)에 합격했던 동기생들이었다. 이른바 '(15)82학번 동기모임'이 열린 것이다. 원래 동기생 수는 200명이었다. 하지만 합격한 지 48년이나 지났으므로 많은 동기들이 세상을 떠났다.(윤진영의 〈만남과 인연의 추억-임오년 · 1582년〉에서 인용)

이 그림은 1582년도에 생원 · 진사시를 합격했던 동기생들이 약 50여 년이 흐른 1630년에 노인이 되어 동창회를 연 모습을 그림으로 담아낸 '임오사마방회도'라고 합니다. 그림을 보면 앉아있는 배치가 조금 이상합니다. 가운데에 4명이 앉아있고 왼쪽에는 6명이, 오른쪽에는 2명이 앉아있습니다. 4명씩 나눠서 앉으면 될 텐데 굳이 저렇게 나누어 앉은 이유는 뭘까요? 네 맞습니다. 바로 직급에 따라 앉은 건데요, 지금 모인 이들은 정1품(국무총리급)에서 종4품까지 고위관직에 있던 이들이었습니다.

이 동기생들은 4년 뒤인 1636년에 다시 한번 만나게 됩니다.

안타깝게도 4년 사이에 많은 이가 세상을 떠났습니다. 하지만 여전히 82학번 동기생 구성은 강력했습니다. 가운데 앉은 이들이 정1품(국무총리급), '정승'이었던 (왼쪽부터) 좌의정 오윤겸, 영의정 윤방, 우의정 김상용, 오른쪽에 앉은 이가 정2품(장관급), 왼쪽에 앉은 이들이 종2품(차관급)부터 순서대로 앉았습니다.

아무리 동기모임이어도 술자리의 서열은 철저했습니다. 품계에 따라 앉는 자리가 정해졌습니다. 그런데 이날은 4년 전 모임 때 불참했던 동기생이 참석했는데, 이 동기생의 직책은 가장 말직인 '참봉'(9급 공무원)이었습니다. 말단 공무원과 '일인지하 만인지상'이라는 국무총리 등 고관대작 동기생들과 어깨를 나란히 하고 술잔을 나눈 것입니다. 지금이었으면 어땠을까요?

261번 번호를 부착하고 달리는 여자를 남자들이 끌어내고 있습니다. 어떤 상황일까요? 1967년 보스턴마라톤에서 달리는 캐서린 스위처와 그를 저지하는 감독관입니다. 당시 마라톤 대회는 여자가 참가할 수 없었습니다. 캐서린은 몰래 참가했고 뒤늦게 캐서린이 참가한 것을 알

게 된 대회 조직위원회에서는 그녀를 끌어내리려고 했습니다. 하지만
캐서린과 동행한 코치 어니 브릭스와 애인 톰 밀러가 감독관을 저지해
마침내 스위처는 피투성이가 된 발로 4시간 20분의 기록으로 완주에
성공하게 됩니다.

이 사건을 계기로 4년 후 1971년 제2회 뉴욕마라톤에서 세계 최초
로 여성 참가가 허용됐습니다. 그리고 이듬해에는 보스턴마라톤 대회
에서도 여성 참가를 허용했고, 1974년에는 여자부를 신설하게 됩니다.
그리고 1984년 마침내 LA 올림픽에서 여자마라톤이 정식종목으로 채
택되게 됩니다. 캐서린 스위처는 50년 뒤인 2017년 5월 18일 제121회
보스턴 마라톤대회에서 50년 전, 1967년 대회 당시와 같은 배번을 달
고 출전해 결승선을 통과했습니다.

다음의 사진에 강아지와 함께 놀고 있는 소년들이 있습니다. 기껏해
야 15~18세 정도 되어 보입니다. 가운데 강아지를 안고 있는 대원은
당시 나이 17세라고 전해집니다. 그리고 주위의 대원들도 철없는 표정
으로 보아 비슷한 나이의 소년병들로 짐작됩니다. 바로 가미카제(神風)

특공대원입니다. 이 소년들은 다음 날 모두 자살 공격을 떠났다고 합니다(1945). 보이는 것과 달리 아주 충격적인 사진입니다.

저는 이런 사진들을 스마트폰에 많이 모아둡니다. 지나가다가 좋은 광고나 멋진 장면을 봤을 때, 좋은 교육내용이 있을 때 캡처하여 폴더별로 정리해둡니다. 잘 저장해뒀다가 동기유발 자료로 활용하거나 각종 계기교육 때 꺼내서 아이들에게 보여줍니다. 한마디로 이미지를 저장하는 습관이라고 할까요.

비주얼씽킹은 무엇인가 '보여주는 것'이라고 했습니다. 그래서 아이들이 실제로 볼 수 있는 무엇인가를 강조합니다. 이는 우리가 익히 알고 있는 점입니다. 특별한 것이 아닙니다.

> 1학년 1학기 수학 시간 '넓이 비교'에서 두 염소 이야기 그림을 이용해 동기유발을 했고, 가족 중에서 가장 넓은 발과 가장 좁은 발을 그려오는 과제를 제출하여 학급에서 가장 넓은 발과 가장 좁은 발을 찾도록 했다.(대전 상대초등학교 이계순 선생님)

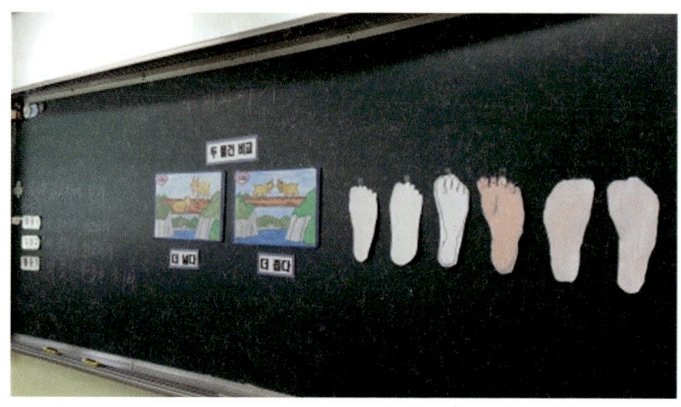

5학년 사회 교과와 연계하여 '비주얼씽킹으로 풀어본 역사연표 만들기' 프로젝트를 진행했습니다. 매 차시 수업이 끝나면 모둠별로 각 시대 연표에 필요한 대표적인 내용을 그림으로 정리하여 오려 붙였습니다. 역사 단원이 진행되는 내내 수시 게시했고, 학습 정리 및 내용 게시를 통한 복습이 굉장히 용이했습니다. 더불어 환경 정리의 부가적 효과까지 있었습니다.(비봉초등학교 김선경 선생님)

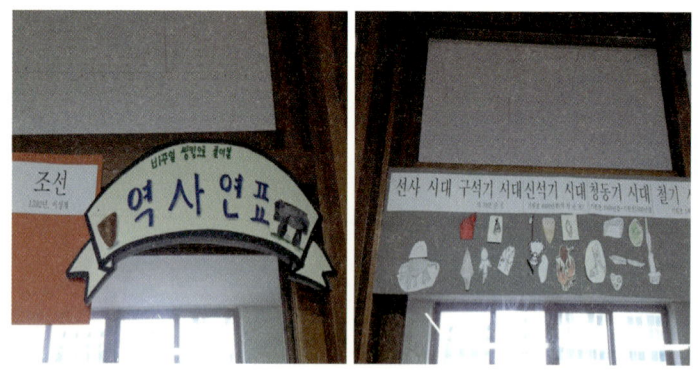

아이들과 함께 교실 한 구석 벽에 학급환경 겸 현대사 연표를 만들

어 봤습니다. 현대사는 어른들도 어려워합니다. 특히 시대감각이 부족한 아이들에게는 훨씬 어렵습니다. 이렇게 연표를 붙여놓으면 현대사에 대한 내용이 한눈에 정리가 됩니다. 안에 있는 내용은 모둠별로 협의해서 꾸며 넣도록 합니다.

이후 수업은 미술과 연계했습니다. 우리 가족 종이인형을 만들었는데요, 우리 가족 구성원들이 태어난 시점에 종이인형을 붙였습니다. 이 활동은 아이들이 좀 더 직관적으로 시대감각을 키워 줄 수 있도록 하는데 목적이 있습니다. 예를 들어 우리 아버지가 내 나이쯤에 88서울 올림픽이 열렸다, 우리 할머니가 태어났을 때 즈음에는 6·25전쟁이 일어났다 등의 사실을 직관적으로 알 수 있게 해줍니다.

비주얼씽킹은 아이들이 이해하기 쉽고 직관적이며 대략적인 자료들을 지향합니다. 그래서 내가 가진 정보를 다른 사람에게 전달하기 쉽습니다.

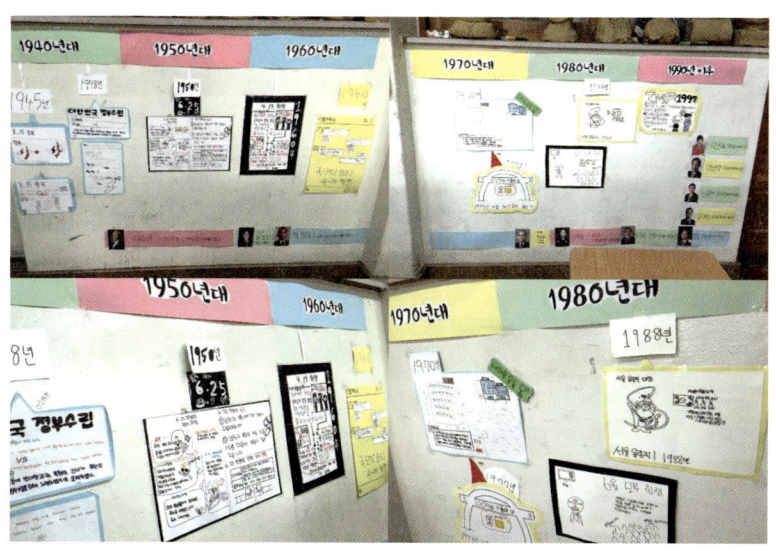

3월 초등교사에게 가장 어려운 업무 중 하나가 새 학기 학급 환경 꾸미기, 특히 교실 뒤 게시판 꾸미기일 것입니다. 참쌤스쿨 선생님들과 함께 교실 뒤 게시판을 현수막으로 만들어봤습니다. 현수막으로 만든 이유는 첫째로 불필요한 노력을 줄이고 싶었고, 둘째로 매일매일 접하는 게시판을 좀 더 교육적으로 꾸미고 싶었기 때문입니다.

〈역사, 인천간재울초등학교 윤예림 선생님〉

〈세계 여러 나라의 국기와 대표 음식, 인천구월초등학교 정다운 선생님〉

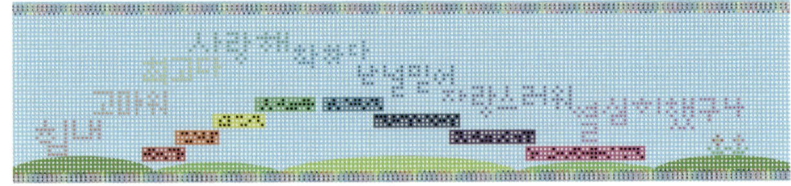

〈점자, 경기 시흥 정왕초등학교 유명선 선생님〉

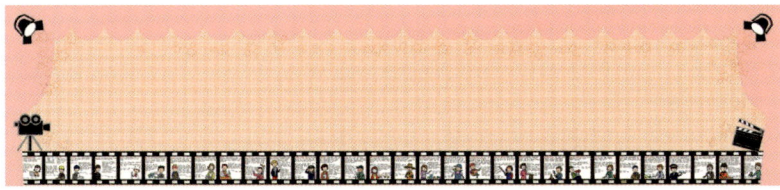

〈다양한 직업, 경남 창원 무학초등학교 이은경 선생님〉

〈소프트웨어, 대구신청초등학교 양지윤 선생님〉

〈세계 여러 나라의 전통의상과 인사말, 충북 제천 명지초등학교 김화인 선생님〉

〈산과 염기, 경기 남양주 예봉초등학교 윤보연 선생님〉

위 현수막은 약 70여 개 종류로 제작했고 선생님들의 폭발적인 공유를 통해 2017년 현재 약 15,000개의 교실에서 사용되고 있습니다. 최소한의 노력으로 학급환경을 마무리할 수 있다는 장점과 함께 좋은 교육 내용을 시각적으로 보여줬다는 점에서 많은 호응을 얻은 것 같습니다.

저는 2017년에 참쌤스쿨 선생님 몇 명과 함께 1, 2학년 '안전한 생활' 국정교과서 전체 삽화를 그렸습니다. 일 년이 넘게 걸린 힘든 작업이었는데, 교과서 삽화는 옷 무늬, 동작, 표정, 성별, 은연중에 숨겨진 고정관념이나 차별 요소는 없는지까지… 꼼꼼하게 살피며 작업합니다. 그리고 삽화 중심으로 수십 명의 전문가가 검토를 합니다. 그만큼 교과서 삽화는 상당히 완성도가 높은 상태로 학교에 보급됩니다.

아직 한글 읽기에 익숙하지 않은 저학년 학생들에게 교과서 본문을 읽기 전에 삽화를 먼저 보고 나중에 이야기를 풀어가도 좋습니다.

글을 읽기 전에 삽화를 보면서 알 수 있는 사실을 찾아보고 적어보도록 합니다. 휠체어에 탄 모습을 보고 '다리가 불편한', 누나의 나이가 나오지 않았음에도 케이크에 꽂힌 초의 개수를 보고 누나의 나이가 '13살'인 것을 알아냈습니다. 먼저 삽화를 통해 내용을 대략 예측하고 책을 읽으면 내용을 파악하는 데 도움이 됩니다.

교과서의 삽화는 단순히 시각적인 것이 아닌 정보가 담겨있는 서사적 시각자료라고 할 수 있습니다. 그래서 교과서에 있는 삽화를 보고 연상을 하고, 연상한 것을 써보는 작업은 매우 의미 있는 방식으로, 이 자체가 비주얼씽킹입니다. '그림 보기'보다는 '그림 읽기'라는 용어가 더 어울리는 듯합니다.

'그림 읽기'가 대표적으로 적용되는 경우는 미술 교과의 '감상' 부분입니다. 김홍도의 '씨름'을 보면 씨름판 주변의 모든 장면을 생략한 채 긴박한 순간을 흥미진진하게 쳐다보는 구경꾼들과 다음 차례를 초조하게 기다리는 선수의 모습도 보입니다. 신발을 벗고 버선 차림으로 자신이 상대해야 할 승자의 기술을 하나도 놓치지 않겠다는 듯한 진지한 표정이 이를 말해줍니다①. 또 이런 긴박함이나 긴장감과는 아무 상관이 없는 태도와 눈빛으로 자기의 직분인 엿 팔기에 열중하고 있는 엿장수 아이의 모습도 보입니다②.

이 판의 승자는 등이 보이는 선수일 것 같습니다. 고개를 바짝 치켜들고 양발을 크게 벌려 모래판에 굳게 디딘 채, 상대방의 허리와 다리를 야무지게 움켜쥐고 바짝 들어올린 들배지기 기술로 마지막 젖먹던 힘을 쏟고 있습니다. 상대적으로 얼굴이 보이는 한 발이 들린 상대는 균형을 잃고 얼굴에는 양미간이 바짝 조여진 상태로 당황한 기색이 역력합니다③. 맨 우측 하단에 뒤로 땅을 짚고 있는 사람의 왼쪽 손가락을 보면 손가락 방향이 틀리게 그려져 있습니다. 왜 그럴까요?④ 부채를 든 모습과 구경꾼들의 복장을 볼 때 단옷날의 씨름판인 모양입니다. 이곳에 있는 사람들은 다른 곳에 비해 나이도 좀 들어 보이고 행색도 양반 차림을 하고 있어 절박한 순간에도 체통을 지키려는 양반의

허세를 느끼게 합니다. 특히 중앙에 갓을 점잖게 쓴 인물의 표정이 그러하네요⑤.

이 외에도 등장인물이 왜 전부 남성인지, 사람들 표정을 통해 응원하는 선수가 누구일지, 경기가 길어졌는지, 아니면 빨리 끝났는지, 선수들 옆에 놓여 있는 신발 두 켤레는 왜 한 켤레는 짚신, 한 켤레는 고무신인지, 이것을 통해 무엇을 알 수 있을지 천천히 그림을 '읽는' 것만으로도 훌륭한 수업이 됩니다.

조금 더 나아간다면 김홍도의 다양한 그림을 소스로 하여 새로운 작품을 창조하는 활동을 해도 재미있습니다. 여러 가지 작품의 부분을 잘라 붙이고, 필요하다면 새로운 그림을 추가로 그려넣고, 다른 친구들의 작품을 읽어보는 활동입니다. 그림을 읽는 연습을 하는 데 매우 유용한 수업입니다.

〈전북 익산 이리부송 초등학교 학생들〉

수학은 이미 거의 완벽하게 비주얼씽킹 요소가 들어 있는 교과입니다. 수학에서 다루는 수, 도형, 통계, 규칙 등 모든 주제가 이미 시각적 요소를 포함하고 있기 때문입니다. 그래서 이 책에서는 수학에 관한 사례를 많이 담고 있지는 않습니다. 이미 충분히 시각화되어 있는데 굳이 시각화를 더 한다는 것 자체가 큰 의미가 없기 때문입니다.

레고는 고등학교와 대학에서 컴퓨터 프로그래밍, 로봇 교육에 사용될 만큼 광범위하게 활용됩니다. 저는 분수의 개념과 덧셈, 넓이를 가르칠 때 레고를 활용합니다. 특히 레고는 색이 다양하여 부분부분이 합쳐져 총합을 이루는 것을 직관적으로 볼 수 있습니다.

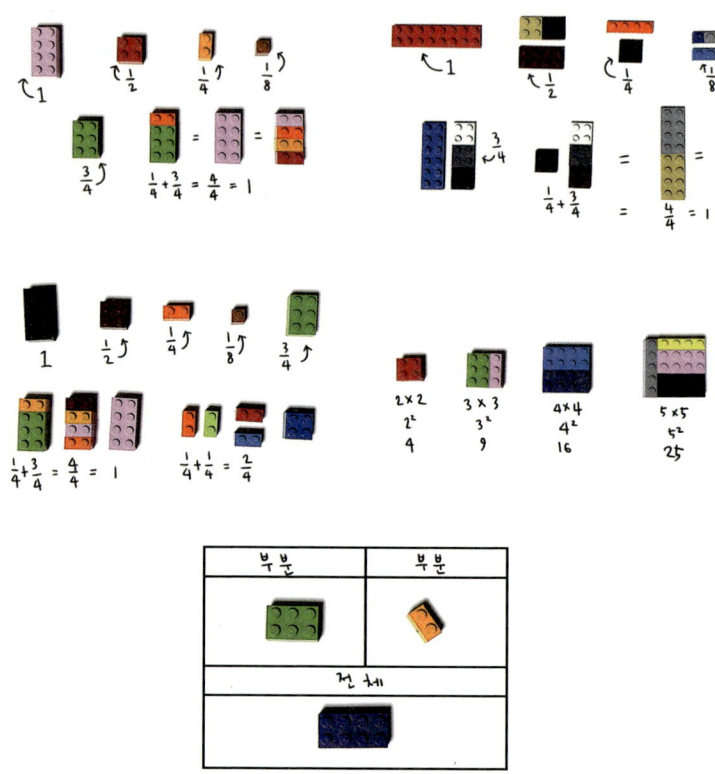

〈scholastic.com/Alicia Zimmerman 참고〉

산출하는 습관, 정리하는 습관

제가 생각하는 비주얼씽킹의 목적은 아이들이 이미지로 생각하는 습관을 길러주는 것입니다. 그리고 자연스럽게 머릿속의 생각을 이미지와 그림으로 최대한 많이 산출하도록 도와주는 것입니다. 앞에서 살펴본 36개의 비주얼씽킹 프로그램도 이 목적을 위해 개발했습니다. 처음에는 단어 수준에서 조금씩 문장과 문단 수준으로 확대합니다.

저는 비주얼 마인드맵을 주로 활용합니다. 자기소개, 버킷리스트 표현해보기, 일 년 동안 기억에 남는 일을 비주얼 마인드맵으로 표현해보는 것은 비주얼 마인드맵을 익히기 참 좋은 주제입니다. 정답이 있는 것도 아니고 소재가 '나'이기 때문에 크게 어렵지 않습니다.

마인드맵 형태를 따르긴 하지만 특별한 형식이 정해져 있진 않습니다. 저는 2학기 때 아이들과 '비주얼 마인드맵 공책'을 만듭니다. 그래서 1, 2개 과목을 정해놓고 몇 개 차시나 대단원이 끝날 때 비주얼 마인드맵으로 정리합니다. 저는 보통 비주얼 마인드맵으로 정리하기 쉬운 사회나 과학 단원을 선택합니다.

사회나 과학과를 가르치면서 가장 많이 하는 활동은 정리단원을 이미지로 바꿔보는 활동입니다. '1그림 1문장 활동'이라고 합니다. 같은 내용도 정리하는 사람에 따라 표현 방식이 많이 달라집니다.

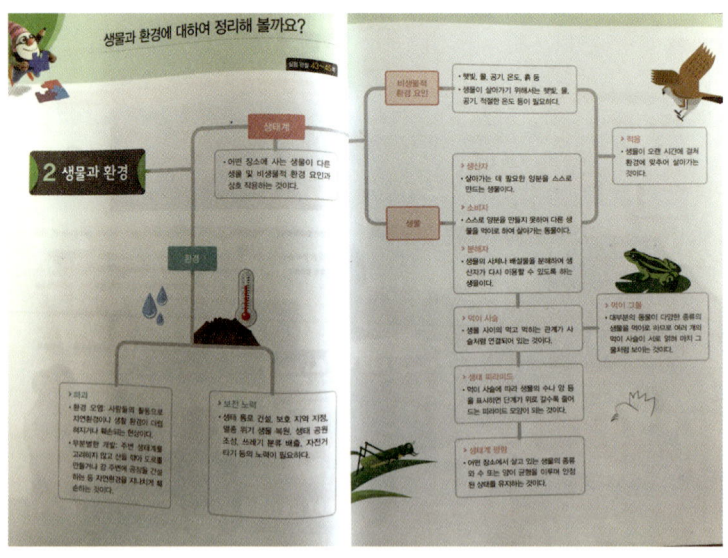

〈과학 – 생물과 환경, 6학년〉

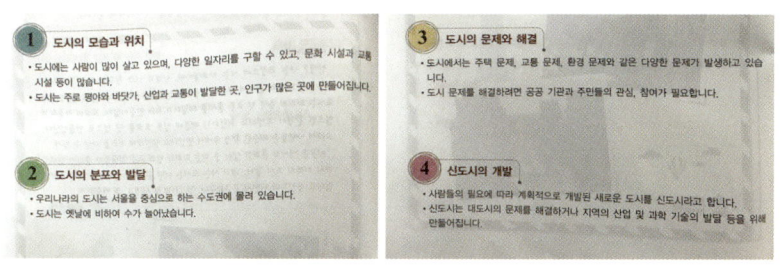

〈4학년 1학기 사회 – 도시의 발달과 주민생활〉

　같은 내용을 정리했음에도 불구하고 표현한 방법이 다릅니다. 이렇게 '1그림 1문장 활동'을 마친 후 반드시 돌려보며 자기가 왜 이렇게 표현했는지 친구에게 말하도록 합니다. 비주얼씽킹은 산출물보다는 왜 이렇게 표현했는지, 생각이 더 중요하기 때문입니다. 그리고 다른 친구의 그림을 보면서 많은 도움과 영감을 받을 수 있습니다.

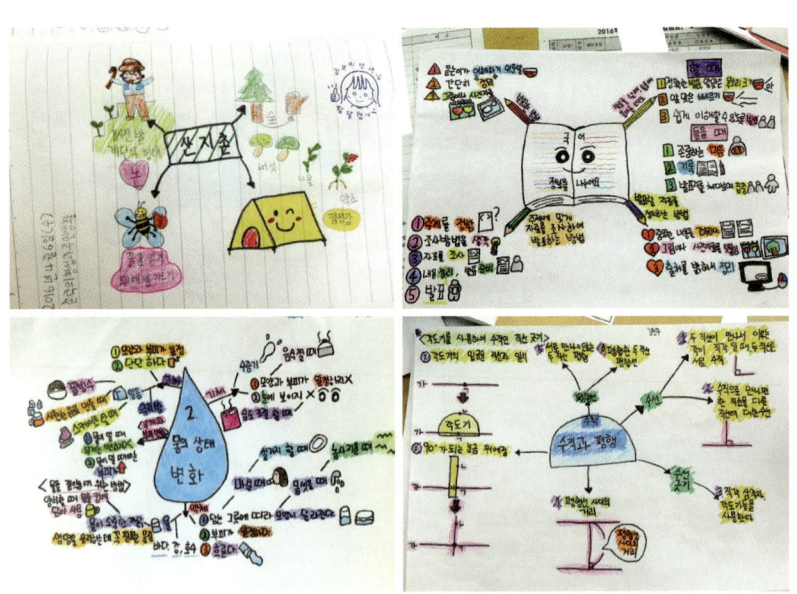

〈경남 사천 곤양초 학생들의 비주얼 마인드맵 노트 정리〉

2017년 2월 1일 미국 유튜버 도미니크 월리먼이 수학의 역사와 세부 분야, 활용 영역을 담은 수학 지도를 만들어 공유한 것을 번역했습니다(도움: 대전 도마초등학교 하수지 선생님). 지도는 가운데 노란색 원에서 시작합니다. 수학의 시초라고 할 수 있는 수 세기와 수학의 발전에 크게 기여한 0의 발견 등 수학의 기원을 간단한 그림과 함께 보여줍니다.

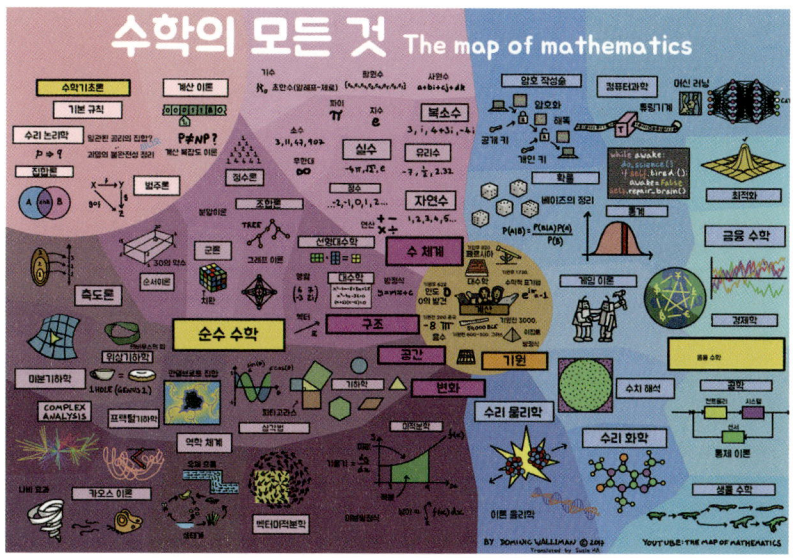

출처: https://www.youtube.com/watch?v=OmJ-4B-mS-Y

이 원을 기준으로 왼쪽 붉은색 부분은 정수와 실수, 사칙연산 기호 같은 수학의 기본 요소와 위상수학, 대수학, 기하학 같은 순수수학 분야를 소개합니다. 오른쪽 푸른색 부분은 알파고로 유명세를 탄 머신러닝과 산업현장에서 많이 쓰이는 최적화 이론처럼 다른 분야에 수학을 활용하는 경우를 나타냅니다.

박정원(경인교육대학교 미술교육과)

고등학교에서 스페인어를 공부하며 국문학도의 꿈을 키웠으나, 정신을 차려보니 교대생이 되어 있었다. 생뚱맞게도 공부하라고 보낸 대학에서 연극에 꽂혀 무대에 서기도 했다. 넓은 오지랖으로 인해 온갖 목적의 홍보물을 만드는 기계로 일했고, 실무 능력을 실컷 쌓았다. 차곡차곡 새벽에 그린 그림들을 우연히 발굴당하여 참쌤의 충실한 노예가 되었다. 탈교대의 꿈을 꾸던 방황도 잠시, 이제는 교대생의 운명에 수긍하며, 교육적 컨텐츠에 대해 고민하며 가진 능력을 교육을 위해 발휘하려 한다.

8장

선생님을 위한 비주얼씽킹 디지털콘텐츠

현재 활동하는 일러스트레이터나 웹툰 작가 중에서 아날로그 방식으로 그림을 그리는 사람은 거의 없습니다. 모든 그림에 디지털화, 즉 컴퓨터 프로그램을 이용합니다. 아날로그는 아날로그대로, 디지털은 디지털대로 장점이 있지만 수정과 복사가 쉽고 온라인 공유가 쉽다는 점에서 디지털로 그리는 그림은 이미 대세가 되었습니다.

디지털 만화콘텐츠인 웹툰은 이미 우리나라 문화콘텐츠의 대세입니다. 네이버, 다음 등 포털사이트는 물론 레진코믹스, 저스툰 등 유료 웹툰 플랫폼도 폭발적으로 늘고 있습니다. 2017년에는 우리나라 웹툰 시장 규모가 1조 원을 넘어설 것으로 예측됩니다. 또한 글로벌 진출도 훨씬 활발하게 진행되고 있습니다. 출판만화 시절에는 해외에 진출하려면 인쇄비와 물류비를 고민해야 했지만, 웹툰은 번역만 된다면 어느 나라에나 수출이 가능합니다. 온라인 기반 콘텐츠가 가질 수 있는 장점입니다.

이런 디지털콘텐츠는 특히 온라인상에서 선생님끼리 공유가 되어, 10배, 20배, 100배의 효과를 낼 수 있기 때문에 그 활용 가능성은 훨씬 커집니다. 예시 작품을 몇 개 살펴보겠습니다.

다음 그림은 2017년 3월 20일에 시행된 국가공무원 복무규정 개정 사항입니다. 저출산 문제와 육아 문제를 해결하기 위한 국가공무원 복무규정 개정에 관한 내용입니다. 보통 이런 개정사항 같은 경우는 시도교육청에서 공문으로 학교에 내려보내는 경우가 대부분입니다. 하지만 학교에서는 이런 공문을 읽어볼 기회와 여유가 많지 않습니다. 그리고 복무규정 홈페이지도 상당히 딱딱하게 되어 있습니다.

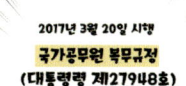

〈2017년 3월 20일에 시행된 국가공무원 복무규정 개정사항〉

　　교사들을 포함해서 모든 공무원이 알아야 할 매우 중요한 내용이기 때문에 가장 핵심적인 개정사항만 그림으로 표현해 온라인상으로 공유했습니다. 그야말로 폭발적인 반응을 얻었습니다. 물론 좋은 정책이기 때문에 그랬겠지만, 대부분의 공무원이 이 개정사항을 전혀 몰랐기에 그리고 이해하기 쉽게 글과 그림으로 표현했기에 더욱 반응이 좋았던 것 같습니다.

이 콘텐츠 제작 방법을 알아보겠습니다. 일단 종이와 펜, 그리고 스캐너(스마트폰 스캔 어플리케이션), 포토샵과 유사한 온라인 무료 이미지편집 프로그램인 'Pixlr'이 필요합니다.

연필로 스케치하고 펜으로 깔끔하게 선을 그어준 뒤 지우개로 연필선을 지웁니다. 크기나 위치는 포토샵 기능을 활용하여 추후 바꿀 수 있으니 편한 대로 그립니다. 중요한 것은 선이 반드시 막혀있어야 한다는 점입니다. 나중에 디지털로 채색할 때 '구멍'이 있으면 색이 빠져나오기 때문에 꼼꼼하게 그립니다.

제가 이번에 사용한 스캔 어플리케이션은 Adobe Scan이라는 어플리케이션입니다. 2017년 5월 31일에 업데이트된 어플리케이션입니다.

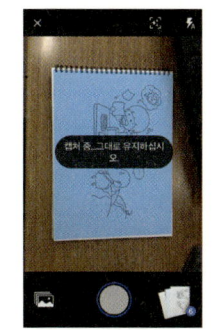

이 어플리케이션의 장점은 특별이 스캔 버튼을 누르지 않아도 알아서 종이 부분을 인식하여 스캔을 해준다는 점입니다.

자동으로 스캔이 완료됐습니다. 여러 장을 스캔하여 순서를 편집할 수도 있고 자르기, 회전하기, 효과 주기 등 다양한 편집도 가능합니다.

오른쪽 위 'PDF로 저장'을 클릭하면 PDF로
저장할 수 있습니다.

'공유' 버튼을 누르면 이메일로도 보낼 수 있
으며 다른 어플리케이션으로 공유도 가능합
니다. url 링크로 따로 보낼 수도 있습니다.

스캔이 완료되었습니다. 이대로 공유해도 괜찮겠지만 Pixlr 프로그램
을 이용해 더 예쁘게 만들어보겠습니다.

인터넷에 접속하여 'Pixlr'을 검색합니다. 'Pixlr'은 온라인에서 로그인 없이 무료로 사용할 수 있는 포토샵이라고 생각하시면 됩니다. 비싼 포토샵을 구매해야지만 사용할 수 있던 수많은 기능을 무료로 사용할 수 있습니다.

'WEB APPS'를 선택합니다.

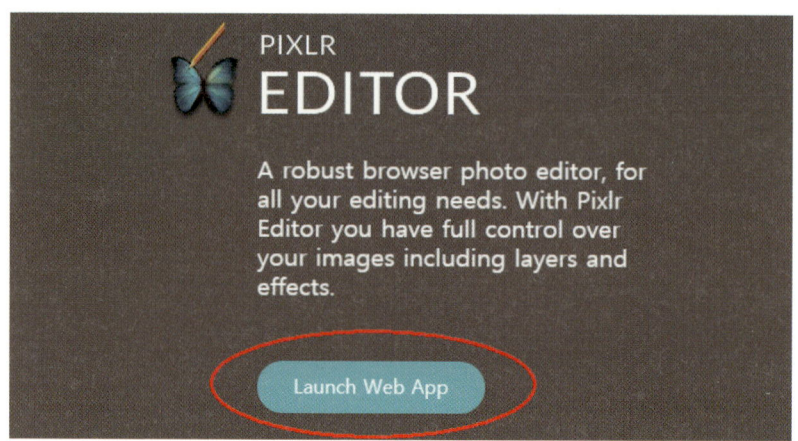

'Launch Web App'을 선택합니다.

지금부터 'Pixlr'을 사용할 수 있습니다.

스캔한 파일을 불러옵니다.

첫 번째 '자르기 툴'을 활용하여 필요한 부분만 드래그 하여 선택하고 'Enter'를 누르면 필요한 부분만 활용할 수 있습니다.

정확히 필요한 부분만 남았습니다.

네 번째 '페인트통'을 선택하고 색을 선택합니다.

상단에 '허용치'를 200정도 선택해주면 빈틈없이 색이 채워집니다.

원하는 색을 부어서 채워줍니다.

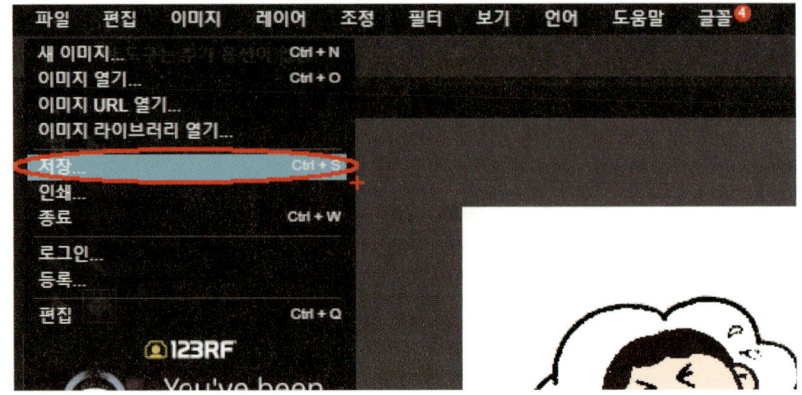

색을 다 칠했다면 파일-저장을 선택합니다.

이름을 선택해주고 형식은 'JPEG'로 선택합니다. 다음에 다시 활용할 예정이면 'PXD' 파일로 저장합니다.

텍스트를 입력해야 하는 경우도 있는데, 이 또한 어렵지 않게 할 수 있습니다. 텍스트는 익숙한 PPT 프로그램으로 입혀주면 편합니다. PPT 프로그램으로 저장한 JPEG 파일을 가져오고 글을 써주는 것입니다. 이후에 PDF로 저장해도 되고, 아니면 전체 그룹저장 후에 다시 JPEG로 저장해도 됩니다.

디지털 도구를 처음으로 다뤄보는 사람에게는 조금 어려울 수도 있습니다. 하지만 많은 기능을 사용하는 것이 아니기 때문에 몇 번만 연습해보면 금세 익숙해집니다. 저 역시 대부분의 콘텐츠를 지금 소개해드린 기능만 가지고 제작합니다. 웹툰도 마찬가지입니다.(디지털콘텐츠 제작 부분만 따로 심도 있게 알고 싶다면 「왕초보 교사도 뚝딱 만드는 디지털 학급운영 콘텐츠」(즐거운 학교, 2017, 정원상 · 박경인 · 김차명 공저)를 참고하세요.)

2017년 대한민국 19대 대통령으로 당선된 문재인 대통령의 공약집을 보고 교육 부분만 발췌하여 만든 카드뉴스 형식의 비주얼씽킹입니다. 교사들이 반드시 알아야 하기에 만들었습니다. 아쉬웠던 점은 당선되기 전 선거운동 기간에 공무원인 제가 이 카드뉴스를 제작해 공유하면 선거법 위반이기 때문에 당선된 다음 날 공유했습니다. 물론 문재인 대통령을 포함해 다른 주요 후보들의 공약도 같이 정리했음에도 말이죠.

다음에 소개하는 카드뉴스는 세월호 참사를 계기로 경기도교육청이
마련한 '416 교육체제'에 대한 내용입니다. 416 교육체제에서는 배움
을 즐기는 학습인, 실천하는 민주시민, 따뜻한 생활인, 함께하는 세계
인을 추구하는 인간상으로 꼽았는데요. 이러한 인간이 되기 위하여 협
력, 공공, 창의, 자율, 생태를 추구하는 핵심 가치로 삼았습니다.

하지만 200여 쪽에 가까울 정도로 내용이 많고 선생님들이 보기에도 어렵습니다. 경기도교육청 중심으로 선포되었지만, 경기도 선생님들조차 대부분 416 교육체제를 모릅니다. 그래서 가장 핵심적인 내용만 요약하여 한 장의 비주얼씽킹으로 표현했습니다.

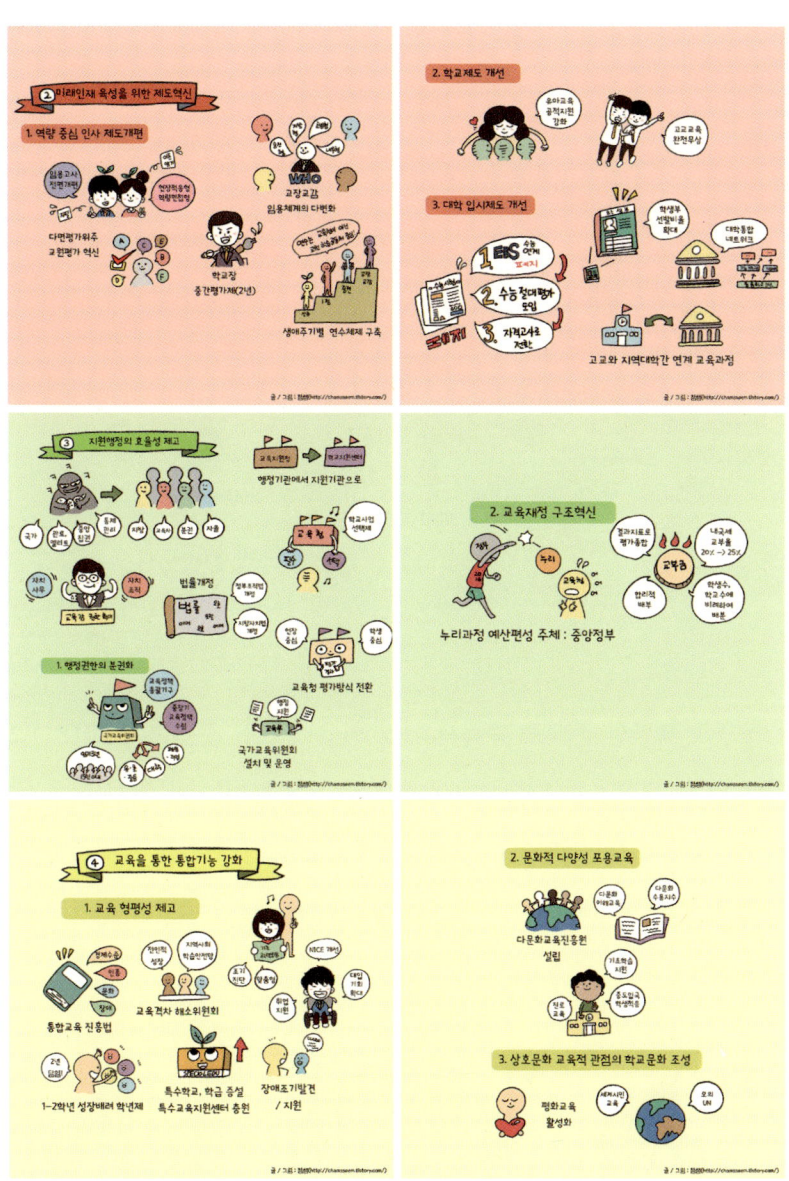

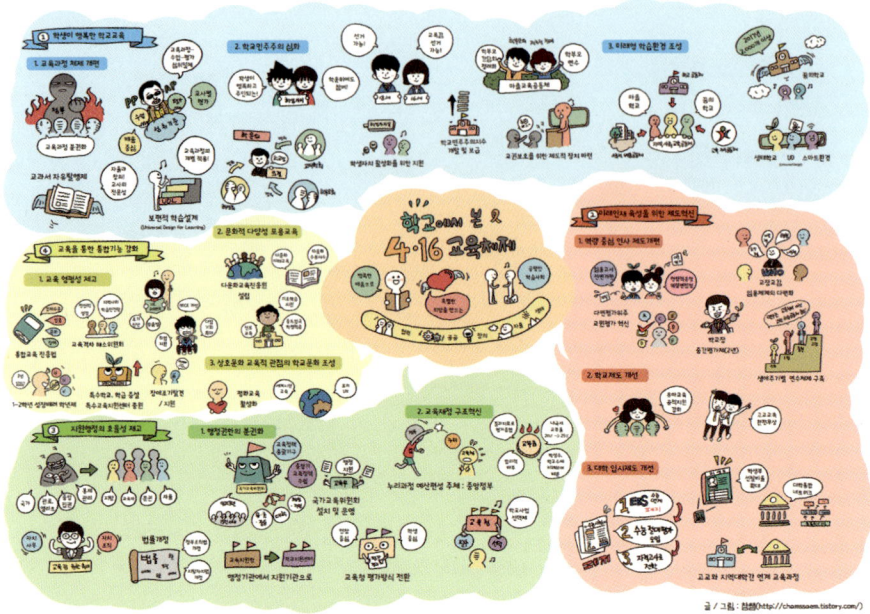

최근에 제작한 콘텐츠 중에서 가장 마음에 드는 콘텐츠가 2018년 2월에 만든 '새학기를 위한 8가지 생각'입니다. 원래는 신규교사들을 대상으로 하는 강의를 할 때 소개했던 자료인데, 새 학기를 맞이하기 전에 카드뉴스 형태로 SNS에 공개했던 자료입니다. 마찬가지로 손으로 그리고 디지털로 채색했습니다.

3 아직 40년 남았다.

일희일비하지 마세요
길게보세요. 당장 못해도 괜찮아요.

4

멘토를 찾는 것보다 중요한 건
같이 공부할 사람들을 찾는거예요.

5

결정하기 어려운 일이 있으면
무조건 학생중심으로 생각하세요.

6

시스템을 아는 것이 중요해요.
교실 안에서 충실한 것도 좋지만
교실 밖의 교육시스템에 관심을 가져봐요.

7

신규 선생님들의 고민중 대부분은
시간이 흐르면 자연스럽게 해결되는 것이예요.
나머지 고민들은 경력이 30년이 돼도
똑같이 고민하는 것들이예요.

8

아무리 어려운 학부모님이라도
우리의 목적은 같아요. 아이의 행복

이런 비주얼씽킹 디지털콘텐츠는 정책 소개뿐만 아니라 교육자료로
만들어 선생님끼리 공유할 수 있습니다.

〈경기 남양주 예봉초등학교 윤보연 선생님〉

다음은 2017년 1월에 제주국제교육정보원에서 그림 문외한인 선생님들을 대상으로 실시한 '비주얼씽킹 기반 디지털콘텐츠 만들기' 15시간 연수에서 선생님들이 만든 비주얼씽킹 디지털콘텐츠입니다.

〈제주 예봉초 이은진 선생님〉

〈제주 도련초등학교 김석범 선생님〉

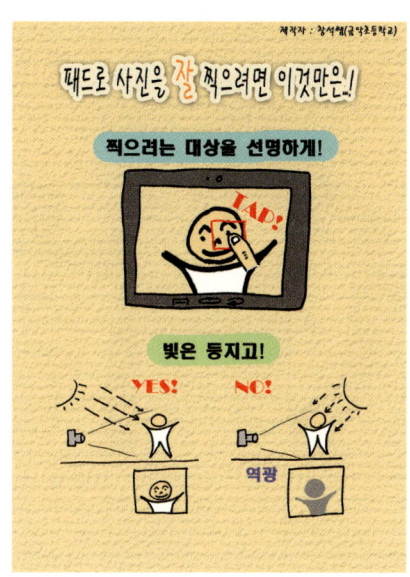

〈제주 금악초등학교 현창석 선생님〉

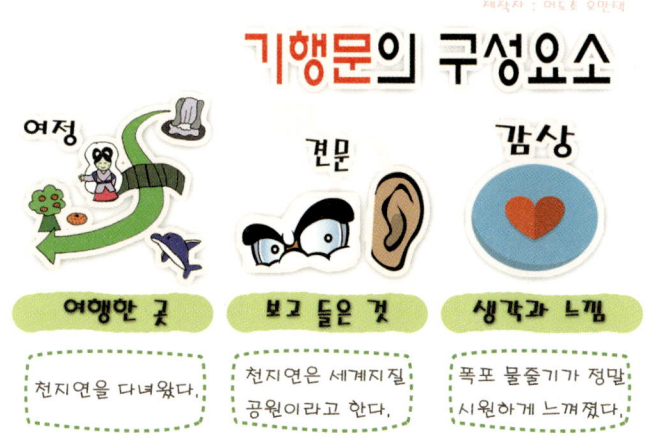

〈제주 어도초등학교 오만택 선생님〉

최성권(충북 증안초등학교 교사)

카카오톡 이모티콘 '세상에서 가장 행복한 동물 쿠카!'의 디자이너. 쿠카아빠로 불리고 있다. 동물을 좋아해서 놀이공원에 가면 동물원에만 간다. 호주 로트네스트 아일랜드에서 쿠카의 모티브가 된 동물 쿼카를 만나는 것이 하나의 꿈이다. 다른 꿈으로 대형 포털에 웹툰 연재하기, 토끼 캐릭터 토뭉이가 주인공으로 등장하는 게임 만들기 등이 있다. 코딩에도 관심이 있어 어린이용 프로그래밍 학습서 '쿠카의 코딩크래프트'에서 글, 그림을 맡았다.

오보나(서울 영도초등학교 교사)

무언가 배우는 것을 좋아하는 연수덕후. 운동과 더불어 그림을 꾸준히 그리고 있다. 특별한 재능이 있다면 누구보다 열심히 하려는 노력과 열정! 참쌤스쿨을 하면서 스스로도 많이 배우고 곧바로 학교 현장에 적용해보면서 학생들과 함께 성장해나가고 있는 만년 초보교사. 반 아이들과 이런저런 재미난 학교 에피소드를 웹툰으로 그려 다른 선생님들과 공유하는 것이 목표이다.

고종은(경인교육대학교)

이상한 나라의 앨리스에 나오는 시계토끼처럼 항상 바쁘게 도전하고 경험한다. 여행, 음악, 미술, 체육 가리는 것 없이 즐기고 도전할 때 행복함을 느낀다. 1학년 때 우연히 만난 참쌤의 대학 강의가 참쌤스쿨 2기를 하게 된 출발점이 되었다. 대단하신 선생님들 사이에서 함께 느끼고 배우는 지금도 행복하다. :)

루돌프 아른하임은 시각적 사고란 감각, 지각, 사고는 절대 분리될 수 없으며 '보는 것'에서 시작하지만 사고와 통합하여 일어나는 인지 활동이라고 했습니다. 또한 유아기와 아동기에 시지각 능력이 가장 활발하고 왕성하게 일어나며 시각적 사고가 신장된다고 했습니다. 토머스 웨스트(Thomas G. West)는 그의 책 『In the Mind's Eye』에서 "글자를 읽으면 지식이 확장되고 이미지를 읽으면 지식이 창조된다"고 주장하면서 글자에 갇혀버린 창조력의 한계를 뛰어 넘으라고 권면합니다.

우리는 모든 생각을 이미지로 떠올립니다. 가장 좋아하는 사람을 떠올릴 때 그 사람의 이름을 떠올리지 않습니다. 얼굴로 떠올립니다. 이는 매우 자연스러운 현상입니다. 하지만 우리는 (특히 우리나라에서는) 어릴 때부터 이미지로 떠오른 생각이나 개념을 텍스트로 변환하도록 철저하게 훈련받습니다. 이 훈련 때문에 무엇인가를 표현할 때 무조건 텍스트 중심으로 표현하게 됩니다. 모든 사람은 그림을 그리는 것을 좋아하게 태어났지만, 초등학교에 입학 후 '평가'를 거치게 되면서 대부분은 그림 그리는 것을 부담스러워하면서 멀어지게 됩니다.

지금까지 비주얼씽킹이 무엇인지, 왜 우리가 비주얼씽킹에 주목하고 있는지, 왜 그림을 좋아해야 하는지, 그림을 잘 그린다는 것은 어떤 것인지 알아봤습니다. 또 저와 참쌤스쿨 선생님들과 함께 교실에서 효과만점인 그림들과 수업지도안과 각종 문서를 그림으로 바꿔봤습니다. 전국의 여러 선생님의 이미지를 활용한 수업방법과 아이들과 매일 할 수 있는 36가지 20분 비주얼씽킹 활동도 알아봤습니다. 제가 현장에서 계속 적용해보며 성공하고, 또 실패했던 수많은 경험을 담았습니다.

부족한 점도 많습니다. 무엇보다 제가 제시한 모든 활동을 학문적으로 정확한 실험 처치를 통해 검증했으면 더욱 타당하고 신뢰성이 있었을 텐데 그 점이 많이 아쉽습니다. 현장 교사인 저의 임무는 실험을 통한 연구결과보다는 아이들의 변하는 눈빛과 삶이었기 때문이라고 변명을 해봅니다.

'비주얼씽킹이 일어나는 교실은 어떤 교실일까?'라는 주제로 그려 봤습니다. 확실한 건 비주얼씽킹이 수업시간에만 일어나는 것은 아니라는 점입니다. 재미있고 의미 있는 광고를 보고 동기유발 자료로 모아놓는 습관, 간단한 판서로 공감대를 형성하는 습관, 아이들이 좋아하는 소재들을 직접 보여주는 습관, 각종 문서를 직관적으로 이해하기 쉬운 이미지로 바꾸는 습관, 상징 그림을 활용하는 습관, 색을 이용하는 습관, 적절한 짤방을 보내는 습관, 아이들과 수업시간에 이미지를 활용하고 이미지로 생각하는 습관 전체가 비주얼씽킹이며, 비주얼씽킹이 일어나는 교실입니다.

　마치면서 간단한 그림과 짧은 글을 하나 드리고 싶습니다.

"별은 바라보는 자에게 빛을 준다."

어디에서 나온 글귀일까요? 대부분 생텍쥐페리의 『어린왕자』를 떠올리셨을 것입니다. 어린왕자와 여우를 그려 넣었기 때문입니다. 역시 이미지의 각인 효과는 그만큼 강합니다. 실은 이영도 작가가 1998년에 쓴 판타지 소설, 『드래곤라자』에 나온 글귀입니다. 저는 이 글귀를 정말로 좋아합니다. 항상 강의 마지막에 수강생들에게 이 문구를 드리고 마치곤 합니다.

비주얼씽킹은 습관이고, 이는 곧 실천입니다. 아무리 좋은 이론과 방법이라도 조금이라도 해보고자 하는 사람에게만 효과가 있습니다. 지금 당장이라도 아무 종이에 간단한 그림을 그려보세요. 내일 수업을 준비하면서 수업에 나오는 소재와 관련된 이미지 하나라도 아이들에게 보여주세요. 우리 반 아이 중에 가장 그리기 쉬운 친구먼저 선택해서 칠판 구석에 그려보세요. 이 작은 실천 하나가 선생님을 비주얼씽커로 만들어드립니다. 제가 그랬듯, 이미지로 생각하는 모든 사람이 그랬듯이.

감사합니다. 저는 그림 그리는 선생님, 김차명입니다.